地方自治法と住民
判例と政策

白藤博行
榊原秀訓
徳田博人
本多滝夫

編著

法律文化社

地方自治法を学び始めるあなたへ

　日本国憲法は，地方自治を明文で保障している（92条から95条まで）。この意味は，憲法が保障する基本的理念・基本的価値・基本的制度，より具体的には，国民主権，基本的人権の保障，平和主義を実現するために，民主主義制度の構築が不可欠であり，その基礎が地方自治に求められていることにほかならない。もちろん地方自治保障の核心部分は，「地方自治の本旨」（92条）であり，地方自治権の憲法保障である。本書は，この憲法が保障する地方自治を具体化する憲法附属法たる地方自治法と地方自治関連法の学習素材を提供するものである。本書の書名『地方自治法と住民』には，このような憲法が保障する地方自治，すなわち憲法による自治権保障の実現に向けた希^{ねが}いが込められている。この意味では，これまで法律文化社から出版された室井力・原野翹編『現代地方自治法入門』から渡名喜庸安ほか著『アクチュアル地方自治法』にいたる地方自治法の教科書と共通の目的を有するものである。

　本書の特徴は，地方自治法および地方自治関連法にかかる一般的・抽象的な行政法理論の展開にとどまることなく，個別の行政法領域における地方自治の法としくみに立ち入って，住民のいのちと暮らしを保障するために，いったい何が大切であり，何が不可欠であるのかを考え，その理論的・実践的・政策的課題を個別的・具体的に提示するところにある。本書の全体の構成が，「第1部　地方自治のしくみと住民」と「第2部　行政領域ごとの地方自治の諸問題」からなるゆえんである。

　本書の各章の叙述にあっては，大学の教育・学習の現場や市民の学習のひろばなどで，より広くよりよく活用できるように，まず， Learning Point で学習の目標を立て，次に， Topic で具体的な判例・事例を掲げることで，地方自治法を学び始めたあなたの理解を助ける工夫を施している。

　また， Topic や解説で取りあげる判例・事例は，『地方自治判例百選』（有斐閣）などに掲載される重要判例だけではなく，日々さまざまに生起する最新の判例・事例にも細心の注意を払っている。そして，これらの判例・事例の解説にあたっては，地方自治の基本原理や基本制度について，できるかぎりわか

りやすく解説することに心がけ，何よりも地方自治の基礎的な法知識を会得できるように，学説にも適切に言及している。

　しかし，本書が最も重視しているのは，学説・判例をそのまま丸暗記するといった受動的学習に陥ることなく，基礎的な法知識を活用して能動的学習に一歩踏み出すことができるようになることである。つまり，あなたが，住民のいのちや暮らしをよりよく保障するために，地方自治の政策立案に果敢にチャレンジできるようになれば，それが最高であると考えている。そのため，各章の叙述内容においては，「判例と政策」をともに考えること，あるいは「判例から政策」への展開を考えることが通奏低音となっている。

　そして，より広くより深く学習したいあなたのために，各章末尾では，Further Reading として参考文献を掲げ，その活用を促している。さらに，本書が取り上げる判例についても巻末の判例索引で一覧表にした。授業の予習・復習に役立てば，幸いである。

　さいごに，どれだけ政治・経済・社会がグローバル化され，どれだけ AI が進歩し行政がデジタル化される時代にあっても，住民のいのちと暮らしを保障する本拠地はそれぞれの地方自治体（本書では，単に「自治体」とも表記し，法令用語としての「地方公共団体」と互換的に使用する）であることに変わりはないであろう。あなたが，昨日よりも今日，そして今日よりも明日，憲法が保障する地方自治のことを少しでも多く考えてくれることを祈って。

　2020年　満開の桜の下で

執筆者を代表して　　白藤博行

『地方自治法と住民──判例と政策』**目　次**

地方自治法を学び始めるあなたへ

第1部　地方自治のしくみと住民

第 1 部　　地方自治のしくみと住民

第1章　地方自治体と住民

Learning　Point

　日本国憲法（以下，「憲法」という）下の地方自治は，誰のための何のために
あるのか，この問いを，明治憲法下の地方自治制度との違いを踏まえて地方自
治の主人公としての住民の地位や権利内容を理解する中で考えよう。また，住
民の資格要件が，居住という客観的事実のみを基本とすることから，住民自治
の原則は，多様な見解や価値観を抱く個人が地域を核に統一的な判断を育成し
てゆく基本原則であり，かつ，共生社会（包摂と連帯）を実現する原則でもあ
ることを理解しよう。さらに，住民の資格要件やその権利に関わる幾つかの判
決をみながら，あるべき地方自治のあり方を模索しよう。

Topic 1

　地方自治体Ｙが制定した「快適なまちづくり条例」では，市民・事業者・市
の「協働」がうたわれていて，地方自治体Ｙは，施策を総合的に策定し，実施
し，そのために住民を中心とする推進組織（市民推進組織）をつくり，市民の
要望等を市政に反映する努力をする旨が定められている。

　地方自治体Ｙの市民推進組織は，月１回程度会合を開き，地域の課題や問題
をみつけ，会合を重ねて，地方自治体Ｙに10項目の要望書を提出した。その中
に，（１）住民の安全性を脅かす新興宗教団体が地方自治体Ｙで活動することへ
の対応と，（２）地方自治体Ｙ内で，特に，駅近くの公園内でホームレスのテン
ト居住が目立つことへの対応，の二項目があった。

　地方自治体Ｙの長は，市民推進組織の要望を受け入れて，上記（１）（２）の
対応として，新興宗教団体の信者や公園内のテントを住所とするホームレスか
らの転居の受理を拒否し，または住民票記載を消除する方針を固めた。

第1節　地方自治の存在理由と住民の地位

1-1　地方自治は，誰のために，何のためにあるのだろうか

　憲法は第八章として，新たに地方自治に関する章を設け，地方自治を憲法上の基本的な統治機構の一環として位置づけ，地方公共団体（以下，「地方自治体」という）の組織及び運営は，「地方自治の本旨」に基づき法律でこれを定めるとした（憲92条）。地方自治とは，各地域の住民生活に密接に関わりをもつ公共的な事務・事業を当該地域の住民の意思と責任に基づいて（住民自治），国から独立した地方自治体が自主的に処理することをいう。

　では，国家による政治・行政とは別に，なぜ，地方自治が必要となるのだろうか。また，地方自治は，誰のための何のためにあるのだろうか。明治憲法下の地方自治制度は，憲法による地方自治の保障規定はなく，単に法律上の制度として地方行政制度が存在していた。その存在理由（必要性）も，政府の繁雑をはぶき，国家統治の実をあげるために，内務大臣と官選の府県知事による強力な中央集権的官僚統制を採用し，その基本的特徴は，「官僚国家の手による・官僚国家のための・上から与えられた恩恵的制度」（長浜政寿）であった。そのため，地方自治体に対する住民の地位も基本的に義務として位置づけられていた。

　これに対して，憲法が地方自治に対して憲法上の保障を与えたのは，国民・住民の人権保障と同時に，地方自治が人権保障にとって欠くことのできない統治（政治行政）のしくみであると考えたからである。すなわち，住民生活の多様性や複雑多様化する社会に対応するために，行政は専門技術的に分化し，しかも個別の法律で与えられた権限の中にこもりがちになりやすい。特に，国の行政について中央政府が主に行うことから，どうしても，上からの画一的で「縦割り行政」となる。これに対して，自治体行政の場合には，自治体の「長」のところで行政が一元化されるしくみとなっていること，国の行政の場合と比べて，国民・住民にはあれこれの参政権的権利が保障されていることから，日常的な要求を自治体行政に反映させ，自治体行政も住民の生活基盤にそくした総合的な要求に十分に対応でき，その結果，住民の生活利益や諸権利を総合的・包括的に保障するしくみが地方自治には用意されている。そこに，まず

は，地方自治の存在理由（必要性）があるといえよう。

　また，地方自治の保障の内容として，住民自治と団体自治の二原理が含まれることは争いのないところであるが，そのことを前提とするなら，国民・住民に地方自治が保障されているというとき，当該地方自治体に属する住民は，団体自治の原理の側面についてみれば，抽象的には，国に対して地方自治を侵さないことを要求したり，地方自治をより豊かにすることを国に要求する権利を有し，住民自治の側面についてみれば，住民意思が可能な限り，当該地方自治体の組織・運営に反映すべきことをもとめる権利を有することになる。住民の意思に基づく自治体の存在理由を，国民・住民の日常的な具体的利益の実現とそのための諸要求を国につきつけることによって，国の政策の転換ないし内容充実を迫る可能性を自らのうちに含んでいる。このような可能性は，地方自治体の法的地位をめぐる議論や改革の中で，一部，結実している。すなわち，地方自治体の法的地位は，これまで統治団体および事業者団体としての地位が語られていたが，近年，生活利益の擁護・代表を活動目的とする地域利益団体としての地位や国政参加主体としての地位など，新たな団体的性格も，地方自治の保障（住民自治と団体自治の二原理）からの論理的帰結として議論され，一部，制度化もされている（例，内閣に対する地方六団体の意見具申権など，自治263条の3参照）。まさに，地方自治は，国政の民主的基盤ともいえるのである。

1-2　地方自治の主人公としての住民　憲法上の「住民」概念

　憲法の下では，地方自治は，「住民の手による・住民のための・下からつくりあげる政治・行政の営み」といえる。住民は地方自治において「主人公」といえる存在である。憲法の中で，「住民」という言葉は2か所で出てくるが（93条と95条参照），「住民」の定義がされていない。ただ，憲法93条2項の「住民」について，最高裁は，憲法15条の「日本国籍を有する者」であることを前提としていると解して，「地方公共団体の区域内に住所を有する日本国民を意味する」（最判平成7（1995）年2月28日民集49巻2号639頁）とした。本判決が憲法93条2項に限ったことなのか，それとも憲法上の住民概念一般にまで及ぶのかは定かでない。本判決は，憲法上の住民についても「住所を有する」ことを要件の1つとしたことになる。

1-3　地方自治法上の「住民」概念と住所

　地方自治法では，住民を「市町村内に住所を有する者」と定めていて（自治10条1項参照），自然人と法人の両方を含む。また，国籍を要件とすることなく，「住所を有する」ことのみが「住民」と認められる要件となっている。住民の資格を得るために，許可やその他特別の行為を要するものではない。住民の法的地位は，当該個人の意思または地方自治体の意思（＝住民基本台帳法に基づく住民登録等の公証行為）によらずに，「住所を有する」という事実のみで法律上当然に発生するのである。そこで，「住所」とは何かが問題となる。住所とは，「生活の本拠」のことを指すと解されていて，単なる滞在とは区別される。また，住所は，選挙権の発生要件であり（公選9条2項），住民税の納税義務の発生の要件にもなる（地税24条1項・294条1項）。さらに，国民健康保険の被保険者の要件であったり（国保5条），その他の法律で保障された行政役務を享受したりする上で，「住所」の認定が重要となる。具体的な「住所の認定」については，今日の多面的に複雑な住民の社会生活関係の下で，当該同一人が複数の居住関係を複数の地に有する場合などにみられるように，生活の中心が複数でありうることから，いずれの地を生活の本拠として認定すべきか困難な場合が生じうる。民法の世界では，問題となった法律関係ごとに適切な場所を住所地とし，複数の住所を肯定する見解が多数を占めている。これに対して，地方自治体の住民の住所については，当該住民はその属する地方自治体に対して選挙権その他の権利を行使し，租税その他の義務を負担することから，住所は1つに限られるとしている（住基4条参照）。

　住所（生活の本拠）の認定にあたり，自然人の住所は，客観的な居住の事実を基礎（主たる考慮要素）とし，当該居住者の主観的居住意思も補足的に考慮して総合的に判断すべしとするのが現在の通説である。また，法人の場合，主たる事務所の所在地（民法50条〔一般法人法4条〕）または本店の所在地（会社4条）をもって住所とすることになる。

1-4　住民基本台帳制度の意義

　各市町村は，法律上，「住民につき，住民たる地位に関する正確な記録」を常に整備する義務が負わされている（自治13条の2，住基3条）。かかる整備の

具体化として，住民基本台帳法は，統一的な住民の記録に関する住民基本台帳を整備することで，各種行政ごとに別々に定められていた各種の届出を統一し，また，記録の正確性の確保を図ろうとしたのである。これを住民の側からみるならば，住民基本台帳が備えられ，住民はこの台帳に記録されることにより，特段の手続をとらなくとも，選挙があれば，投票所入場券が市町村から送付され，子弟が小学校入学年齢に達すれば，入学期日と就学すべき小学校が通知され，当該市町村からさまざまな行政サービスを受けることができる。言い換えると，住民票の記載がなされなければ，個人が行政サービスを受ける上で少なからず支障を受けることになる。

1-5　住民の資格要件

　居住の事実を満たす（＝ある特定の場所において生活の事実があり，かつ，主観的な居住意思がある）者には，地方自治体住民の地位が生じる，これが地方自治法制の原則である。上記の **Topic 1** は，すでに居住の事実を満たす個人に対して地方自治体が住民の地位を拒否するのであるから，地方自治法制の住民に関わる原則に反することが，例外的に許容されうるのか。法的に（権利論として，住民自治論として）検討される必要がある。

　まず，**Topic 1** （1）であるが，本トピックのリーディングケースとして，アレフ信者住民票記載消除処分事件（最決平成13（2001）年6月14日判例自治217号20頁，最判平成15（2003）年6月26日判時1831号94頁）がある。アレフ事件では，市区町村長が住民票の届出等を審査するに際して，当該届出の内容が事実に合致しているか否かに加えて，「地域の秩序が破壊され住民の生命や身体の安全が害される危険性が高度に認められるような特別の事情」の存否について審査し，転入届を拒否したり，住民票を削除したりすることが，当該地方自治体の長に認められるのかが争点となった。最高裁は，このような地方自治体の長の権限は，「実定法上の根拠を欠く」ものであり，違法であるとした。地域住民の要求があったとはいえ，当該要求を実現する方法として，法の目的・範囲を超えて，参政権をはじめとする包括的な住民の地位と連動する自治体の長の権限行使の在り方として，すなわち，住民票届受理の拒否という手法を用いることが適切であったのか，仮に地域秩序の危険性の恐れがある場合でも，当該団

体の調査や監視，警察権限との連携など，他の代わりうる方法があったのでは
ないか，そういった疑問が残る。

　次に，Topic 1（2）であるが，本トピックのリーディングケースとして，
ホームレス転居届不受理事件（最判平成20（2008）年10月3日判時2026号11頁）が
ある。ホームレス転居届不受理事件では，ホームレスが，「都市公園法に違反
して，都市公園内に不法に設置されたキャンプ用テントを起居の場所とし，公
園施設である水道設備等を利用して日常生活を営んでいること」で，テントの
所在地が客観的に生活の本拠としての実体を具備しているか否かが争点となっ
た。最高裁は，「都市公園法に違反して，都市公園内に不法に設置されたキャ
ンプ用テント」であり，社会通念上，テントの所在地は生活の本拠を具備して
いないとした。地方自治法の建前からすると，居住という事実に基づいて生活
の本拠の具備が認定されるべきところ，最高裁は，居住の適法性や社会通念と
いう規範的評価を加えて（考慮して），住所の認定をした。その結果，ホームレ
スには，住民としての資格が得られず，住民の地位と連動する包括的な住民の
地位や権利を行使することや，各種行政サービスを受けることが困難となる。
このような人権論からの問題点に加え，住民自治の観点からの検証も必要であ
ろう。すなわち，住民自治は，具体的には多様な見解・価値観を抱く個人が，
地域を核に，地域で生じる諸問題を発見し解決するために，話し合い，統一的
な判断を育成してゆくものである。Topic 1（2）のY地方自治体の市民推進
組織も，そのような住民自治を組織制度化した試みであったともいえる。問題
は，市民推進組織の要望とそれに対する自治体の対応である。地域で生じる諸
問題の中には，地域環境の保護や地域の安全の確保など住民自治に比較的なじ
み易い課題もあれば，労使問題や思想信条に係わる問題のように地域単位では
解決し，統一しがたい課題もある。また，住民自治による解決に比較的なじみ
易い問題であっても，地方自治体がこれらの問題解決にどのように関与するの
か，など，地方自治体の活動の質にも関わってくる。とりわけ，Topic 1（2）
のホームレス問題への地方自治体の対応として，格差・貧困により社会的弱者
に置かれがちな人々を，社会全体で受け入れていく共生社会を，どのようにし
て地域において成り立たせ，実現させるのか，地方自治体の政治行政の課題と
も関係してくる。たとえば，ホームレスの人も生活保護の開始を申請すること

は可能であるが，家族への迷惑（家族の扶養義務など）を恐れて，生活保護申請をためらう人が少なくないといわれている。そうであるなら，住民票の届出の拒否という手段ではなくて，ホームレスの人が生活保護を申請しやすくするために，扶養義務の規定や調査を見直したり，また，地域社会（本件市民推進組織）とともに，ホームレス問題を地域社会全体で解決する方法を話しあい，それぞれが共生社会の実現に向けて協力し合うことこそが，地方自治のあるべき姿であろう。

第2節　地方自治法上の住民の地位と権利

　地方自治体の住民は，自治体行政権と，どのような関係に立つのかという観点からは，大きく2つの側面がある。1つは，地方自治（住民自治）の担い手として，自治体の運営に参与しうる参政権の主体としての地位（能動的地位）と，自治体に対して公共サービスを受給したり，負担を求められたりする行政対象としての住民である。行政対象としての住民は，行政から役務を受ける権利が保障されるが，同時に，負担を負う住民でもある。

図表1　住民の地位と権利

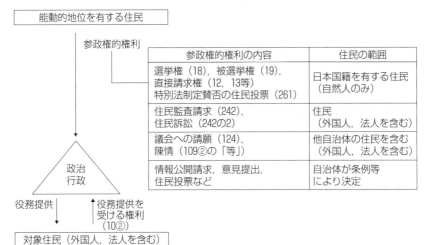

出典：礒崎初仁他著『ホーンブック地方自治〔第3版〕』（北樹出版，2014年）239頁・図20-1 および吉田勉『はじめて学ぶ地方自治法〔第1次改訂版〕』（学陽書房，2014年）21頁の図を参考に著者作成。

2-1　憲法上の能動的地位・権利

憲法上の住民の権利として，まず，憲法93条の定める選挙権が保障されており，これを受けて，地方自治法と公職選挙法が，選挙権・被選挙権について定めている。憲法93条2項は，議会の議員と長のほか，「法律の定めるその他の吏員」の選挙権を予定している。教員委員会公選制があったことから，教育委員の選挙が認められていたが，昭和31（1956）年に地方教育行政の組織及び運営に関する法律の制定により，教育委員の公選制が廃止され，現在は，認められていない。また，憲法95条に基づく特別法の住民投票権が保障されている。地方特別法による住民投票は，昭和26（1951）年の「軽井沢国際親善文化都市建設法」の制定時を最後に，その後実施されていない。さらに，憲法上，請願権が保障され（憲16条），請願権についての一般法として請願法がある。地方自治法上も議会に対する請願・陳情が規定されている（自治124条・125条，109条2項の「等」参照）。

2-2　自治法上の権利

地域住民は，地方自治体の政治・行政に対して，国政のレベルでは認められていないあれこれの権利が認められている。たとえば，条例の制定改廃，事務の監査，議会の解散および議員・長その他一定の役職員の解職についての直接請求権，財務会計事務についての監査請求権・住民訴訟提起権などがそれである。

これらの権利は，地方自治体の政治・行政の継続的かつ活性的民主化を目的とするものであり，首長や議員の選挙のみによっては達成できない日常的な監視と結合するところにその存在理由がある（これらの諸権利については，本書第7章および第8章を参照）。

2-3　住民の受益的地位から，役務を受ける権利へ，さらに生活権へ

地方自治と住民の権利について，これまで「有権者」としての住民の側面に光があてられてきた。近年，当該地域に現に居住する住民の居住基盤確保のための利益を持つことに着目して，地方自治法上の役務を受ける権利に加えて，地域環境上の利益や地域の利便性や快適性といった住民の共同利益が提唱されている。

2-4　役務提供を受ける権利

　住民であれば，その属する地方自治体から「役務の提供を受ける権利」を有し，その「負担」を分任する義務を負う（自治10条2項）。役務の提供とは，いわゆる行政（公共）サービスのことであり，その内容は，ごみ収集，上下水道，公共施設の利用・管理，社会保険給付等の社会保障など，広範囲に及び，住民の福祉の増進を目的として行われる行政サービスの提供全てを含み，かかる当該行政サービスをひとしく受ける権利を住民は有している。地方自治法では，この行政サービス（役務提供）を受ける権利を具体化したものとして，公の施設の平等利用権がある。公の施設は，住民生活に不可欠な施設であり，基本的人権を物的に支える役割を果たしていることから，住民の共同財産として平等利用権を保障している（公の施設利用権については，本書第6章を参照）。

　この役務の提供を等しく受ける権利の性格に関しては，伝統的には，いわゆる反射的利益であって，住民の法的地位に関しての理念的または抽象的権利にすぎないと解されていた。しかし，今日では住民の行政サービスを受ける権利は，行政サービスの内容や提供の在り方そのものが住民の生活や人権を含む権利利益の質にも影響を与えることから，単なる反射的利益ではなく，少なくとも，地方自治体による役務の提供が公正かつ民主的にすべての住民に対して平等に行われることを監視・監督し，さらに行政参加のための根拠となる権利としての意義をもつと解される。

2-5　住民の生活「共同利益」と住民参加

　当該地域に居住する住民には，人格権または人格的利益に基づいて，大気汚染や騒音等の生活環境被害を受けない権利を有しており，他者の行為によってこの権利利益の侵害を受けた住民は法的救済を求めることができる。また，当該地域に居住する住民には，景観利益や地域環境利益，さらに，生活基盤となる住民共通の利益といった生活「共同利益」を有している。たとえば，公物である道路の設置，廃止によって地域住民が不利益を受ける場合に，伝統的には，当該不利益を事実上のもの（反射的利益）としていたが，最高裁は，反射的利益論を退け，生活上著しい障害が生じる場合には，当該廃止処分に対する原告適格を認めている（最判昭和62（1987）年11月24日判時1284号56頁）。さらに，

最高裁は，村道使用について，住民の地位として「自己の生活上必須の行動を自由に行い得べきところの自由権」を認め，これに対して他の者により継続的な妨害がされた場合には，不法行為の問題として妨害排除を請求する権利を認めている（最判昭和39（1964）年 1 月16日民集18巻 1 号 1 頁）。これらの裁判例以外にも，住民が日常的に利用する公道の自由使用権を，ある種の人格的基本権として解し，その侵害を理由をする妨害排除請求権を認める裁判例（最判平成 9（1997）年12月18日民集51巻10号4241頁，東京高判昭和59（1984）年12月25日判時1142号56頁など）もあって，判例として定着したともいえる。このような判例の論理をさらに普遍化するなら，日常生活上利用する道路等を一種の住民らの生活上の共同財産（共同利益）として捉え，住民らは，共同財産に対する利益ゆえに，地方自治行政に対し，当該共同財産の利用のあり方に関わって，それが生活上の利便性や快適性といった住民の共同利益にも関わっていることから，当該地域住民には，適正手続の見地からの権利防御的参加のみならず，同時に，地域共同体全体とその一員たる自らに関わる共同利益にかかわる事柄への，住民たる地位に基づく民主主義的参加権も構成しうるといえよう。

　なお，都市計画やまちづくりの分野において住民の意見提出制度（都計16条・17条）や建築協定・緑化協定制度など，住民参加が保障されていることがある。また，地域住民には自治体の長や議員の選挙権の行使や，直接請求権の行使等を通して，当該地域のあり方の決定に参与することもできる。

Topic 2

　Xは，政令指定都市Y市の職員で，日本国籍を有しない。Xは，Yが実施する課長級の職への管理職選考を受験しようとしたところ，Yは，外国人であるXには管理職選考を受験する資格はないとして，Xの受験申込書の受取りを拒否し，翌年度の選考についてはY市人事委員会が日本国籍を有することを受験資格の要件とすることを明示したことから，両年度の管理職選考を受験することができなかった。

　その後，Y市の市長が代わり，グローバル化への対応と多様性・共生社会にむけた市政方針を打ち出し，日本国籍を有しない職員の課長職選考の見直し作業にはいることとした。

第 3 節　外国人住民の権利保障

3-1　憲法上の人権保障の範囲

　憲法の基本的人権の保障は，外国人にも及ぶのだろうか。最高裁判決は，「憲法第三章の諸規定による基本的人権の保障は，権利の性質上日本国民のみをその対象としていると解されるものを除き，わが国に在留する外国人に対しても等しく及ぶものと解すべき」（最大判昭和53（1978）年10月 4 日民集32巻 7 号1223頁）と述べ，性質説を採用した。性質説によれば，外国人に人権保障が及ぶのか，及ぶとして，どの程度なのか，権利の性質に即して具体的に検討することになり，基本的には，自由権，平等権および受益権は，前国家的権利であることから，原則としてすべての外国人にも保障されるが，参政権，社会権および入国の自由は，国家の成立を前提とする後国家的権利であることや，日本の国家や国民の安全・福祉に深く関わり，国民固有の意思決定事項であるなどを制約の根拠として，外国人には保障されないという結論を導きやすい。このような観念的形式的「性質」論だけではなく，外国人の存在態様も含めて，すなわち，一時的旅行者なのか，日本に生活の本拠を有する永住資格を有する定住外国人なのか，それとも難民なのか，なども考慮する必要がある。なぜなら，地方自治，とりわけ住民自治は，地域社会に生活の基盤（生活の本拠）をもつ（それだけを資格要件とする）住民の連帯に支えられていて，外国人も住民としての資格を満たすならば，日本国民とともに地方自治を発展させる一員であり，それにふさわしい権利義務を地方自治体に対してもっているからである。

3-2　住民生活上の権利

　市町村の区域内に住所を有する外国人がその区域内で住民生活を営む上での権利は，日本人と平等であることを原則とする（内外人平等の原則）。この趣旨は，国際人権規約（自由権規約26条）や人種差別撤廃条約 5 条・ 6 条などの定めるところであり，憲法14条や民法 3 条 2 項もこの点を確認している。このような趣旨を踏まえて，私人間の行為でも，知事等による許認可により営業が認められている場所での「外国人」に対する差別的な取り扱いは，当該営業には

「公共性」があるから，違法となるとした裁判例がある（札幌地判平成14（2002）年11月11日判時1806号84頁）。

3-3　地方参政権

定住外国人の地方における選挙権については，選挙権の付与は憲法違反となる禁止説，立法者（法律）が選挙権を付与することは憲法上許容されている許容説，さらに選挙権の付与は憲法上要請されている要請説の3つの考え方がありうる。人権保障を目的とする民主主義社会においては，主体（治者）と客体（被治者）の一致を確保するために，少なくとも，納税の義務を果たし，生活者住民として当該地域生活共同と密接な生活関係を形成している，定住外国人に対して有権者住民としての参政権を認めることは，憲法の地方自治からの要請ともいえ，少なくとも，憲法上許容されていると考えるべきであろう。最高裁は，「民主主義社会における地方自治の重要性に鑑み，住民の日常生活に密接な関連を有する公共的事務は，その地方の住民の意思に基づきその区域の地方公共団体が処理するという政治形態を憲法上の制度として保障しようとする趣旨に出たものと解されるから，我が国に在留する外国人のうちでも永住者等であってその居住する区域の地方公共団体と特段に緊密な関係をもつに至ったと認められるものについて，その意思を日常生活に密接な関連を有する地方公共団体の公共的事務の処理に反映させるべく，法律をもって，地方公共団体の長，その議会の議員等に対する選挙権を付与する措置を講ずることは，憲法上禁止されているものではない」（最判平成7（1995）年2月28日民集49巻2号639頁）として，許容説を採用した。最高裁は，参政権（選挙権）が住民の日常生活に密接に関わる共同利益（事務）と関連するところから許容説を導いているが，この論理を徹底するならば，法律により定住外国人の地方選挙権を認めることを超えて，地域意思の表明である条例により定住外国人に地方参政権を付与することも可能となろう。その方向性を追求することが，住民自治の原理を実現することにもなろう。なぜなら，住民自治の原理は，居住という客観的な事実のみで地域住民とすることで，多様な見解・価値を抱く立場の人々（住民）が，地域を核に統一的な判断を育成してゆく基本原理だからである。

神奈川県川崎市では，「川崎市外国人市民代表者会議条例」を設置し，平成

8（1996）年に，「川崎市外国人市民代表者会議」を設置した。この会議では，外国人市民にかかる施策等がついて調査審議し，市長に報告し意見を申し出る権限を与え，市長はそれを尊重することになっている。川崎市の先駆的試みをきっかけとして，他の自治体でも同様の動きが展開されている。

3-4　地方公務員就任権

　地方公務員法では，任用要件として国籍条項の規定はない。法律で国籍条項を明記しているのは，外務公務員法のみであり，憲法においても外国人の公務就任の制限規定を明記してはいない。それにもかかわらず，外国人の公務就任を否定または限定する考え方が，少なくとも行政実務では一般的であった。その考えを支えていたのが，「公務員に関する当然の法理」（当然の法理）であり，その内容は「公権力の行使又は国家意思（地方公共団体も含める場合には「公の意思」）の形成への参画」に携わる公務員となるためには日本国籍が必要とされるというものである。また，当然の法理は，国家公務員のみならず，地方公務員にも適用されると解されていた。その理由として，地方自治体の自治権は国の統治権の一部をなし，自治体行政であっても国の行政を処理することが少なくないからとされていた。

　Topic 2 は，外国人の公務就任に関わる事例であるが，この問題に関連するリーディング・ケースとして，最大判平成17（2005）年1月26日民集59巻1号128頁がある。本判決では，外国人の公務就任権が憲法上保障されているのかという論点には直接言及されていないものの，当然の法理に変えて「公権力行使等地方公務員」という新たな用語（キーワード）を設けていること，また，外国人の存在態様，すなわち，日本に生活の本拠を有する永住資格を有する定住外国人なのか否かを考慮（区別）することなく，取り扱った判決である。

　最高裁は，「地方公務員のうち，住民の権利義務を直接形成し，その範囲を確定するなどの公権力の行使に当たる行為を行い，若しくは普通地方公共団体の重要な施策に関する決定を行い，又はこれらに参画することを職務とするもの」を「公権力行使等地方公務員」とした上で，「住民の生活に直接間接に重大なかかわりを有する」ことから，「日本国民である職員に限って管理職に昇任することができることとする措置を執ることは，合理的な理由に基づいて日

本国民である職員と在留外国人である職員とを区別するものであり，上記の措置は，労働基準法3条にも，憲法14条1項にも違反するものではない」とした。

　したがって，Xは前市長のときに管理職選考を受験することができなかった点につき，国家賠償請求訴訟で争ったとしても，最高裁判決を前提とする限り，違法性が認められることは難しいであろう。

　また，新市長による課長職選考の見直し作業において，最高裁の設定した「公権力行使等公務員」概念の職種の範囲につき，「公権力の行使」と「重要施策」にかかわっての「決定」や「参画」による制約は，「当然の法理」による制約と比較した場合には，限定されているとしても，必ずしも明確ではなく，そのために，解釈次第では制約範囲が相当に広がる危険性もあれば，逆に，外国人が公務員に就任したり昇任したりする職種を広く考えることも可能であろうという指摘もされている。この指摘を参考にしながら，Y市としては，地方公共団体の公務員の職務は，原則として外国籍保有者に開放することが許容され，例外的に，個別・具体的に，日本国籍が要求される職務を挙げて，人事管理体制を整えることが肝要であろう。

Further Reading

飯島淳子「住民」公法研究75号（2015年）

後藤光男『永住市民の人権——地球市民としての責任』（成文堂，2016年）

渡辺洋三「『地域住民と法』総論」室井力編『地方自治』文献選集　日本国憲法12（三省堂，1977年）

第2章　地方自治体の自治的組織

Learning Point

　憲法92条において地方自治体には自治組織権が認められているが，この自治
組織権とはどのようなものか考えてみよう。そのうえで，地方自治法上は，議
会や首長にどのような権限が付与され，それらが二元代表制の下でどのように
相互に作用しあっているのか確認してみよう。さらに議会と首長との関係につ
いて，その実態は首長優位との指摘があるが，それでよいのか，あるべき姿を
模索してみよう。

Topic

　A市議会の議員であったBは，A市の議員の定数削減等の議会批判を自身の
ブログを通じて発信してきた。その後の市長選でBがA市の市長に立候補した
ところ，A市の状況に閉塞感を感じていた住民はBを市長に選んだ。

　Bの市長当選後は議会批判が加速し，自身のブログの中で「やめさせたい議
員」のネット投票を行ったり，議会の定数の大幅な削減等を提案した。議会側
も，副市長の人事案件を否決するなど両者の対立が激しくなり，ついに議会は
市長不信任決議案を可決した。これに対してBが議会の解散を行ったため，市
議会議員選挙が行われた。市議会議員選挙後に招集された議会で，再度不信任
決議が採決されたためBは失職した。

　その後の出直し市長選挙で，再度Bが市長に当選した。Bと議会との対立は
いっそう激しくなり，C県知事からの勧告にもかかわらず，Bは，議会での議
案説明の拒否，臨時議会の招集も行わない，さらに副市長の選任等を専決処分
で行うなどした。

　このような市政の混乱に危機感を抱いた住民は，市長リコール運動を行った。
署名を経て市長解職の住民投票が行われ，解職を是とする票が多数となってB
は再度失職した。

第 1 節　自治組織権

1-1　自治組織権と憲法

　憲法92条では，地方公共団体の組織は「地方自治の本旨に基いて，法律でこれを定める」とされている。また同93条 1 項においては，地方公共団体の「議事機関」としての議会を設置し，その長，議会の議員，法律で定めるその他の吏員は，当該地方公共団体の住民が直接選挙で選ぶこととされている（同条 2 項）。このように憲法上は議事機関としての議会の存在を明示しているが，長に関しては直接選挙で選ばれる対象として登場しているに過ぎず，特段の規定をおいていない。

　ところで，団体自治の原則からすると地方公共団体には自治組織権が認められることから，憲法92条で設置するべき機関を定めていることをどう考えるか，あるいは同条にいう「法律」で地方公共団体の組織をどのように規定しているかが問題となる。地方公共団体が設置すべき組織を憲法や「法律」で詳細に規定すればするほど，かかる自治組織権との緊張関係が問われることとなる。自治組織権の保障の観点からは，憲法や地方自治法上の組織に関する規定については大綱的なものと理解するのが妥当であろう。

　しかし，わが国の憲法や地方自治法は少なくとも明文上は「固い制度」を採用し，一律に地方公共団体に強制しているようにもみえる。たとえば地方自治法では，89条から138条まで詳細に議会の組織や権限を規定している。これは，憲法制定当時において，地方公共団体レベルでの民主主義の定着を図るため，そして我が国の官僚的中央集権的システムを打破するために一律に要求したものといわれているが，現時点においてはその妥当性について再度検証するべきであろう。以下でみるように，地方自治法上は二元代表制を念頭に置いた制度を示しているが，議会に変わり町村総会（自治94条）を置くことや，議会が首長を選ぶシティ・マネーシャー制度，さらには地方議会の一部議員が執行機関に入り行政を行う議会内閣制といった仕組みも自治組織権を検討するなかで視野に入ることとなる。

1-2　二元代表制

　地方自治体の議会の議員および長は住民からの直接選挙で選ばれ（憲93条），それぞれ住民に対して直接，政治的・行政的責任を負うとすることから，憲法は「議事機関」としての議会と「執行機関」としての長とを両立させていると考えられる。すなわち両者ともに正統性を有する自律した組織であるため，相互に尊重し合うとともに，案件によっては対立し議論を重ねることによって，より充実した自治の実現を図ることになる。これは，議会と長とを相互に牽制させ，均衡と調和を保つことを目的とする機関対立主義をとっていることを踏まえ，一般的には二元代表制（首長制）と称されている。なお，我が国の仕組みは，議会による長の不信任決議と長による議会解散権（自治178条）を認めており，議院内閣制の要素も取り込んだ特殊な首長制といえる。

　 Topic における議会と長との対立については，まさにかかるしくみがそのまま利用されたものといえよう。ただ， Topic でみられる「対立」があるべき姿といえるであろうか。地方自治法上の議会や長の組織や権限の具体を踏まえ，特に，首長優位ともいわれるわが国の二元代表制の実態を念頭において，もう少し考察してみよう。

第2節　議会の組織，運営および権限

2-1　組織および運営

　議会の組織としては，全議員によって組織される本会議（「会議」（自治101条2項））と一部の議員による構成される委員会（自治109条），議長及び副議長（自治103条〜108条），議会事務局（自治138条）がある。委員会としては，常任委員会，特別委員会，議会運営委員会がある。従来，議員の活動範囲については自治法上明確ではなく，全員協議会，各派代表者会議，正副委員長会議なども議会の組織であるが，法令上根拠は存在しなかった。これに対して各地方議会からの要望を受け，平成20（2008）年の地方自治法改正で議会活動の範囲の明確化のための規定が置かれることによって（自治100条12項），一定の対応がなされた。

　議会は，定例会と臨時会からなり（自治102条1項），毎年，条例で定める回

数招集しなければならない（同条2項）。 **Topic** では，首長が議会を招集しな
かったため議会活動が行われず，専決処分を乱発した事例が示されているが，
これは，かつて長にのみ議会の招集権が存在していたため（自治101条）であ
る。この点，一部の自治体で議員からの法定要件を満たした議会の招集請求が
あったにもかかわらず長が臨時議会を招集しなかったことが問題視されたた
め，平成24（2012）年に地方自治法が改正され，一定の場合には議長が招集で
きることが規定された（自治101条5項・6項）。

2-2　運営の原則

　会議の運営においては，法令上いくつかの原則がある。

　まず定足数について，いくつかの例外を除いて会議は議員定数の半数以上の
議員の出席という要件を設けている（自治113条）。定足数を満たさない場合は，
「会議を開くことができない」ので，議長による出席要請となるが，それでも
満たさない場合は延会となる。

　定足数を満たしたのち，議事は出席議員の過半数による多数決によって決す
ることとされ，可否同数の場合は議長の決することとされる（自治116条1項）。
なお，「この法律に特別の定がある場合」には，特別多数決によることとな
る。秘密会の開催に係る議決（自治115条1項），議員の資格の決定（自治127条1
項）等については出席議員の3分の2以上の議決を，また，懲罰による議員の
除名処分については議員の3分の2以上の出席の上でその4分の3以上の議決
（自治135条3項），長の不信任決議等については出席議員の4分の3以上の議決
を要すること（4-1参照）とされている。なお，会期中に議決に至らない場合
は廃案となる（自治119条）。

　会議は公開で行うことを原則とする（自治115条1項）が，議員3人以上の発
議により，出席議員の3分の2以上の多数で議決したときは秘密会を開くこと
ができる。会議公開の原則の内容として，一般的には「傍聴の自由」，「報道の
自由」，「会議録閲覧の自由」が指摘される。なおこの原則の下で，議会の議決
事案としての損害賠償請求訴訟や和解事案の際に，個人情報をどう扱うかとい
う問題も議論となる。

　議会改革の議論の1つとして，通年議会制の議論がある。平成24（2012）年

の地方自治法改正により導入された通年議会制は，条例で定めるところにより定例会・臨時会の区別なく通年の会期を定められ，会議を開く定例日を条例で定めるとともに，長は定例日以外でも会議の開催を請求することができる（自治102条の２）。専決処分の消滅や緊急時の議会対応などの利点が指摘される一方で，議員の地域活動の制約や弾力的な運営の欠如などのデメリットも指摘される。その他，一時不再議の取り扱い，議員の発言取消し・訂正の取り扱いなどの問題をどう整理するか等が課題となる。

2-3　権限

2-3-1　議決権

　議決権とは，地方自治体の団体意思を決定する権限のことをいう。地方自治法96条１項では，15項目の議決事項を列挙しており，そこでは立法権の行使のみならず，個別の処分についての議決権も含まれている（同項４号以下）。15項目を列挙した趣旨は，地方行政の能率的運営を目指し地方議会の議決事項を比較的重大事項に限定する趣旨とされるが，後述する市長の権限に比して小さく，アンバランスな状況が見てとれる。この点は，二元代表制といっても実質的に「首長優位」な二元代表制と評価される理由ともなっている。

　なお平成23（2011）年の地方自治法改正により，同法96条２項では条例で議決事項を追加することができるとされ，議決事項は拡大している。これは上記「首長優位」を修正しようとする動きといえるが，長の専権事項や他方での議会の議決事項化の限界の問題については議論がそれほど蓄積されていない。

　そのような中で市長によって策定された総合計画について，議会が24箇所の修正をして議決をした点が議会の議決権の範囲を超えるかどうかが問題となった事案が，名古屋市中期戦略ビジョン再議決事件である（名古屋地判平成24（2012）年１月19日判例集未登載）。この判決では，総合計画策定を議会の議決事項とする条例が総合計画に係る議案の提出権を長に専属せしめていることを確認しつつ，議会による総合計画の無制限な修正および「基本的な方向性を変更するような修正を行うこと」は許されないとする。そこでは，議会の議決事項の範囲を長の権限への抵触の有無という形で審査をしているが，長の専属的な権限の範囲については定かではない。地方自治法97条２項の予算の増額修正に

おける限界論を援用したものではなく，議案提案権が長に専属する場合の一般的な修正の限界を示したものといえよう。

2-3-2　検査・監査請求権・調査権

　地方自治体の議会による行政チェック機能としては，議決権以外に，地方自治法98条以下でいくつかの権限が示されている。同法98条では検査権，検閲権，監査請求権が規定されており，同法99条では，意見書を国等に提出する権限が認められている。同法100条では，国会の国政調査権と同様の権限である調査権が認められており，通常特別員会を立ち上げて調査することからこの委員会は100条委員会と呼ばれている。総務省の資料（地方自治月報第55号-59号参照）によると，平成19（2007）年4月から平成30（2018）年3月までで，都道府県で9件，市町村で183件の100条委員会による調査が行われている。

　さて，これらの権限の行使において重要なのは，議会事務局によるサポートや図書室での資料収集体制，あるいは専門的内容に関する学識経験者等の活用（自治100条の2）など，議会活動を支える体制であり，議会活動の活性化の面から積極的な体制整備が求められる。

　なお議員個人による調査権については明示の規定がなく，議員が情報公開条例を用いて開示請求をしないと情報が手に入らないといった現状も指摘される。質問権との関係で，議員個人がどこまで執行機関から情報を入手できるのかについての検討が必要であろう。さらに議員個人から執行部門への情報の要求について，その公正さを期すために，議会基本条例で規定を置き，たとえば議長を通じて執行機関に請求するしくみ（出水市議会基本条例6条3項）なども考えられる。

2-3-3　自律権

　地方自治法では自律権に関する規定として，同法103条の正副議長の選任に関する規定，同法120条の会議規則の制定規定など，自律権に関する規定を置いている。さらに同法129条や130条では，議場の秩序を乱す行為に対する手段も規定されており，同法134条以下では議員への懲罰規定も置かれている。

　さて，　Topic　でも取り上げたように，現在，国会も含めて議会に対する風当たりは強い。議会での居眠りや議会答弁の代筆を執行機関に依頼するといった職務を遂行する能力に足りるのかといった批判や，相次ぐ政務活動費の不正

利用があることから，議会不要論まで出てきている状況である。この意味では，自律権は機能していないともいえる。実質的な議会改革が喫緊の課題である。議会改革の動きについては 4 - 5 で述べる。

第 3 節　執行機関の組織権限

3 - 1　執行機関多元主義

　憲法93条 2 項は，自治体に執行機関を置くことを前提に長を公選で選ぶことを定めるが，執行機関のあり方については立法政策に委ねている。

　そして地方自治法では，執行機関とは，普通地方公共団体の長，法律に定めるところにより置かれる委員会，そして委員であるとし（自治138条の 4 第 1 項），長のほかに独立の地位と権限を持つ機関を設け，それに規則制定権も認めている（同条 2 項）。このように長のみならず，長以外にも複数の執行機関を設け，自治体の行政活動を行うことを執行機関多元主義という。その趣旨は，執行機関の分散により行政事務の個別具体的性質に基づく執行を行うことと，長への権限集中による官僚主義的画一化の弊害をなくすことである。他方で，執行機関は相互の連絡を図り，一体として行政機能を発揮する必要があり（自治138条の 3 第 2 項），疑義が生じたときは長が調整することとされる（同条 3 項）。

3 - 2　広い「長の権限」

　明治憲法下では，中央集権的国家体制の維持のための組織としての地方制度として府県が置かれ，府県の知事は国が選ぶ国の官吏（国家公務員）であった。しかし現行憲法の下での長は，直接選挙の下で選ばれる地方公務員として位置づけられ，国の官吏としての地位は払拭されている。ただ知事の出身をみると，中央官僚出身者が 7 割を超える状況である（平成31（2019）年 4 月 7 日時点）点は，地方自治の視点から見て議論がありえよう。

　さて，その長には，地方自治法上，さまざまな権限が認められている。

　まず，統括代表権である（自治147条）。「統括」とはその自治体の事務を全体として管轄することであり，「代表」とは長の行った行為がその自治体の行為となることをいう。さらに長には，当該自治体の執行機関として，事務を管理

執行する権限が付与されている（自治148条）。議会の議決事件に関する議案提出，予算の調製・執行，地方税の賦課徴収，分担金・使用料・加入金・手数料の徴収，過料の賦科，決算の議会認定に付すこと，会計監督，財産の取得・管理・処分，公の施設の設置・管理・廃止，証書・公文書の保管，その他普通地方公共団体の事務を執行することとされる（自治149条）。さらに，規則制定権（自治15条），事務組織の設置・編成権（自治155条・156条・158条）などもあり，一部法律などにより他の執行機関の権限とされている事務（選挙管理委員会（自治186条），監査委員（自治199条）等）を除けば，地方自治体の事務処理について，広い管理執行権限を有することの推定を受ける，とする指摘もある。

かかる広範な権限や上述のように議会への不満から，**Topic** で指摘したような，権限の濫用ともいえる行為を行う長が現れた。特に議会を無視して権限行使を行った鹿児島県の阿久根市長や再議を検討中という形にして条例の公布を先延ばしにした名古屋市長による権限濫用問題が記憶に新しい。これらに対応するために，地方財政検討会議や第30次地方制度調査会において，専決処分の対象限定，議会招集権の議長への付与といった対応策が示されてきた。

なお，多選制限については，国・地方を問わず多くの改革提案がなされてきている。比較的最近では，平成19（2007）年に総務省の「首長の多選問題に関する調査研究会」が報告書を提出しており，多選制限について，立憲主義，民主主義，そして平等権（憲14条），参政権（憲15条），職業選択の自由（憲22条），地方自治の本旨（憲92条）等に反しない旨の指摘がある。また，地方自治体では，平成15（2003）年の杉並区，川崎市，旧城山町など，多選自粛条例の制定がなされている。

第4節　議会と長との関係

4-1　不信任決議と解散

Topic でも示したように，議会が長の活動を批判するための手段として，長に対する不信任決議がある。これは，全議員の3分の2以上が出席した議会で，その出席議員の4分の3以上の者の同意がなければ議決されない（自治178条1項・3項）。不信任決議が可決された場合，長は，それに対抗して不信任決

議を受けたとの通知から10日以内に議会の解散を行うことができる（自治178条1項）。さらに解散後初めて招集された議会において，全議員の3分の2以上の者が出席した議会でその過半数の同意がある場合に，再び不信任の議決を行うことができる（自治178条3項）。（**図表2－1参照**）

図表2－1　不信任決議と解散

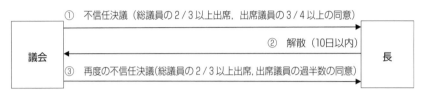

① 不信任決議（総議員の2/3以上出席，出席議員の3/4以上の同意）

② 解散（10日以内）

議会

③ 再度の不信任決議(総議員の2/3以上出席,出席議員の過半数の同意)

長

4－2　一般拒否権と特別拒否権

一般拒否権については，長が，議会が行った議決に異議がある場合，議決の日（条例の制定改廃，予算議決についてはその送付を受けた日）から10日以内に，理由を付して再議にかけることができる（自治176条1項）。再議にかかった議決と同じ議決を再度可決した場合は確定する（同条2項）。また，条例の制定改廃，予算議決については，議会が出席議員の3分の2以上の者の同意で再議に付された議決と同じ議決をしたときに同議決は可決する（同条3項）が，同意が得られない場合は廃案となる。平成24（2012）年の地方自治法改正で，一般拒否権の対象が，条例の制定改廃・予算以外の議案にも拡大された。

次に特別拒否権の手続に触れる。議会の議決が法令等に反すると認める場合，長は，理由を付して，再議に付すか再選挙を行わせなければならない（自治176条4項）。再議の内容または再選挙が法令等に反する場合，都道府県知事の場合は総務大臣，市町村長の場合は都道府県知事に対し，議決・選挙があった日から21日以内に審査を申し立てることができる（自治176条5項）。そして，その裁定に不服がある場合は，機関訴訟として，議会又は長は，裁定のあった日から60日以内に，裁判所に出訴することができる（自治176条7項・8項）。

なお名古屋市においては，議会が可決した条例について，再議をするかどうか検討中との理由で地方自治法16条2項で定める公布期限の20日を過ぎても条例を公布しないという対応を市長がとったことがあった。これは改正前の地方

自治法16条 2 項が，公布について20日の期限を設けつつ「ただし，再議その他の措置を講じた場合は，この限りではない」としていたため，市長が違法かどうか判断するための時間をもちたいとのことを理由とするものであった。ただこのような理由が認められれば，公布期限を定めた法の趣旨は損なわれることになるので権限の濫用といえよう。この点を踏まえ平成24（2012）年の地方自治法改正において，再議その他の場合を除き，20日以内に条令を公布しなければならない旨が定められた（自治16条 2 項）。（図表 2 - 2 参照）

図表 2 - 2　特別拒否権の流れ

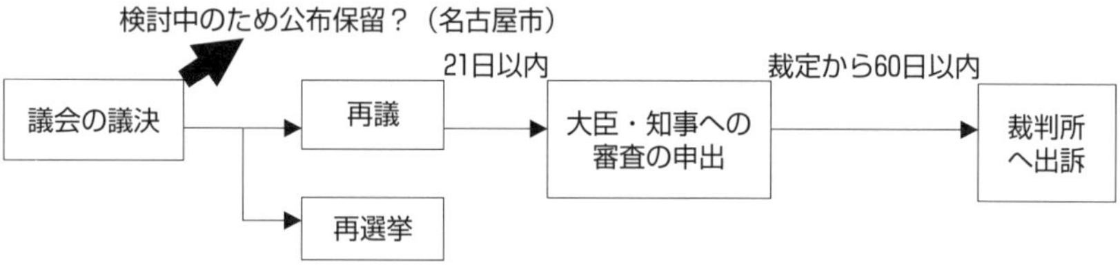

4 - 3　専決処分

　議会の議決事件とされている事項は，本来議会の議決を経る必要があるが，専決処分を経た場合は議決を経ずに処分することができる。専決処分とは，議会が議決するべき事案を，長がその議決を待たずに自らの責任で行い，議会における議決と同様の法的効果を有するものである。法律の規定による専決処分と，議会の議決に基づく委任による専決処分とがある（自治179条・180条）。

　この制度は，議会の議決すべき事項のうち「軽易な事項」（自治180条）を長の専決処分にゆだね，議会はできるだけ重要な事項を審議しようとする考え方によるものであるが，「軽易な事項」の解釈が問題となる。応訴事案専決処分事件（東京高判平成13（2001）年 8 月27日判時1764号56頁）では，およそ訴訟上の和解のすべてを専決処分にするのは法の許すところではないとの判断がなされたが，議決そのものは一義的明白に違法ではないとして，知事に対する損害賠償請求は棄却された。

　専決処分はあくまで「補充的な手段を定めた制度」（第30次地方制度調査会「地方自治法改正案に関する意見」（平成23（2011）年12月15日））であり，議会の審議を回避し，議会による執行機関のコントロールを弱めることになりかねないこと

からすると，「軽易な事項」の要件も厳格に解されるべきであろう。

　Topic で指摘したような，長が議会の招集を行わずその代わりに専決処分を乱発するような取り扱いは，少なくとも上記地方自治法96条の趣旨からすると権限濫用といえる。第30次地方制度調査会においてはこのことが問題となり，専決処分に付することができる対象から，副知事，副市町村長の選任同意事案，指定都市の総合区長の選任同意事案を除くこととされた（自治179条ただし書）。

4-4　「対等平等」性と「議会優位」性

　長と議会との関係について，議会の議員および長の直接公選制を定めた憲法93条の規定からすると，「住民代表機関」としての対等性については否定できないであろう。ただし，「意思決定機関」としての対等性の問題については議論がある。地方自治法96条における議会の議決事件の制限列挙規定と同法149条の規定ぶりから，首長の優位性を導く見解もある。

　しかし，長の被選挙権には住民要件がないので議会の方がより住民代表性が認められるともいえること（公選法10条1項5号・6号），議会の議決の限定列挙（自治96条）は戦後の二元代表制（首長制）導入によるものではなく，事務の効率的な配分の観点からの導入であること，地方自治法96条と同法149条とを「行政決定」の権限分配規定とみることは誤りであること等から二元代表制概念が必ずしも両機関の対等性は導き出せないこと，そしてあくまでも長と議会の対等性の問題は長と議会が相対立して上下関係に立たないという意味での自治体内部の政治的立場・地位における対等を指すもので理念的なものである，とする駒林良則の見解がある。この見解からすると，地方自治法149条に例示されたとされる長の権限を根拠にして，団体の意思決定においても長の包括性を承認するような理解は問題があろう。むしろ複雑化・多様化した地方政治の現場において，合議制の議会が慎重に合意形成をし，事を判断するという点の重要性を考慮すると，意思決定場面における議会優位性を唱えることも十分にありえよう。

　なお，このような場合には，いわゆる議会と長との「ねじれ」をどう考えるかという問題があり，政策遂行の停滞などの矛盾を生むとして消極的な評価が

なされることもありうる。しかし「ねじれ」は，当該政策について熟慮するために立ち止まるよい機会とも考えられ，むしろ二元代表制が機能しているものとして積極的評価もある。

4-5　地方議会への期待

　議会優位の意思決定を唱えたとしても，■Topic■のような事案において，議会あるいは議員個人に，もろもろの対応力が備わっているかどうかという問題がある。阿久根市においても議会による市長批判によって，むしろ議会に対する不信が広がったというような指摘もある。ほとんど改革らしい改革を行わず，名ばかりの活性化を行うといった実態があるとすれば，議会の側こそが再考するべきである。

　議会の活性化のための方策に関しては，全国で議会基本条例制定の動きがあるが，議会への住民参加の観点から住民と議員との意見交換会，請願・陳情等の政策提案化などが考慮されるべきである。後者については，たとえば松阪市の議会基本条例第6条において，市議会は請願者・陳情者の説明機会の確保に努めることとされ，必要に応じてその者の意見を聴くことを定められている。その他，議員の質問に対する執行部の反問権の付与，政務活動費の透明性確保などさまざまな方策を検討・実質化する必要があると思われる。これらのことにより，■Topic■における「対立」状況とは異なり，長と議会とが適度に緊張関係をもちながら，よりよい政策決定にむけて批判・妥協し合う関係が構築されていくものと思われる。

　なお，小規模市町村における「議員のなり手不足」等の意見に関して総務省の「町村議会のあり方に関する研究会」報告書では，議会のあり方に関する提言を行っている。そこでは，議会制度の代わりとしての町村総会制度の可能性について「実効的な開催は困難」としつつ，「いかに持続可能な議会の姿を実現するか」との観点から，現行の議会制度に加えて「集中専門型」と「多数参画型」という新たな議会制度を挙げる。前者は少数の専業的議員による構成と十分な議員報酬を確保する枠組みである。他方後者は，多数の非専業的議員による構成で，夜間や休日を中心とする議会運営を行うことを目指すものであり，契約の締結など一定の事案を議決事件から除外することにより，議員の負

担を軽減する代わりに副収入的水準の議員報酬を支給するというものである。しかし，この提案は議会の権能を制限する提案でもあり，憲法上の地方議会の意味を踏まえると，厳しく評価されるべきであろう。自治を充実させるという観点から，あるべき「改革」とそうではない「改革」とをしっかり見極める必要があると思われる。

Further Reading

大田直史「地方議会・議員のあり方改革の方向性」自治と分権73号（2018年）

駒林良則「自治体基本構造の法的議論に関する覚書」立命館法学373号（2017年）

榊原秀訓「自治体の総合計画策定における参加制度と議会」榊原秀訓『地方自治の危機と法――ポピュリズム・行政民間化・地方分権改革の脅威』（自治体研究社，2016年）

第3章　地方自治体の自律的組織
——地域運営組織・地域自治組織

Learning Point

　本章では地方自治体における自律的組織について，その種類，法的位置づけおよび活用状況を確認し，地方自治の実現のために自律的組織が担うべき役割を学ぶ。自律的組織の多くは「平成の大合併」の結果として生じた行政サービスをめぐる自治体内格差など，地域の課題に直面した住民が中心となって設立したものであるが，近年では政府が行政資源の制約を理由に不足する行政サービスを補完する役割を自律的組織に求め，その設立と活動の推進を重要施策と位置づけている。そのような国の動向にも注視しながら，基礎的自治体である市町村の公的責任を前提とした上で，自律的組織が既存の行政サービスの単なる代行ではなく，地域でのいきいきとした暮らしを自らつくり支える住民自治の担い手として活動する可能性を模索してみよう。

Topic

　A県の中山間地域に位置するB町・C町・D町の3町は合併して新たにE市となり，市役所は旧B町の地区に置かれる予定である。E市の区域は非常に広く，地域の特性も旧町単位でさまざまであるために，市行政に関わる住民意見の集約や地域のニーズへの対応が従来よりも難しくなり，特に市の中心部から遠い旧D町の住民からは，行政が遠くなってしまうのではないかという不安の声があがっている。そこで，3町の住民が話し合った結果，E市をより小さな区域に分けて，各区域に住民の意見を集約して地域の課題をくみ上げこれに柔軟に対応できる行政を実現するための自律的組織を新設する案がまとまった。これに対しては，住民自治が強化され地域の特性に適したまちづくりが可能になると賛成する声が多く寄せられたものの，一部の住民からは，既存の住民組織との関係がよくわからないという疑問や，市財政に余裕が見込まれない現状においては，自律的組織を新設することによって，かえって本来市が自ら行うべき業務を住民が肩代わりさせられるおそれを懸念する意見もあがっている。

第1節　地方自治体の自律的組織と住民自治

　まず地方自治の原理と住民の自律的組織との関係を確認しておく。地方自治体の活動は「地方自治の本旨」（憲92条）にのっとり，団体自治および住民自治の原理に基づき行われる（第1章第1節を参照）。住民自治の基盤となる住民の意思とは，まずは地方自治体の長および地方議会議員の選挙を行うことを通じて表され，長と議会にそれぞれ民主的正統性を与える（第2章第1節を参照）。さらに，住民による直接請求・住民投票（第7章を参照），住民監査請求・住民訴訟（第8章を参照）もまた，地方行政に対する住民の意思の表明であるといえる。しかし，住民自治の理念はこれらの諸制度によってのみ実現されるものではなく，より身近な方法として，地方自治体内部に住民を中心として組織された各種の自律的組織を通じても可能であることを看過してはならない。以下では，このような住民の自律的組織としてどのようなものがあり，それぞれがどのような活動を行うことができるのかを，**Topic** を素材としながら考えていこう。

第2節　地縁による団体

2-1　町内会・自治会

　Topic において住民から疑問があがっていたように，地方自治体においては，すでにさまざまな住民の自律的組織が存在している。そのような既存組織の代表例が町内会・自治会であり，これらは地域住民の自律的組織として歴史的，地縁的に形成されてきた。

　町内会・自治体の端緒は歴史的には明治期にさかのぼり，長らく国家の末端組織としての性格を保持し，戦時体制下に入ると法制度的にも市町村行政の末端として組み込まれた。しかし，戦後，憲法とその理念に基づく地方自治法の施行により，町内会・自治体は地方自治の本旨にのっとり住民自治を実現するための組織として新たに位置づけられ，国家の末端組織としての性格を払拭した。町内会・自治会は，原則として一定の地域に居住ないし営業するすべての世帯と事業所を組織することをめざし，地域の諸問題への対応を通じて，地域

を代表しつつ地域の管理に当たる。町内会・自治会は任意団体であり，その最高意思決定機関は会員全員が参加することができる総会である。多くの場合，町内会・自治会は規約によりその名称，区域，組織，事業内容等の重要事項について定められ，これに基づき運営される。町内会・自治会をめぐっては，近年その加入率の低下と担い手不足が問題となっている。

2-2　認可地縁団体

　町内会・自治会等の地縁による団体は，従来，法人格をもたないために団体が所有する不動産（自治会館など）を団体代表者の個人名義や団体役員の共同名義などの形式で登記を行わなければならず，運営・管理上トラブルが生ずることがあった。この問題については，平成3（1991）年の地方自治法改正により認可地縁団体制度を新設することで，立法的解決が図られた。これにより，町または字の区域その他市町村内の一定の区域に住所を有する者の地縁に基づいて形成された団体（以下，「地縁による団体」という）は，地域的な共同活動のための不動産または不動産に関する権利等を保有するため市町村長の認可をうけたときは，その規約に定める目的の範囲内において，権利を有し義務を負うことができることになった（自治260条の2第1項）。なお，地縁による団体は，認可地縁団体としての認可を受けずに，従前通り権利能力なき社団として団体の代表者等の名義で財産を管理することも可能である。

2-3　地域自治区
2-3-1　制度化の背景

　近年，少子高齢化の進行とこれに伴う行政資源の制約，そして「平成の大合併」により地方自治体が広域化し，住民の行政サービスへのアクセスが困難になったことを背景に，政府は住民の自律的組織の育成を重要施策として位置づけ，住民が自ら参加し運営をする自律的組織の活動によって，地方自治体におけるさまざまな行政ニーズに対応することを求めている。その一例として，平成15（2003）年の第27次地方制度調査会「今後の基礎自治体および監査・議会制度のあり方に関する答申」は「地域自治組織」の設置を提言した。この提言を受けて平成16（2004）年の地方自治法改正により制度化されたのが，一般制

度としての法人格をもたない地域自治区（自治202条の4以下）であり，あわせて市町村合併における特例手続としての合併関係市町村の区域による地域自治区の設置手続等も定められた（市町村の合併の特例に関する法律23条以下）。さらに，合併時にのみ5年以下の期間を定めて旧市町村単位で設置することができる，特別地方公共団体としての合併特例区も新設された（市町村の合併の特例に関する法律26条以下）。

　地域自治区および合併特例区は，いずれも市町村長の権限に属する事務を分掌させる，いわば「自治体内分権」のための行政組織であり，その区域ごとに住民の意見を集約することを通じて住民に身近な行政を行うことで住民自治を強化する可能性をもつ。**Topic** では合併により地方自治体が広域化することに伴って住民の意見集約が困難になるのではないか，とりわけ市の中心から離れた周辺部では行政が遠くなってしまうのではないかという懸念があったが，たとえばこれらの制度を活用することにより，合併前後を通じて，各地域の住民の意見をくみとったきめ細やかな行政をめざすことが対応策として考えられるだろう。

2-3-2　地域自治区の法制とその特徴

　ここでは一般制度としての地域自治区の法制を概観する。市町村は，市町村長の権限に属する事務を分掌させ，および地域の住民の意見を反映させつつこれを処理させるために，条例でその区域を分けて定める地域自治区を設けることができる（自治202条の4第1項）。地域自治区内には事務所をおくものとし，その位置，名称および所管区域は条例で定める（同条2項）。事務所の長は当該普通公共団体の長の補助機関である職員をもって充てられ（同条3項），当該普通公共団体の長の指揮監督下におかれる（同法4項）。事務所が住民に身近な事務を処理する役割を担うのに対して，地域自治区に置かれる地域協議会（同法202条の5第1項）は審議機関として，住民の意見をとりまとめる役割を担う。地域協議会の構成員は地域自治区の区域内に住所を有する者のうちから，区域内住民の多様な意見を適切に反映するよう配慮して市町村長が選任し，その任期は4年以内において条例で定める（同条の2第4項）。このほか，地域協議会の構成員の定数その他の組織および運営に関し必要な事項は，条例で定める（同法202条の8）。このように地域自治区は地方自治法上の行政組織であること

から，その設置および地域協議会の構成員の任期や構成等重要な事項については条例で定めることとされるなど議会の民主的統制が及ぶ一方で，事務所の長には市町村長の指揮監督下にある補助機関（職員）が充てられ，地域協議会のメンバーも市町村長が選任することとされているなど市町村長の影響力が強い。したがって，後述する地域運営組織と比較すると，地域自治区はともに選挙によって選ばれた議会および市長の関与の度合いが大きいためにより高い民主的正統性を付与されるが，各地域の住民の意思を直接的には反映しにくいという特徴をもつ。また，地域協議会の機能のうち法定されているのは審議機能のみであるので，住民が自ら地域の事務の遂行に関わるためには別のしくみをつくる必要がある。

2-3-3　地域自治区の設置状況

　ここでは地域自治区の設置状況を確認する（合併特例区は平成26（2014）年度ですべてが廃止されている）。平成18（2006）年7月1日現在において一般制度が15団体91自治区，合併特例手続によるものが38団体101自治区であった。平成31（2019）年4月1日現在では，それぞれ13団体128自治区と10団体19自治区である（総務省ホームページ〔http://www.soumu.go.jp/gapei/sechijyokyo01.html〕）。合併特例手続による地域自治区の減少は市町村合併の件数の減少に伴う必然的な結果であるが，一般制度としての地域自治区については，その数は増加しているものの設置自治体数は減少している。上越市や豊田市など制度を活用している自治体がある一方で，これを新設する自治体は少なく，いったん地域自治区を設置した自治体もこれを廃止するケースも認められる。さらに，地域自治区が地方自治法上の行政組織であるという特徴を考慮し，むしろより柔軟に住民自治の理念を実現するために独自の住民組織を設置する選択を行う地方自治体もある。そのような例として横須賀市の地域運営協議会があり，これは自律的組織の種類としては後述する地域運営組織にあたる。

2-4　総合区

2-4-1　制度化の背景

　地域自治区と同様に自治体内分権のための行政組織として設置される地方自治法上の制度として，総合区がある。総合区は，平成25（2013）年の第30次地

方制度調査会「大都市制度の改革および基礎自治体の行政サービス提供に関する答申」の示した政令指定都市制度の見直し事項の1つであり，これを受けた平成26（2014）年の地方自治法改正により制度化された。総合区は大都市における自治体内分権と住民自治の拡充を目指すものであるとされる。

2-4-2　総合区の法制・特徴と設置状況

　指定都市は，その行政の円滑な運営を確保するために必要があると認めるときは，市長の権限に属する事務のうち特定の区域内に関するものを総合区長に執行させるため，条例で当該区に代えて総合区を設け，総合区の事務所または必要があると認めるときはその出張所を置くことができる（自治252条の20の2第1項）。総合区の事務所またはその出張所の位置，名称および所管区域並びに総合区の事務所が分掌する事務は条例でこれを定めなければならない（同条2項）。総合区にはその事務所の長として市長が議会の同意を得て選任する総合区長が置かれる（同条3項・4項）。総合区長は総合区域に係る政策および企画をつかさどるほか，法律もしくはこれに基づく政令または条例により総合区長が執行することとされた事務および市長の権限に属する事務のうち主として総合区の区域内に関するもの（総合区域内に住所を有する者の意見を反映させて区域のまちづくりを推進する事務等）を執行し，これらの事務の執行について当該指定都市を代表する（同条8項）。

　このように，総合区は条例により設置され，議会の同意を得て選任される総合区長に多くの権限を委譲するものであり，議会の民主的統制の下にある点において地域自治区と共通する特徴をもつ。しかし，総合区には地域自治区における地域協議会にあたるような，区域内の住民意見を集約するための組織について法律上の規定が存在しないため，住民自治の観点からは，区域内の住民の意見を総合区行政に反映させる仕組みをつくることが求められる。

　総合区を設置した政令指定都市はいまだないが，大阪市では「大阪都構想」をめぐる議論の中で，大都市制度のあり方の1つの選択肢として，その制度設計も含めて検討がなされている。

第 3 節　地域運営組織と地域自治組織

3-1　政府の施策との関係

3-1-1　政策上の位置づけと住民自治

　地方自治体の自律的組織は，これまでみてきた町内会・自治体等の伝統的な地縁による団体や，地域自治区および総合区といった行政上の組織の他にも，私的な任意団体から何らかの公共的な性格を有する組織，そして特別地方公共団体などの公法人まで，さまざまなものが連続的に多様性をもちつつ存在する。近年，政府は住民の自律的組織を重要施策として位置づけ，これを積極的に推進するために調査会や研究会を設置してその答申・報告書を公表しており，その中で地域運営組織および地域自治組織という用語を使用している。これらに分類される組織の中には，場合によっては町内会・自治会など既存の住民組織も含まれ，またはそれらと連携しつつ存在する組織もある。しかし，地域運営組織および地域自治組織は，少子高齢化に伴う行政資源の制約と地方自治体の広域化を前提として地域の課題の地域による解決を求める政府の近年の政策の中で重要施策として打ち出されているものであり，そのような政策上の位置づけについては，地方自治とりわけ住民自治の観点から精査する必要がある。 Topic で一部の住民が懸念していたように，人口減少と高齢化に伴い地域コミュニティの弱体化が進む中で，行政資源の制約を理由に地域には過大な期待を寄せられがちである。しかし，市町村合併推進をはじめとした従来の政策についての自省的総括のないままに自治体内分権を求め，従来の行政の肩代わりを住民の活動に求めることがあってはならない。地方自治の本旨とくに住民自治の原理に立ち戻り，地域の厳しい実情があるとしても，そこで住民が主体となり，どのように自治を再構築し，いきいきと暮らせる地域をつくるのかが問われている。

3-1-2　政府の報告書等における位置づけ

　まず地域運営組織について，総務省は平成25（2013）年度から調査を開始し，その後も毎年度これに関する調査報告書を公表している。また，平成29（2017）年12月22日に閣議決定された「まち・ひと・しごと総合戦略（2017改訂版）」では，地域の課題解決のための持続的な取組体制の確立に向け，地域運

営組織を形成することが重要であるとの方針が示されるとともに，令和2 (2020) 年までに達成すべき重要業績成果指標（KPI）の1つとして地域運営組織の形成数5000団体を目指すことが明記されており，目標を数値化してその設立が促進されている。平成30 (2018) 年12月21日に閣議決定された同総合戦略の改訂版（2018改訂版）においてもこの形成数は引き続き重要業績成果指数として設定されている。次に地域自治組織について，総務省は平成28 (2016) 年に「地域自治組織のあり方に関する研究会」を設置し，認可地縁団体を含めた地域運営組織の課題を検討したうえで，地域運営組織が任意団体であることによる活動の限界を補うために公法人としての地域自治組織が必要であるとしてその制度設計を詳細に議論しており，平成29 (2017) 年7月に報告書を公表している。

3-2　定義

　地域運営組織と地域自治組織という用語は法令上のものではなく，論者によってその想定する内容も必ずしも一様ではない。そこで，前述のような政府施策との関係性に鑑み，本章では政府の報告書における用語の整理を参照する（その用語法に対しては批判もある。たとえば，高橋進・本多滝夫・瓜生昌弘「地域自治組織の現状と課題——長浜市，東近江市，高島市，上越市，雲南市，出雲市の模索の考察」龍谷法学50巻2号（平成29 (2017) 年）29頁）。

3-2-1　地域運営組織

　域運営組織について，総務省が調査を開始した平成25 (2013) 年度の報告書「RMO（地域運営組織）による総合生活支援サービスに関する調査報告書」（平成26 (2014) 年3月）によれば，「地域の暮らしを守るため，地域で暮らす人々が中心となって形成するコミュニティ組織により生活機能を支える事業（総合生活支援サービス）」を行う主体を「RMO（地域運営組織-Region Management Organization-)」と呼ぶとされる。その後，総務省は調査を本格化させ毎年度報告書を公表しており，その中で「地域運営組織」とは「地域の生活や暮らしを守るため，地域で暮らす人々が中心となって形成され，地域内の様々な関係主体が参加する協議組織が定めた地域経営の指針に基づき，地域課題の解決に向けた取組を持続的に実践する組織」であり，「具体的には従来の自治・相互扶

助活動から一歩踏み出し」た活動を行っている組織で，一般の経済活動を行う事業体を除く，主として私的組織が想定されている（総務省「暮らしを支える地域運営組織に関する調査研究事業報告書（平成28（2016）年 3 月)）。ここでいう「従来の自治・相互扶助活動」とは，町内会・自治会といった既存の住民組織による伝統的な自治活動であると考えられるが，これらの団体もその活動内容が上記の定義に該当する場合には地域運営組織に分類されることになる。

　同報告書は地域運営組織の活動例として，役場の窓口代行や公的施設の維持管理といった総合サービス，コミュニティバスの運行，雪かき，家事支援，高齢者への声かけといった生活支援活動，体験交流事業や特産品の加工・販売といった地域産業振興活動，空き家や里山の維持・管理といった財産管理活動をあげる。**Topic** で合併により誕生する E 市内においてその設立が提案されている市内各区域における自律的組織は，すでにみたように条例に基づき民主的統制のもとに市長の強い影響力を残す地域自治区として組織化することも可能であるが，横須賀市の例のように，住民の意思をより直接かつ柔軟に反映するために任意団体として組織化しようとする場合には，地域運営組織の形態を選択することになる。

3-2-2　地域自治組織

　地域自治組織とは，総務省「地域自治組織のあり方に関する研究会報告書」（平成29（2017）年 7 月）によれば，地方制度調査会等において主として公法人（またはその一組織）として想定されており，「地域の公共空間を担う公法人（またはその一組織）」であるとされる。この定義によれば，これまでみた地方自治体の自律的組織のうち，地域自治区，合併特例区，総合区は地域自治組織に分類される。もっとも，この報告書はもっぱら公共組合と特別地方公共団体の地域自治組織の組織化を検討する。報告書によれば，人口減少・高齢化が進行した社会において，基礎的自治体としての市町村は従来の行政サービス供給能力をもはや維持できず，「標準的な行政サービス」しか提供することができないので，これを超え出る，地域ごとのニーズへの対応や課題の解決などについては，基礎的自治体に代わって地域運営組織の共助によってこれを行うことが求められる。しかし，主として私的な任意団体として組織される地域運営組織では，公権力の行使を伴う強制的な加入制や費用の徴収を実施することができな

いために「フリーライド問題」に対応できないなど，活動の目的が十分に達成できない場合があるために，公権力の行使が可能である公法人としての地域自治組織の設立が必要になるとされる。 Topic でE市に設立される自律的組織は，区域内の住民に対して強制加入を求め，また活動に関わって金銭の徴収を強制する場合には，地域運営組織ではなく地域自治組織として設立する必要がある。

3-3　地域運営組織の活動とその課題

3-3-1　地域運営組織の活動の概要

　総務省の「平成30年度地域運営組織の形成及び持続的な運営に関する調査研究事業報告書」（平成31（2019）年3月）によれば，平成30（2018）年現在における全国での地域運営組織の設置数は711市町村において4787組織，活動範囲は主に「小学校区（旧小学校区）」（概ね昭和の大合併で消滅した旧村エリア）であり，主な収入源は市町村からの補助金である。地域運営組織は，「協議機能」と「実行機能」のいずれか一方または両方をもつものに分けることができる。

3-3-2　地域運営組織の具体例（雲南市の「地域自主組織」）

　地域自治組織は，特に人口減少と高齢化，それに伴う地域のコミュニティ機能の低下が進む地域においては，まさに地域の存続をかけた活動を担っている。ここではそのような例として，雲南市における地域運営組織の活動をみる。島根県東部に位置する雲南市は，平成16（2004）年11月1日に6町村の対等合併により誕生した。市の面積は553.2km（島根県の総面積の8.3％）と広大で，その大半を林野が占める中山間地域である。人口は3万9032人で高齢化率は36.5％（平成27（2015）年国勢調査）と非常に高く，全域が過疎指定されている。市では「地域自主組織」と呼ばれる地域運営組織が，合併時の新市建設計画の中に位置づけられ，合併直後からその設置が進められてきた。

　市では現在，その全域で小学校区単位ごとに地域自主組織が設置され（全30組織），各区の「交流センター」（地域自主組織が指定管理で受託，センター長を地域自主組織が雇用）を拠点として「小規模多機能自治」と呼ばれる，小規模ながらもさまざまな機能をもった住民自治のしくみにより多様な活動が実施されている。その活動は，地域づくり・地域福祉・生涯学習を3本柱として持続可能

性の確保・安心安全の確保・歴史文化の活用を目指し，住民が自ら参加し，実行される（預かり保育，伝統芸能の担い手育成，買い物支援，水道検針業務の受託を通じた見守り活動等）。このような住民自治の理念は，平成20 (2008) 年に制定された「雲南市まちづくり基本条例」の前文において明記されている。地域自主組織は地域における既存の住民組織，たとえば町内会・自治会といった地縁型組織，消防団などの目的型組織，PTA などの属性型組織が結集・連携するかたちで，小規模多機能自治の理念のもとに再構成されたものである（図表 3 参照）。 Topic において一部の住民から疑問があがっていた，E 市に新設される自律的組織と既存組織との関係も，地域住民の力を結集しようする場合，このような連携・協力関係になるだろう。

図表 3　雲南市の地域自主組織の基本的なしくみ

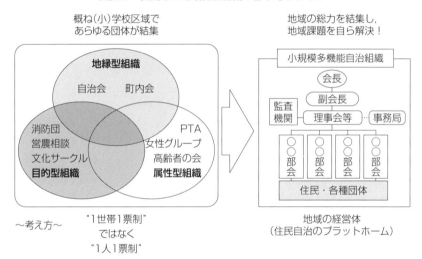

出典：小規模多機能自治推進ネットワーク会議「小規模多機能自治の状況と制度上の課題」（平成29年 1 月）〔http://www.soumu.go.jp/main_content/000459163.pdf〕

　活動の財源は，市から交付される地域づくり活動交付金と交流センターの指定管理料である。市は地域自主組織に対して活動交付金を交付するほか，活動にかかわる企画・指導・支援を行っており，平成25 (2013) 年度からは地域と行政が「直接的に・横断的に・分野別に」協議を行うために，市の部局と地域自主組織との間で「地域円卓会議」が導入されている。地域と行政との関係に

ついては，平成27（2015）年に締結された「地域と行政の協働のまちづくりに関する基本協定書」において，相互に対等な立場を前提として，地域と行政が協働でまちづくりに取り組むこと（1条），相互の役割を明確にすること（2条）が明記され，市が依頼する必須業務（統一的に実施する必要がある業務のうち，行政が担うよりも効率的かつ効果的な業務）と，協議の上地域が受託する選択業務（地域の自主性を尊重し，地域の主体性や個性を生かす業務）が整理された。この他に情報共有・協議の場を設けること（3条）や情報管理（4条）についても明記された。

3-3-3　地域運営組織の課題

　地域運営組織の活動上の主な課題は，立法的解決が必要となる適切な法人格の取得問題を除けば，財源確保と人材育成である。これらは地域運営組織のみの努力で解決できるものではなく，地域運営組織の活動が効果的に行われるためには，行政による適切で継続的な支援が必要となる。もっとも，行政と地域運営組織は上下関係にあるわけではないことに留意すべきである。この点に関して，雲南市において「地域と行政の協働のまちづくりに関する基本協定書」の中に両者が相互の役割を明確にしたうえで対等な立場で協働すべきことが明記されたことや，両者の対等関係を重視して円卓方式の会議を採用していることは参考になる。地域運営組織が単なる行政の下請けとしてではなく，住民の主体性に基づき住民自治を下支えする活動を実現するためには，行政との対等な協働関係の構築は重要である。

3-4　地域自治組織の理論的課題

3-4-1　地域自治組織による公権力の行使

　「地域自治組織のあり方に関する研究会報告書」によれば，地域自治組織は，地域運営組織が行うことができない，区域内住民の強制的な加入制や金銭の徴収といった公権力の行使を伴う公的任務を担うことを想定されている。したがって，従来は市町村が提供してきた（あるいは提供すべきとされていた）行政サービスについて，これを「機能」ごとに細分化し，地域自治組織がこれを担うことも可能になる。

3-4-2　地域自治組織の類型と担う事務の範囲

　同報告書は，地域自治組織の組織類型として公共組合および特別地方公共団体を示す。両者は基礎的自治体が行う事務の「上乗せサービス」を担う点，「区域」により構成員が画される点など共通性をもつが，それぞれが担うに適する事務と構成員範囲を画する「区域」の考え方が異なるとされる。すなわち，公共組合は構成員間の共同の事務の遂行であり，「公共の福祉の増進に合致するとともに，構成員に平等に受益が及ぶ事務がふさわしく，具体的には，生活空間の質を向上させるための事務を列挙することが考えられる。一方，高齢者，子育て世帯を対象としたサービス提供等，構成員間の資源の再分配としての性格が強い事務は適さないと考えられる」。区域は「事務に応じて合目的的に設定されることになり，その受益が及ぶと考えられる範囲となる」。これに対して，特別地方公共団体は市町村の事務の一部を処理させる方式であり，「『地域における事務』であれば，事務の範囲に法律上の制約はなく，立法政策の問題となる」。それは必ずしも構成員間の共同の事務の遂行ではないためにその受益が必ずしもすべての構成員に及ぶ必要はなく，区域はたとえば小中学校区のように「一つの団体として意思決定をすることが適切な範囲として設定されることになる」。「賦課金についても，公共組合と……同様，応益性の高いものとすることが適切」であるとされる。

3-4-3　地域自治組織が担う事務の範囲

　同報告書の内容を前提とすれば，地域自治組織が特別地方公共団体として設置された場合，区域内の構成員の合意がある限りにおいて担う事務の範囲には制限がないことになる。しかし，そのように考えることは地方自治の観点からみて適切であるといえるのだろうか。特に再分配機能をもつ事務のように，住民間において利益対立の契機を含む事務については，住民の民主的参加権が平等に保障されており，住民に対して責任を負う市町村がこれを担うべきである。そのような事務まで地域自治組織に委ねることは，市町村内の住民が受ける行政サービスに格差を生じさせ，ひいては市町村に憲法上保障された地方自治とその住民の権利を内部から掘り崩すおそれがある。基礎的自治体としての市町村は，その統治団体としての役割と住民の権利を十分に考慮することなく従来自らが担っていた事務の一部を任意に切り取り，これを地域自治組織に委

ねることは許されないと考えられる。

Further Reading

門脇美恵「『地域自治組織』による『機能的自治』の限界」住民と自治2019年 2 月号

高橋進・本多滝夫・瓜生昌弘「地域自治組織の現状と課題——長浜市，東近江市，高島市，上越市，雲南市，出雲市の模索の考察」龍谷法学50巻 2 号（2017年）

名和田是彦「『地域運営組織』『地域自治組織』と地域代表性」都市問題108号（2017年）

第4章　地方自治体の立法

Learning Point

　まず，憲法94条が定める条例の意義と地方自治体の立法との関係を理解する。つぎに，地方自治体の立法のうち，地方議会が定める条例に焦点を当て，地方自治体の条例制定権の範囲を，憲法や法律との関係で説明できるようにする。これらの学習を踏まえて，「地域の特性」と住民の声を反映した，政策ツールとしての条例の可能性を考察してみよう。

> **Topic 1**
>
> 　T町は，大都市であるN市の郊外にある田園地域をその区域としている。同町において市街化が進んでいる地域と住宅が点在している地域との境界あたりに，いわゆるラブホテル（もっぱら異性を同伴する客の宿泊の用に供する宿泊施設）としての利用が見込まれるホテルの建設計画があることが地元の新聞報道で明らかになった。T町の一部の住民らは，子どもの教育上支障があるとして，このホテルの建設に反対する運動を始めた。これを受けて，T町はこのような種類のホテルの建設を規制するために，風俗営業等適正化法（以下「風営法」という。）のラブホテルの規制よりも厳しい内容の基準を定め，その基準に該当する宿泊施設の開業に際して，同法の届出とは別に，町長の同意を要し，同意を得ないで開業した者を刑罰に処すと定める条例を制定した。
>
> 　これに対して，ホテル建設を計画している事業者は，このホテルは風営法がラブホテルとして規制する宿泊施設には当たらない以上，このホテルの建設は適法であり，逆に同法の規制とは同じ目的でより厳しい規制を施す，T町の条例は同法に抵触し，違法ではないかと考えている。

第1節　地方自治体の立法の意義

1-1　地方自治体の立法の意義と憲法の保障の範囲

　「地方自治体の立法」（以下単に「自治立法」という）には，地方議会が議決に

基づいて制定する立法である条例と，首長や委員会といった執行機関が制定する立法である規則の 2 種類がある（自治14条 1 項・15条 1 項）。

　ところで，憲法94条は，「地方公共団体は，（中略）法律の範囲内で条例を制定することができる」と定めている。ここでいう「条例」は，自治立法を意味し，これには上記の条例だけでなく，上記の規則も含まれると解されている。

　そこで，地方議会が議決に基づいて制定する条例は「形式的意味における条例」と呼ばれ，憲法94条に定める条例は「実質的意味における条例」と呼ばれている。両者を区別する理由は，憲法41条（「国会は，（中略）唯一の立法機関である」）の例外として地方自治体に自治立法を制定する権能（以下「自治立法権」という）を認める憲法94条の保障を規則にも及ぼすためである。

　もっとも，執行機関にも固有の自治立法権があるとする解釈は，地方自治体の機関の民主的正統性の根拠である憲法93条 2 項（「地方公共団体の長，その議会の議員及び法律の定めるその他の吏員は，その地方公共団体の住民が，直接にこれを選挙する」）に由来する。したがって，公選とされている「吏員」が存在しない現在の法制の下では，「実質的意味における条例」に当たる規則は，首長が定める規則だけである。

　なお，以下の叙述において，条例は「形式的意味における条例」を指すものとする。

1-2　条例と規則との関係

　1-1で説明したように，直接公選制によって選出される首長は，民主的正統性を有するがゆえに，地方自治法15条 1 項にかかわりなく，憲法94条にいう「実質的意味における条例」として規則を制定することができる。これに対し，その他の執行機関が規則を制定するためには，法律または条例において規則制定権がその機関に付与されていなければならない（自治138条の 4 第 2 項参照）。

　ところで，首長に固有の自治立法権があるとすると，首長の自治立法である規則と地方議会の自治立法である条例が同じ事項について競合する場合がありうる。

　そこで，地方自治法14条 2 項は「義務を課し，又は権利を制限するには，法令に特別の定めがある場合を除くほか，条例によらなければならない」定める

ことで，侵害的性質の立法については条例の専管事項とする調整を施している。また，個別の法律において条例の制定事項とされている事項は，首長が直接にその事項について規則を制定することはできない。

　しかし，それ以外の事項は共管事項となるため，条例と規則との競合が生じる可能性がある。条例については長には再付議権（自治176条1項）があることにとどまること，条例違反には刑罰を科すことができるが，規則違反には秩序罰しか科すことしかできないことに照らすと，原則として，条例が規則に優先する。

1-3　条例の種類

　地方議会は，個々の法律が地方自治体に帰属させてはいない事務であっても，「地域における事務」について自主的に条例を制定することができる。このような条例を本章では「自主条例」と呼ぶこととする。

　これに対して，地方自治体は，自治事務として，または，法定受託事務として，個々の法律が「地域における事務」（自治2条2項参照）として地方公共団体に帰属させている事務（以下「法定事務」という）を処理するために条例を制定することがある。このような条例を本章では「法律施行条例」と呼ぶこととする（なお，自治事務と法定受託事務については，第9章第1節を参照）。

　以下，それぞれについて節を分けて説明をしよう。

第2節　自主条例制定権の範囲

2-1　事項的範囲

　自らの区域の「地域における事務」に関する事項であれば，地方自治体は「法律の範囲内」（憲94条）において自主的に条例を制定することができる。

　旧地方自治法は「国の事務」を列挙し（旧自治2条9項），かつ，それに該当しない事務であっても，法令により地方公共団体の執行機関が処理するものとされていた機関委任事務については「国の事務」であると観念され，条例制定が許されないと解されていた。しかし，平成12（2000）年に施行された地方分権一括法（平成11（1999）年法律第87号）によって，地方自治法からは「国の事務」に関する条項も，機関委任事務に関する条項も削除された。ある事務は先

験的に国の専管に属するものであるから，地方自治体が自主的に処理することはおよそ許されないといった考え方が放棄された結果である。

　もっとも「地域における事務」に属するものであっても，憲法が法律事項としていたり，法律の制定により法律と競合するとして条例の制定が排除されたりする場合がある。

2-2　憲法上の法定主義との関係

2-2-1　憲法が定める法律事項

　憲法が法律事項と定めている事項については，文言通りに解釈すれば，地方公共団体は条例を制定することができないことになる。憲法が法律事項としている事項のうち，法律の留保理論——義務を課したり権利を制限したりする国家作用には法律の根拠を要するとする理論——のコロラリーである財産権法定主義（憲29条2項），罪刑法定主義（憲30条）および租税法律主義（憲84条）が条例制定権を制限するか否か，制限するとしてもどの範囲にとどまるのかが好んで問題とされてきた。

2-2-2　財産権法定主義

　憲法29条2項は「財産権の内容は，公共の福祉に適合するやうに，法律でこれを定める」と規定している。財産は全国的な取引の対象となり，全国的に統一して定めることが必要であるから（自治1条の2第2項参照），その内容はやはり法律の専管事項といってよい。しかし，財産権の行使が住民の生活に消極的な影響を与える場合には，地方自治体は地域の事情に応じてこれを制限することができると解される。

　最高裁は，奈良県ため池条例事件において，「ため池の破損，決かいの原因となるため池の堤とうの使用行為は，憲法でも，民法でも適法な財産権の行使として保障されていないものであって，憲法，民法の保障する財産権の行使の埒外にあるものというべく，従つて，これらの行為を条例でもつて禁止，処罰しても憲法および法律に抵触またはこれを逸脱するものとはいえない」として，ため池の堤とうでの農作物の栽培等を禁止する条例の違憲性を否定した（最大判昭和38（1963）年6月26日刑集17巻5号521頁）。この判決は，財産権の行使については，憲法上の保障は及ぶとしても，憲法29条2項が要請する法律の専

管事項に属する事項ではなく，地方公共団体が自主的に条例によっても制限しうる事項であることを明らかにしたものといってよいであろう。

2-2-3　罪刑法定主義

憲法31条は，「何人も，法律の定める手続によらなければ，その生命若しくは自由を奪はれ，又はその他の刑罰を科せられない」と規定している。罰則については，政令で定める場合においても，憲法は特に法律において内閣にその旨の委任をしている場合に限定している（憲73条6号ただし書）。したがって，地方自治体の自治立法権も行政機関の立法権と同じものと理解するならば，地方自治体が条例において罰則を定める場合にも，法律の委任が憲法上の要件となる。

最高裁は，大阪市売春防止条例違反事件において，「条例は，……むしろ国民の公選した議員をもつて組織する国会の議決を経て制定される法律に類するものであるから，条例によつて刑罰を定める場合には，法律の授権が相当な程度に具体的であり，限定されれば足りると解するのが正当である」として，当時の地方自治法14条5項（「普通地方公共団体は，……その条例中に，条例に違反した者に対し，2年以下の懲役若しくは禁錮，10万円以下の罰金，拘留，科料又は没収の刑に処する規定を設けることができる」）が刑罰の範囲を限定としていることを捉えて，条例に罰則を定めることを合憲と判断をした（最大判昭和37（1962）年5月30日刑集16巻5号577頁）。

この判決は，地方自治体の事務の例示規定にすぎなかった旧地方自治法2条3項各号を具体的な委任の規定であると「誤解」しているところ，条例が準法律的な性質であることに照らして，条例への罰則の委任の規律密度は政令によりも緩やかでよく，地方自治法といった一般法による委任でも憲法違反ではないとの理解に基づいているものといってよい。

なお，条例による規律の実効性を担保する手段も地方自治体を有しているとの理解に立てば，罰則の制定も条例制定権に当然に含まれる。この理解によれば，地方自治法14条3項は，確認規定であり，罰則制定の限度を定めた制限規定ということになろう。

2-2-4　租税法律主義

憲法84条は，「あらたに租税を課し，又は現行の租税を変更するには，法律又は法律の定める条件によることを必要とする」と規定している。

　地方自治体は，自主的に「地域における事務」を処理することができる以上，憲法92条および94条は，それを財政的に担保する自主課税権が地方自治体にあることを前提にしていると解される。そうすると，法律によることなく，地方自治体は住民に課税をすることができることになる。

　最高裁は，神奈川県臨時特例企業税条例事件において，「普通地方公共団体は，地方自治の不可欠の要素として，その区域内における当該普通地方公共団体の役務の提供等を受ける個人又は法人に対して国とは別途に課税権の主体となることが予定されている」と判示し，地方自治体の自主課税権が地方自治の保障から導かれることを認めた（最判平成25（2013）年3月21日民集67巻3号438頁）。

　もっとも，最高裁は，旭川市国民健康保険条例事件では，「国又は地方公共団体が，課税権に基づき，その経費に充てるための資金を調達する目的をもって，特別の給付に対する反対給付としてでなく，一定の要件に該当するすべての者に対して課する金銭給付は，その形式のいかんにかかわらず，憲法84条に規定する租税に当たるというべきである」と判示し，地方自治体の課税権の行使は憲法84条の規律に服するとする（最大判平成18（2006）年3月1日民集60巻2号587頁）。

　したがって，これらの判決によれば，地方自治法223条および地方税法2条は，自主課税権の存在を前提とした確認規定であるところ，憲法84条により，地方自治体は，課税権を行使するためには，法律に準じて条例を制定しなければならない。地方税法3条1項（「地方団体は，その地方税の税目，課税客体，課税標準，税率その他の賦課徴収について定をするには，当該地方団体の条例によらなければならない」）は，その趣旨に出たものと解すべきであろう。

2-3　自主条例と法律との競合

2-3-1　「法令先占論」

　憲法94条は「地方公共団体は，……法律の範囲内で条例を定めることができる」と規定している。これに対して，地方自治法14条1項は，「普通地方公共団体は，法令に違反しない限りにおいて条例を制定することができる」と規定している。このように条例制定権の限界を定める規定の文言は異なるが，いずれも，条例は法律および法律に基づく命令に違反してはならないことを意味する。

　先に説明したように，「地域における事務」に属する事項について地方公共団体は条例を制定することができるところ，国もまた同一事項について法律を制定することができる。したがって，条例と法律とが競合する事態が生じ得る。このような事態を解決する理論として「法令先占論」という理論が存在している。この理論は，一定の事項につき法律が規律を行っている場合には，法律が明示的に許容していない限り，地方自治体は同一事項につき条例を制定することができないというものである。

　ただ，この理論を形式的に当てはめると，あまりにも広範に条例制定権を制限することになるので，規制の目的および事項の異同ならびに規制の基準および態様の程度の組み合わせによって，類型的に法律の先占領域を限定しようとする試みが行われてきた。その結果，法律と同一の目的で同一の事項について，法律の基準よりも厳しい基準で，または，法律の規律よりも厳しい態様で規律する条例（いわゆる「上乗せ条例」）は法律に違反するが，法律と異なる目的で同一の事項を規律する条例や法律が規律する目的と同一の目的で，法律の規律の範囲外としている事項を規律する条例（いわゆる「横出し条例」）は法律に違反しないとする解釈論が説かれるようになった。

　これに対して，1960年代に深刻化した公害問題に対処するために，一部の地方自治体は，国の法律よりも広い規制対象と厳しい規制基準を定めた各種の公害防止条例の制定に踏み出した。これを受けて，公害現象の地域的特殊性，財産権に対する生存権の価値優越性などを根拠に，国による法律の規制は全国的見地から定められた最低基準または標準にすぎず，公害行政に関する上乗せ・横出し条例は法律に違反するものではないとする解釈論が登場した。さらに，公害行政領域における解釈論を一般化し，法律が規制する事項の性質やそれにかかる基本的人権の性質に着目して，法律の規制内容がそれ以上の規制を許さない「規制限度法律」なのか，それとも全国的規制の最低基準を定めるにすぎない「最低基準法律」なのかを区別して，上乗せ条例の許容性を判断する解釈論も提唱されるに至った。

2-3-2　リーディング・ケース

　法律と条例との競合に関する解釈論の展開を背景にして，最高裁は，徳島市公安条例事件において，「両者の対象事項と規定文言を対比するのみでなく，

それぞれの趣旨，目的，内容及び効果を比較し，両者の間に矛盾抵触があるかどうかによつてこれを決しなければならない」として形式主義的な文言解釈を排した（最大判昭和50（1975）年 9 月10日刑集29巻 8 号489頁）。この判決における法律と条例との関係に関する一般的な命題を整理すると，おおむねのつぎの通りである。

①　ある事項について国の法令中にこれを規律する明文の規定がない場合

　1　当該条例は，原則として適法である。

　2　ただし，当該法令全体からみて，当該規定の欠如が特に当該事項についていかなる規制をも施すことなく放置すべきものとする趣旨であると解されるときは，これについて規律を設ける条例は違法となる。

②　条例が国の法令とは別の目的に基づく規律をする場合

　1　当該条例は，原則として適法である。

　2　ただし，その適用によって国の法令の規定の意図する目的と効果を阻害する条例は違法となる。

③　条例が国の法令と同一の目的に基づいて同一の内容の規制を施す場合

　1　当該条例は，原則として違法である。

　2　ただし，国の法令が必ずしもその規定によって全国的に一律に同一内容の規制を施す趣旨ではなく，それぞれの普通地方公共団体において，その地方の実情に応じて，別段の規制を施すことを許容する趣旨であると解されるときは，当該条例は違法とならない。

上記のうち③-2 は，地域的な独自の規制を容認する法律のしくみがとられている場合には上乗せ条例を許容する趣旨に出たものといえよう。本件で問題となった法律である道路交通法は都道府県公安委員会に地域的な事情に配慮した裁量権を認めている。これを手掛かりに，最高裁は，道路交通法が地域的な規制を容れる開かれたしくみを採用としていると捉え，道路交通法との関係において上乗せ条例と評価しうる公安条例が法律に違反しないと正面判断した。

もっとも，最高裁はその許容性を法律のしくみに基づいて判断するため，人権の価値序列に照らすと最高裁の結論には疑問に思われるところもある。最高裁は，徳島市公安条例事件では，道路使用による表現の自由に対する侵害の程度に照らせば，道路交通法を規制限度法律と解する余地があるにもかかわら

ず，それに加えて集団示威行進を規制する条例を適法とする判決を下し，逆に，高知市普通河川管理条例事件では，普通河川における工作物の設置等を制限する普通河川管理条例について，財産権の行使の制限にとどまるにもかかわらず，普通河川も指定によりその適用・準用の対象とすることができるしくみが河川法にあることを理由として，これを違法とする判決を下した（最判昭和53（1978）年12月21日民集32巻9号1723頁）。学説からの批判が強いところである。

2-3-3　分権改革後の裁判例

　上記の2つの判決は，地方分権一括法施行以前の判決である。同法において地方自治法の大改正が行われたが，地方自治法14条1項に定める「法令に違反しない限り」の文言に変更は施されなかった。したがって，法律と自主条例との関係に関する事件については，相変わらず，徳島市公安条例事件・最判が先例として妥当する。

　もっとも，地方分権一括法により，地方自治法に，「地方公共団体に関する法令の規定は，地方自治の本旨に基づき，かつ，国と地方公共団体との適切な役割分担を踏まえたものでなければならない」（自治2条12項），「法律又はこれに基づく政令により地方公共団体が処理することとされる事務が自治事務である場合においては，国は，地方公共団体が地域の特性に応じて当該事務を処理することができるよう特に配慮しなければならない」（自治2条13項）といった規定が加わった。これらの規定の趣旨に照らせば，「地方の実情」（徳島市公安条例事件・前掲最大判）と「地域の特性」とは同義と解し，自主条例，とりわけ自治事務に関する自主条例が規律する事項が法律のそれと競合するような場合には，自主条例はできるかぎり関係法令と抵触するものではないように解釈されるべきであろう。

　 Topic 1 について検討してみよう。ラブホテルは，風営法では「店舗型性風俗特殊営業」の一類型として規制され，同営業を行おうとする者は都道府県公安委員会に届出をしなければならない（風営2条6項4号・27条1項）。つまり，ラブホテルの規制については，同法が先占しているといえる。にもかかわらず，T町の条例は，同法のラブホテルに当たらないホテルについても規制の対象とし，同法よりも厳しい内容の基準を定め，厳しい規制の態様を定めている点で，同法との関係では上乗せ条例に相当する。したがって，T町の条例が同

法に反しないかが争点である。

Topic 1 の題材である東郷町ラブホテル規制条例事件・名古屋高判平成18
(2006) 年5月18日 (判例集未登載) は，新たな営業形態による性風俗産業が出
現した場合には，これを規制対象に取り込んでいくとの姿勢がうかがわれると
いう観点からすると，風営法は，最高限度の規制であって，それ以外のラブホ
テルの営業について一切規制 (建築規制により間接的に規制する場合を含む) を許
さない趣旨であるとはいえない，との解釈に基づいて，都会化された地域と比
較してラブホテルの存在による生活環境，教育環境への悪影響が相当なものと
予想する同町が，良好な生活環境，教育環境を維持するために町全域において
ラブホテル経営に適した建物の建築を抑制する条例を制定したことには合理性
があると判示した。この判決は，徳島市公安条例事件・最判を前提としつつ
も，法律の不備を補う趣旨で地域の実情に応じて制定された条例については，
できる限り法律との抵触関係には立たないように解釈したものと評価されよ
う。なお，この事件は上告および上告受理申立てされたが，最高裁は上告棄却
の判決と不受理の決定を下している (最決平成19 (2007) 年3月1日判例集未登載)。

また，産業廃棄物処分場による水源の水質汚濁を防止するために各地で制定
された水道水源保護条例について，一部の下級審では廃棄物処理法と目的が同
一であることから違法と判断されたものもあったところ (徳島地判平成14 (2002)
年9月13日判例自治240号64頁)，最高裁は，紀伊長島町水道水源保護条例事件で
は，同条例が水源枯渇の防止をも目的としていることを捉えて，廃棄物処理法
とは異なる観点から規制をするものと同条例を評価するとともに，廃棄物処理
法の目的と効果を阻害するような条例の運用を避けるべく，町は産業廃棄物処
理業者と協議を尽くすべきである旨を判示した (最判平成16 (2004) 年12月24日
民集58巻9号2536頁。第14章第3節も参照)。

このように分権改革後，住民の良好な生活環境を守ろうとするために地方公
共団体が制定する自主条例については，先占する法律と抵触をしないような解
釈が展開しているとみてもよいであろう。もっとも，2-2-4で取り上げた神
奈川県臨時特例企業税条例事件・最判は，地方税法に定める課税標準等の規定
を「強行規定」と解し，それに反する内容の条例を定めることは許されないと
判断している。地方自治法2条13項に照らして地方税法による条例の規律密度

が問題とされるべきであろう。

> **Topic 2**
>
> 　放課後児童健全育成事業（通称，放課後児童クラブまたは学童保育）の職員の配置について，児童福祉法（令和元法26による改正前のもの）は，34条の8の2第1項で「市町村は，放課後児童健全育成事業の設備及び運営について，条例で基準を定めなければならない」と定めたうえで，同条第2項で「市町村が前項の条例を定めるに当たつては，放課後児童健全育成事業に従事する者及びその員数については厚生労働省令で定める基準に従い定めるものとし，その他の事項については厚生労働省令で定める基準を参酌するものとする」と定めていた。そして，同条2項の委任に基づいて制定された放課後児童健全育成事業設備運営基準は，10条2項で「放課後児童支援員の数は，支援の単位ごとに2人以上とする」という基準を定めている。しかし，この基準では支援員不足の地域においては同事業を行うことができないとする一部の市町村からの声を背景に，第9次一括法（令和元（2019）年法律第26号）により，2項は「市町村が前項の条例を定めるに当たつては，厚生労働省令で定める基準を参酌するものとする」といった内容に改正された。省令の基準には変更はないものの，この法改正をめぐって学童保育に携わってきた関係者からは批判と不安の声が挙げられている。

第3節　法律施行条例

3-1　法律施行条例の種類

　法律施行条例には，法律がその法定事務の処理につき条例の制定を明文で定め，地方公共団体がその法定の要件に従って制定する法律規定条例と，法律はその法定事務の処理につきとくに条例の制定を求めてはいないが，地方自治体がその法定事務の処理のためにその内容（とくにその要件および効果）を定める法律具体化条例といった2つの類型がある。

　法律施行条例のうち法律具体化条例については，法律が執行機関に直接に権限を付与している以上，そもそも地方議会はそのような条例を制定することはできないとの有力な見解もある。しかし，墓地埋葬法は墓地等の経営許可の要件の定めがないにもかかわらず，都道府県は，各地方の地理的な条件等を反映して，これを条例で定めている。そして，このような実務を裁判所もまた当然

の事理であるとしている（最判平成12（2000）年3月17日判時1708号62頁，さいたま地判平成21（2009）年12月16日判例自治343号33頁）。

　そこで，ここでは，法律具体化条例の説明はこの程度に留め，地方自治体に対する行政立法的な関与を伴う法律規定条例を詳しくみていくこととしよう。

3-2　法律規定条例

3-2-1　法律規定条例の意義と種類

　法律規定条例は，法律が地域的な事情にかかる細目を定めることを地方議会に委ねていることから，かつては「委任条例」と呼ばれていた。しかし，分権改革の後には，「地域における事務」に関する条例であれば，法定事務に関する条例であっても，自治立法権の行使である。かりに法定事務については法律が地方自治体の事務を創設しているとみるとしても，法律規定条例に定める事務に関する立法権限の一部を地方公共団体に配分したものと理解すべきであろう。したがって，法律規定条例を委任条例という用語でもって説明するのは適切ではない。

　法律規定条例を定める法律は，条例制定の義務付けの有無に応じて，①法律の施行のための基準の制定を条例という法形式で地方公共団体に義務付ける法律と，②条例の制定を要することなく法律の施行が可能であるが，「地域の特性」に応じて法律およびその法律に基づく命令に定める基準を上書きし，それに代替する基準を条例（上書き条例）で定めることを許容する法律がある。前者の法律をここでは「基準条例義務付け法」と呼ぶこととし，後者を「上書き条例許容法」と呼ぶこととする。

3-2-2　基準条例義務付け法と条例

　基準条例義務付け法には，条例が定めるべき内容に関する基準を政令または法律を所管する府省の命令に委任しているものがある。

介護保険法

　　第74条　指定居宅サービス事業者は，当該指定に係る事業所ごとに，都道府県の条例で定める基準に従い都道府県の条例で定める員数の当該指定居宅サービスに従事する従業者を有しなければならない。

　　2　前項に規定するもののほか，指定居宅サービスの事業の設備及び運営に関する
　　　基準は，都道府県の条例で定める。
　　3　都道府県が前二項の条例を定めるに当たっては，第一号から第三号までに掲げ
　　　る事項については厚生労働省令で定める<u>基準に従い</u>定めるものとし，第四号に掲
　　　げる事項については厚生労働省令で定める<u>基準を標準と</u>して定めるものとし，そ
　　　の他の事項については厚生労働省令で定める<u>基準を参酌</u>するものとする。
　　　一　指定居宅サービスに従事する従業者に係る基準及び当該従業者の員数
　　　二　指定居宅サービスの事業に係る居室，療養室及び病室の床面積
　　　三　指定居宅サービスの事業の運営に関する事項であって，利用する要介護者の
　　　　サービスの適切な利用，適切な処遇及び安全の確保並びに秘密の保持等に密接
　　　　に関連するものとして厚生労働省令で定めるもの
　　　四　指定居宅サービスの事業に係る利用定員
　　4～6　（略）

　このように命令が定める基準には，条例に対するその拘束力の強弱に応じて
「従うべき基準」，「標準」および「参酌すべき基準」といった3つの方式があ
る。それぞれの法的な意味は**図表4**の通りである。
　「従うべき基準」は，いわば，全国的に遵守が求められる最低基準を定めて
おり，これを下回る基準を定めている条例は違法である。その拘束性を嫌っ
て，福祉・保育サービス等の供給をふやすためには基準を緩やかにすべきだと
考える一部の自治体は，「従うべき基準」から「参酌すべき基準」への基準条
例義務付け規定の緩和を求めることがある。**Topic 2**は，根強い反対があった
にもかかわらず，そのような趣旨で緩和が強行された事例である。
　「従うべき基準」については当該行政分野においてナショナル・ミニマムが
存在していることをみて取ることができるが，「参酌すべき基準」については
そのような存在をみて取ることはもはや困難であろう。やはり，「従うべき基
準」を「参酌すべき基準」に変更する法改正は，放課後児童健全育成事業の質
を保証する責務を国が放棄したことにならないだろうか。
　いずれにせよ，基準条例義務付け法は，基準条例の審議を通じて地方議会に
当該法定事務の処理に関する基本的な事項を検討する機会を提供する点で，法
定事務について自治的ないしは民主主義的な契機を拡大するものといえよう。
したがって，基準条例に具体的な基準を定めることなく，条例基準を定める政

図表4 基準条例制定基準の類型

条例制定の方式	法的な意味
従うべき基準	条例の内容を直接的に拘束する，必ず適合しなければならない基準をいい，当該基準に従う範囲内で地域の実情に応じた内容を定める条例は許容されるものの，異なる内容を定めることは許されない。
標準	通常よるべき基準をいい，合理的な理由がある範囲内で，地域の実情に応じた「標準」と異なる内容を条例で定めることは許容される。
参酌すべき基準	参酌するものとして示された基準をいい，十分参照した結果としてであれば，地域の実情に応じて，異なる内容を条例で定めることは許容される。

令，省令等を特定して，これを引用するにとどめるといった方式（「リンク方式」と呼ばれる）は，かかる契機を形骸化するものであり，妥当な自治立法権の行使とはいえない。

3-2-3 上書き条例許容法と条例

　上書き条例許容法は，法令に定められている基準の内容を地方公共団体が条例で書き換えることを許容している。同法に基づいて制定された条例は，「上書き条例」とも呼ばれている。典型例として，大気汚染防止法4条1項がある。

大気汚染防止法

　第4条　都道府県は，当該都道府県の区域のうちに，その自然的，社会的条件から判断して，ばいじん又は有害物質に係る前条第一項又は第三項の排出基準によつては，人の健康を保護し，又は生活環境を保全することが十分でないと認められる区域があるときは，その区域におけるばい煙発生施設において発生するこれらの物質について，政令で定めるところにより，条例で，同条第一項の排出基準にかえて適用すべき同項の排出基準で定める許容限度よりきびしい許容限度を定める排出基準を定めることができる。

　2　前項の条例においては，あわせて当該区域の範囲を明らかにしなければならない。

　3　都道府県が第一項の規定により排出基準を定める場合には，当該都道府県知事は，あらかじめ，環境大臣に通知しなければならない。

　この条項は，公害被害には地域的な特性があることに照らして，地域の実情に適合するように，条例の制定を通じて国が定めた排出基準よりも厳しい規制

を都道府県が行うことを認める趣旨にでたものである。条例による代替的な「上書き」は，大気汚染防止法のような「上乗せ」的「上書き」だけではない。介護保険法43条3項は，厚生労働省令で定める居宅介護サービス費等区分支給額の「上乗せ」を，同法62条は，介護保険制度上の保険給付として市町村特別給付という「横出し」を認めている。

　上書き条例許容法は，基準条例義務付け法と異なり，条例の制定を要することなく地方自治体が当該事務を処理することで，国が責任を負うナショナル・ミニマムを直接に実現しつつ，地方自治体が「地域の特性」を反映させることができる点で，国の責任と地方自治体の自己決定とのバランスをとった立法形式ともいえよう。

　なお，「上書き条例」の許容性は，個々の法律の立法政策に委ねられている。上記の例に挙げた法律のように，明文で上書き条例の制定を認める基準以外の基準については，条例による上書きが許されないことにもなる。しかし，そのことと，自主条例による上乗せの許容性とは別に考えるべきであろう。法定事務に並行して制定される，上乗せ条例の許容性については，2-3で説明したとおりである。

Further Reading

北村喜宣『分権改革と条例』（弘文堂，2004年）

本多滝夫「義務付け・枠付けの見直しと法定自治事務条例の展開」三橋良士明・村上博・榊原秀訓編『自治体行政システムの転換と法──地域主権改革から再度の地方分権改革へ』（日本評論社，2014年）

村上順・白藤博行・人見剛編『地方自治法』新基本法コンメンタール（日本評論社，2011年）第14条・第15条［市橋克哉執筆］

第5章　地方自治体の公文書管理・
　　　　情報公開・個人情報保護

Learning　Point

　私たちの最も身近なところで行政活動を行っている地方自治体，特に市町村は，住民生活に関する多種多様で膨大な情報を収集し，保有・利用し，そして廃棄していく。この住民等に関する情報（さまざまな文書）の管理に関わる法制度として，文書管理法制，情報公開法制および個人情報保護法制の三分野があるが，それぞれがどのような内容の法制度であるかを学んでみよう。その際に最も重要な共通原則が，情報管理法制における地方自治の本旨の実現であり，それぞれの自治体が自治的・自律的に自ら定めた条例に従って，情報法の三分野は規律されていることを学ぼう。そして地方自治の本旨に即したよりよい条例とはいかにあるべきか，一緒に考えてみよう。

Topic

　B町の町民AがB町情報公開条例に基づき町議会の議事内容を収録した録音テープの公開を請求したところ，町長Cからそのテープは情報公開の対象となる情報には当たらないとして公開請求却下処分を受けた。そこで，Aは同処分の取消を求めた裁判を提起した。B町情報公開条例では，情報公開の対象となる「文書」についてその要件を定めている。そこでは庁内手続である稟議・決裁を終了したものと限定しており，国や他の都道府県等の情報公開条例と異なっている。さらに，そもそも稟議・決裁手続を前提としていない録音テープが，公開の対象となるのかどうかなどが，争点となった。なお本件事案では，Aは，B町民であるので情報公開請求権があることは争いにならなかった。しかし一般に国や他の都道府県等の情報公開条例上，情報公開請求ができる権利者の範囲を何人でもできると定めているのに対し，B町条例は，その点でもそれらと異なる定めをおいている。情報公開請求権者は町民，町内で勤務する者，町内に通学する者その他町の行政活動と利害関係を有する者に狭く限定している点で，国の法律などと異なっている。

第1節　情報管理法制における地方自治

　本章で扱う地方自治体の情報管理法制全般においては，法制度上地方自治の
原則が妥当していることとされており，国の法令とは異なる条文を条例中に設
けたり，国の法令に入っている規定を設けなかったりすることが認められてい
る。多くの地方自治体，特に都道府県レベルでは，国の法令とほぼ同様の趣旨
の規定を置いて，情報管理・情報公開・個人情報保護の三分野を整備してきて
いるが，異なる条文を条例中においている場合は，当該自治体の条例に従って
解釈され，実施に移されることになる。公文書の管理においても，情報公開や
個人情報保護においても，どのような条例を制定するかについて自治体の判断
にまずは委ねられているということになる。これが，地方自治の本旨に従い地
方自治の原則が保障されている地方自治体の情報管理法制の大原則なのである。

第2節　地方自治体における公文書管理

2-1　公文書管理条例と公文書管理法

　地方自治体の情報法制の第1の分野が，公文書管理の分野である。この分野
は最近において発展してきた分野である。

　公文書とは，国および地方自治体が，その活動を行うに際して作成し利用し
ている文書のことをいう。この点に関わって，国の「公文書の管理に関する法
律」（平成21（2009）年法律第66号）は，「国及び独立行政法人等の諸活動や歴史
的事実の記録である公文書等が，健全な民主主義の根幹を支える国民共有の知
的資源として，主権者である国民が主体的に利用し得るものであることにかん
がみ，国民主権の理念にのっとり，公文書等の管理に関する基本的事項を定め
ること等により，行政文書等の適正な管理，歴史公文書等の適切な保存及び利
用等を図り，もって行政が適正かつ効率的に運営されるようにするとともに，
国及び独立行政法人等の有するその諸活動を現在及び将来の国民に説明する責
務が全うされるようにする」との規定をおいている（公文書1条)。この法律
は，公文書の紛失や管理のいい加減さから起きていたさまざまなスキャンダル
に対する反省に鑑みて制定された法律であり，現在は，行政内部の訓令（行政

内部の命令）による管理ではなく（以前は，行政内部の基準に従い不十分な管理しか
されていない事例がみられた），法律に基づいて，公文書の作成・利用から保存ま
での過程を適正化していこうとする法制度になっている。

　こうした公文書管理法制も，前述のように，地方自治の本旨にのっとり法制
化される必要があることから，公文書管理法34条は，「地方公共団体は，この
法律の趣旨にのっとり，その保有する文書の適正な管理に関して必要な施策を
策定し，及びこれを実施するよう努めなければならない」と定めてその法制化
を自治体に委ねている。たとえば，東京都公文書の管理に関する条例などがそ
の例となる。自治体によっては公文書管理条例を定めていない自治体もまだみ
られる。条例を定めていない自治体では，行政の内部基準で行政文書を管理し
ていることになる。この場合は，議会が公文書の管理について十分なコント
ロールをしていないという問題点があるといえるだろう。こうしたことから，
公文書管理法制の条例化が政策的に強く求められよう。

2-2　公文書管理条例の概要

　公文書管理条例は，公文書の作成の段階から，整理・利用，廃棄または保存
そして歴史的な公文書については公文書館（歴史資料として重要な公文書等を保存
し，閲覧に供するとともに，これに関連する調査研究を行うことを目的とする施設。公
文書館4条）への移管・保存についてそれらの適正化を図る条例になっている
のが普通である。公文書館（アーカイブズとも呼ばれる）は，各自治体が条例に
基づき（公文書館5条2項）設置し，歴史的価値のある公文書を長期間保存管理
することになっている。

　紙の公文書および電子文書は，それぞれの自治体が自ら管理する体制になっ
ている。その基本原則を定めるのが公文書管理条例であるが，細目は，公文書
管理規則や訓令に委ねられて規律がされている。また，紙の文書をデジタル化
して利用・保存しておけば，検索性が増したり管理スペースを削減できたりす
るし，また災害時のバックアップ体制も比較的容易に構築することができると
されている。

第3節　地方自治体における情報公開

3-1　情報公開条例と情報公開法

　地方自治体の情報管理法制の次の分野として，情報公開制度がある。我が国の情報公開制度は，国の法律に先立って，地方自治体レベルで，昭和57（1982）年に山形県金山町で日本初の情報公開条例が制定され，その後，各地方自治体で普及してきており，地方自治体先導型で法制度の整備が進んできた。その内容には多様な差異がある。また，国の情報公開法制が整備されてからは，それが地方にも情報公開法制の対応を求めたことから（行政情報公開25条），比較的多くの条例が，国の情報公開法とほぼ同内容の条例化をしてそれぞれ情報公開制度を実施に移しているところである。

　情報公開についても1つのモデルとして，国の情報公開法がある。わが国の情報公開法は，「行政機関の保有する情報の公開に関する法律」（平成11（1999）年法律第42号）として，国の行政機関のみに適用される情報公開法制になっており，国会や裁判所は適用対象とはなっていない（要綱に基づいて情報公開を運用している）ほか，地方自治体についても，努力義務を課して自らの条例に基づいて情報公開を法制化させることとしている（同法25条）。したがって情報公開についても，地方自治の本旨に則って，地方自治体が自ら誇れる自治体固有の情報公開条例を定めることができるのであるが，ほとんどの条例の内容はほぼ同様である。中には，国の情報公開法とは異なる独自の規定をおいている地方自治体もみられる（例，外郭団体や指定管理者（第6章1-3参照）に制度整備の努力義務を課したり，実施機関とするなど）。

3-2　対象機関

　情報公開条例の適用対象となる対象機関の点では，議会および議会事務局を含むのがほとんどの自治体条例であり，国が国会の情報公開法を有さず，要綱に基づく情報公開を行っているにすぎないのと比較して，より広い範囲をカバーしているといえよう。なお，外郭団体や指定管理者（第6章1-3参照）は直接の対象機関としない条例が一般的である。

3-3　公開される情報の範囲

　公開される情報の範囲について，国の公開法は，公開される行政文書を「行政機関の職員が職務上作成し，又は取得した文書，図画及び電磁的記録（電子的方式，磁気的方式その他人の知覚によっては認識することができない方式で作られた記録をいう。以下同じ）であって，当該行政機関の職員が組織的に用いるものとして，当該行政機関が保有しているもの」（行政情報公開2条2項）と定めており，そこでは，行政内部で一般的に行われている決裁・供覧の手続の終了を要件とはしていない。ここでのポイントは，職員が職務上作成した公文書を広く対象としているのが国の情報公開の対象規定であり，多くの地方自治体は，国のこの定義に従うものである。しかし地方自治体の条例の中には，供覧・決裁を終了した文書と定めて行政内部の供覧・決裁の手続の対象となることを前提としながらその終了を開示対象の情報の範囲決定の要素としている地方自治体がある。**Topic** で取り上げたB町は，まさに決裁終了を開示情報の範囲の要素として定めている。地方自治体の自治的な判断で決めた条例とはいえ，開示の対象が決裁・供覧手続を前提としている範囲でなおかつその手続が終了したものに限定されている点で，開示の範囲が狭いことは問題点として指摘できよう。政策的には，決裁供覧要件を取り除くことが求められようが，これもまた，地方自治の結果にかかってくるのである。

　なお，冒頭の **Topic** の事件で，最高裁は，会議録が作成され決済等の手続が終了した後は本件テープは公開の対象となり得るが，本件の場合は会議録がいまだ作成すらされていなかったのであるから，そのような段階で会議録作成のための基礎となる資料としての性格を有する本件テープだけが情報の公開の対象となる情報に当たると解することはできず，本件処分の取消を求める請求は理由がないとして，高裁の判断を是認し上告を棄却した（最判平成16（2004）年11月18日判時1880号60頁）。注目されるのは，この最高裁判例では，条例に従って決裁手続が終了した文書に限定した条例をさしあたり前提として判断しつつ，決裁が終了したらその文書の基礎となった（決裁・供覧手続の対象とはならない）録音テープも情報公開の対象となることを判示している点である。ただ本件事案の決定としては，まだ議会の議事録の決裁も終わっていない段階では，公開の対象とはならないとの判断を示したものであった。この判例は，で

きるだけ情報公開の対象を広げようとする解釈を示している点で注目される判例である。

　近時，電子文書で業務処理をしている自治体が増加してきているが，電子文書も情報公開の対象となるのが普通であり，業務で利用される電子メールについても作成された電子文書も，情報公開条例の定め方によるが，国と同様の公文書定義の条例であるとすれば，公開される可能性が高いものと判断してよいだろう。裁判例としては，大阪市事件で，大阪高判平成29（2017）年9月22日（判時2379号15頁，最高裁平成30（2018）年11月20日上告不受理決定）は，一対一でやりとりされた庁内の（公文書としては扱われていなかった）業務内容のメールを「組織的に利用している」ものとし公文書として認めている。電子化時代の今日では，当然といってもよいが注目されるべき判決である。

3-4　請求権者

　国の情報公開法にあっては，何人も（外国人も含めて）情報公開の請求権が与えられているが（行政情報公開3条），地方自治体にあっては，請求権者を，地方自治体の住民，地方自治体に通勤・通学する者，地方自治体の事業の利害関係者等に限定している地方自治体がまだ残っている（ **Topic** の地方自治体B町もその例である）。その場合，地方自治体の条例の定めるところに従い，限られた者しか情報公開請求権を与えられていない解釈になる。政策論としては，請求権者を住民等に限定している地方自治体は，その範囲を広げてもよいのではないかともいえる。

3-5　公開原則と非開示情報

　情報公開条例は，一般的に，公開請求に対して文書の公開を原則としているのであり，例外的に非開示とされている一群の情報を除いて，請求された情報は開示されることになる。例外的に非開示とされるのは，自治体により若干の差異があるが，①国の行政機関の指示により公にできない情報，②個人情報（個人に関する情報で特定の個人を識別できるもの＝個人識別情報），③法人情報（法人および事業を営む事業主たる個人に競争上の地位等の不利益を与える情報），④公安情報（公にすることにより公共の安全秩序，捜査，公訴の提起等に支障を及ぼすとする

ことに相当の理由があるもの），⑤審議検討過程情報（行政機関内部または相互の間の審議・検討に関わり，公にすることにより率直な意見交換等を阻害するもの），⑥事務事業情報（試験や検査等の行政の事務事業に支障を及ぼすおそれのあるもの），⑦秘密要請情報（他の行政機関等が秘密にしないでとの要請の下に任意で提供された情報）といった非開示情報の類型が定められている。公文書に非開示情報が含まれている場合は，公開原則の例外として，その部分は開示されないことになる。こうした非開示情報の範囲をめぐって，開示請求者と実施機関との間で，法的な解釈紛争が起こることが多くなってきており，後述の権利救済の手続で，裁判でも争うことができる。

　たとえば，大阪府知事交際費情報公開事件（最判平成13（2001）年3月27日民集55巻2号530頁）では，一定の期間の知事交際費にかかる情報を公開するよう求めたのに対し，実施機関（府知事）が同文書の中には，法人等情報，企画調整等情報，事務事業情報，個人情報が含まれているとし，文書の公開を拒否した。同判決では，多様な争点について判断が示されているが，たとえば，個人情報については，私人である相手方にかかるものとして，「公務員であると否とを問わず，当該交際が当該相手方にとって私的な出来事であるもの」を意味するとして，個人情報の範囲を狭く解釈して情報公開の範囲を広げる判断を示した。

3-6　部分開示と裁量的開示等

　また，前述の非開示情報が含まれている場合でも，容易に分別して公開になじむ場合は，非開示情報を除いて部分的に文書の開示が行われるほか（部分開示），実施機関の裁量的判断で非開示情報を含んだ文書も開示されることができるとされている（裁量的開示）ことが多い。さらに，開示請求に対し，当該開示請求に係る行政文書が存在しているか否かを答えるだけで，不開示情報を開示することとなるときは，行政機関の長は，当該行政文書の存否を明らかにしないで，当該開示請求を拒否することができる（行政情報公開8条）。この決定を存否応答拒否という。たとえば，脱税に対する関係書類の開示を求めたのに対し，通常の非開示決定をすれば，税務署がその者について脱税調査をしていること（非開示とされている公安情報）がわかってしまうときなどに，存否応

答拒否の決定を行うのである。

3-7　開示非開示の決定と争訟

　公文書の開示または非開示の決定等は，行政処分とされており，たとえば非開示の処分を受けた請求権者は実施機関（地方自治体の機関）の長に対して行政不服審査法に基づく不服審査ができるほか，行政事件訴訟法に基づく取消訴訟や義務付け訴訟などの抗告訴訟を提起して争うことができる。行政不服審査が提起された場合は，長は，情報公開審査会に諮問してその裁決を出さなければならない手続となっており，情報公開審査会においては，当該文書を直接に見聞して開示または非開示にすべきとの判断をなす手続（インカメラ手続）をとることができるようになっている。この点は，訴訟ではみられない審査方式であり，簡便な権利救済手段として，また実効性をもって不服審査が活用されている一因でもある。

　不服審査の結果の答申を受けて実施機関が開示または不開示の裁決をなすのに対して，利害関係のある第三者または裁決の相手方は，行政事件訴訟法に基づく取消訴訟や差止訴訟を提起して，最終的には最高裁判所まで争うことができる。情報公開法制の分野では，何人に対しても情報公開請求権を認めている国の法律と多くの自治体条例がある結果，多数の請求権者が不服審査や抗告訴訟を提起して争う例が激増している。

　情報公開による自治体の政策への関心を持つ者が，ひとりでも，こうした情報の開示を求める権利を各地の情報公開条例は自ら自治的に保障しているので，情報公開が，直接請求などにみられないハードルの低い住民参加制度として機能しているという一面もあろう。

第4節　地方自治体における個人情報保護

4-1　個人情報保護条例と個人情報保護法

　個人情報保護法制は，地方自治体の情報管理法制の第三の分野である。

　もともと個人情報保護法制は，個人情報を電算処理する動きが国および地方自治体で広がるのに合わせて，その際の個人情報の濫用を防止するための，電

図表 5　個人情報保護法令の適用関係概観

国の行政機関	独立行政法人等	地方自治体	民間
個人情報保護法（一般原則）			
行政機関 個人情報保護法	独立行政法人等 個人情報保護法	個人情報保護条例	個人情報保護法 （具体的規律）

子計算処理にかかる個人情報保護法制が国および地方で1980年代に先行していた（たとえば国の「行政機関の保有する電子計算機処理に係る個人情報の保護に関する法律」昭和63（1988）年法律第95号）。その際，一般的な紙の文書も含めた総合的な個人情報保護法制は長らくわが国では整備されてこなかった。しかしながら個人情報の漏洩や濫用が続いたり，国際的にグローバルな個人情報保護法制が各国で整備されてきたのに合わせて，わが国においても総合的一般的な個人情報保護法制の整備が求められてきた流れの中で，個人情報保護の一般原則を定める個人情報保護法（「個人情報の保護に関する法律」平成15（2003）年法律第57号）と，行政機関個人情報保護法（「行政機関の保有する個人情報の保護に関する法律」平成15（2003）年法律第58号）および独立行政法人等個人情報保護法（「独立行政法人等の保有する個人情報の保護に関する法律」平成15（2003）年法律第59号）が，平成15（2003）年に制定されたという経緯がある。

　その際，個人情報保護法制も，地方自治の原則を前提として，国の行政機関個人情報保護法は，地方自治体には適用されず，それぞれの地方自治体が，個人情報保護条例を定めて実施に移している（個人情報保護11条，図表 5 参照）。なお，地方でも民間部門には，国の個人情報保護法が直接適用され，その第 4 章から第 6 章までが，民間に直接適用されることとなっている。また，個人番号法（「行政手続における特定の個人を識別するための番号の利用等に関する法律」平成25（2013）年法律第27号）の制定や，昨今の個人情報のグローバルな動きを前提として，特に EU の一般個人情報保護規則（General Data Protection Regulation：GDPR）の影響を受けて，国際的に日本においてもそれと同程度に個人情報保護の法制度が整備されるよう迫られたことから，国の個人情報保護法も平成28（2016）年，平成29（2017）年と相次ぐ法改正により，より厳格な個人情報保護を求めるものとなった。

　個人情報保護法制は，国の法制として，一般原則を定め民間部門の個人情報取扱事業者の義務を具体的に定める個人情報保護法と，行政機関の個人情報保護法および独立行政法人等個人情報保護法とからなっており，一方地方自治体のレベルでは，民間の事業者に適用される個人情報保護法と，それぞれの地方自治体の個人情報保護条例とが相まって，公民を通じた個人情報保護の法制度となっている（図表5参照）。地方自治体の個人情報保護条例は，地方自治体の組織について，国の行政機関の個人情報保護法に準拠した条例内容にすべきものであり，政策的には住民の情報をより広く密接して取り扱うものである点に留意した厳格な規制を置くべきものといえよう。

4-2　実施機関

　国の場合は，行政機関以外の国会（国会図書館も含む）や裁判所の個人情報保護法は定められていないが，地方自治体にあっては，議会図書館等の議会の付属機関等も実施機関として定められている。その他の個人情報保護に関する法条は，基本的には国の行政機関個人情報保護法と自治体の行政機関個人情報保護条例とはほぼ同様の自治体が多いといってよいだろう。

4-3　保護される情報

　個人情報保護条例で保護される個人情報とは何であるかについては，基本的には，それぞれの条例の定義規定で規定するところにかかってくることになる。つまり，国の個人情報保護法と平仄（ひょうそく）を合わせて個人識別情報（個人情報保護2条参照）を個人情報として保護するタイプと，より保護する範囲を狭めてプライバシー（他人に知られたくない個人情報）を保護するタイプとに二分することができるとされる。また，法人その他の団体の機関としての情報で個人番号が含まれないものを除外する地方自治体もある。これも地方自治の本旨に従って決定された条例の結果としての差異である。

　また，個人番号法の制定に伴い個人番号（マイナンバー）を個人識別符号と定義して保護条例の対象にすることとなった。地方自治体では，同様の指定がされたが，東京都や東京都調布市のように別途条例を定めた地方自治体もあり，個人情報保護条例の改正で対応した地方自治体もある（静岡県，鹿児島県，

東京都千代田区，富山県高岡市，和歌山県海南市など）。

4-4　情報公開法制との大きな違い

　次に，個人情報保護法制は，情報公開法制と比較して，個人情報の開示にとどまらないより広い内容を規定するものである。すなわち，行政機関が個人情報を収集する段階から，個人情報を管理・利用する段階そして最終的には個人情報を消去する段階まで，個人情報をめぐる行政サイクル全体に関わって，行政機関に個人情報保護の観点からの諸義務を課し，個人情報の開示請求，訂正請求，使用停止や消去請求などの各種請求権を創設したのが個人情報保護条例である。関係する情報は個人情報に限られるが，開示のみに関わる情報公開条例よりも規制内容および請求できる事項の範囲は広いといってよいであろう。

4-5　実施機関の義務

　個人情報保護条例は，実施機関（行政機関等）に対して，個人情報の収集から管理さらには消去に至るまでの過程でさまざまな制限を課している。

4-5-1　個人情報の保有制限

　まず，個人情報を取得し，保有する際の制限として，行政機関の所掌事務（与えられた業務）の範囲内でなければならないという制限，利用目的を特定しなければならないという制限，個人情報を必要最小限の保有にとどめるという制限，原則本人からの直接の収集をしなければならないという制限，そして利用目的を行政機関が勝手に変更することの制限（相当の関連性，合理性があれば許される）がある（行政個人情報3条）。これらの諸制限に従って，個人情報は必要最小限の収集保有に限られるべきことが求められる。

　さらに，国の個人情報保護法では，要配慮個人情報といって，「本人の人種，信条，社会的身分，病歴，犯罪の経歴，犯罪により害を被った事実その他本人に対する不当な差別，偏見その他の不利益が生じないようにその取扱いに特に配慮を要するものとして政令で定める記述等が含まれる個人情報」（行政個人情報2条4項）の取得は，法令の定める場合など個人情報保護法17条各号が定める場合のほか本人の同意がある場合を除き，禁止されている。自治体でも，こうした禁止規定を置いているところが多いが，この点は政策的には国の

69

法令に準拠すべき点であろう。

4−5−2　利用目的の明示

　個人情報を本人から直接・書面等で取得する場合には，人の生命・身体を守るためなど各号が定める場合を除き，利用目的を明示しなければならない（同4条）。

4−5−3　正確性の確保

　個人情報は，収得された情報が正確であること（正確性の確保（同5条），および過去及び現在の事実に合致するよう努力をする義務が課されている。誤った個人情報に基づいて不適切な行政活動が行われることを防止するためである。

4−5−4　安全性の確保

　保有している個人情報については，漏洩，滅失，毀損の防止その他個人情報管理の措置を行い安全確保をする義務が課されている（同6条）。この義務は，行政が業務を委託する民間の受託者についても準用されている。この点も準拠が求められる。

4−5−5　漏洩・濫用の禁止

　個人情報に触れて行政を行う従事者には，個人情報漏洩・濫用禁止の義務が科されており，この義務は，職員（であった者を含む），委託先従事者（同前）に対して，直罰形式での強制（7条）を課しているところが，きわめて厳格な点である。民間の個人情報保護法も，かつては直罰形式ではなく，行政が勧告，命令を行って法を執行する方式がとられていたが，個人情報の漏洩等が続く点や前述した国際的な流れに鑑みて，直罰形式の法形式に変わっている点も注意しておきたい（個人情報83条・87条・88条）。

4−5−6　利用・提供の制限

　個人情報の利用・提供の制限（同8条）があり，目的外利用・提供には下記のような例外的な場合を除いて制限が課されている。その例外とは，本人の同意があるときまたは本人に提供するとき，所掌事務の遂行に必要な限度の内部利用（相当の理由が必要），また長は，利用を特定の部局，機関に限定するものとする（個人の権利利益に特に必要があると認めるとき）との規定がおかれている。法令の定める事務，業務の遂行に必要な限度で，相当な理由のある外部提

供（他の行政機関，独立行政法人等，地方公共団体へ），統計の作成，学術研究の目
的での提供，本人以外への提供が本人の利益になるとき，など特別の理由のあ
るとき，これら後二者の外部提供については，制限の付加，措置要求ができる
（同9条）。

4-5-7　透明性の確保

　最後に，行政内部でどのような個人情報を収集管理しているかについて透明
化するために，行政の内部手続が定められている。個人情報の内容等の収集管
理についての情報については，それらの内容をまとめて個人情報登録簿の類い
の作成および公表が義務づけられている（同10条・11条）。行政がどういう種類
の個人情報をどういう目的でどのように利用しているかについての情報を公表
するものである。

4-6　個人情報の本人の諸権利

4-6-1　開示請求権

　まず前提となる最も重要な権利が，請求者本人の個人情報の開示請求権であ
る（行政個人情報12条）。一般に何人も，その本人の個人情報の開示請求権が与
えられている。開示請求に対しては行政機関の長は，それに対して原則として
開示を行う義務を負っている。その際の長の決定は，情報公開請求の場合と同
様に，行政処分であるとされ，書面による通知が必要であり，情報公開法制同
様の不服審査や行政訴訟の対象となる。また，他人の個人情報が含まれている
場合や，前述した情報公開請求権の非開示情報の諸類型が含まれている場合
は，個人情報保護条例の場合でも開示がされない非開示情報とされている。部
分開示（同15条）や裁量的開示（同16条），存否応答拒否（同17条）についても，
情報公開法制と同様である。

4-6-2　訂正等請求権（同27条）

　収集され利用されている個人情報が，誤っているときには，その訂正を求め
る権利を与えられている。その際，訂正するかしないかの決定（訂正決定等）
も行政処分であり，書面による通知が必要である。その他，開示請求権につい
て述べた事項が妥当する。

4-6-3　利用停止等請求権（36条）

　最後に，利用停止等請求権が認められている。

4-7　利用停止決定等

　開示請求の認容または拒否等の実施機関の長の決定は，情報公開の場合と同様，行政処分に該当するとされており，行政手続条例が適用され，請求を拒否する場合には理由付記が求められる（国の場合は，行政手続法を適用）。

4-8　申請拒否等決定と権利救済

　情報公開制度の場合と同様，請求権者の請求を拒否する（部分拒否も含まれる）場合は，行政不服審査法による不服申立てと，行政事件訴訟法による取消訴訟等の抗告訴訟の提起が認められている。不服審査の際に，個人情報保護審査会等の諮問機関に諮問した上で実施機関の長は裁決を行うこととされていることも，情報公開の場合と同様である。

4-9　情報漏洩等と損害賠償

　なお，個人情報の主体は，たとえば，個人情報が，委託先の業者から漏洩してしまって個人的な損害を生じたような場合には，地方自治体に対して損害賠償を請求することもできる。個人情報保護条例が完備されていなかったときの京都府宇治市の住民基本台帳情報流出事件では，市が，事業者に入力を委託し，委託先から再委託された事業者にアルバイトで雇用されていた者が，データを名簿販売業者に販売した事案において，市民たる原告が精神的苦痛を被ったとして損害賠償請求をしたものである。一審および高裁（京都地判平成13（2001）年2月23日判例自治265号17頁，大阪高判平成13（2001）年12月25日判例自治265号11頁）は，原告の氏名，年齢，性別および住所と各世帯主との家族構成までも整理された形態で明らかになる情報が流出したことに鑑みて，原告の個人情報は，明らかに私生活上の事柄を含むものであり，公開を欲しないであろうと考えられる事項であり，それらは原告のプライバシーに属する情報であり，権利として保護されるべきものとして，損害賠償を認める判断をくだした。あらゆる個人情報の漏洩等につき損害賠償が認められるかは議論になりうるが，

　少なくともプライバシーに該当する住民基本台帳上の情報が権利として保護されることを述べた注目される判決である。なお，宇治市では，その後個人情報保護条例を強化した上，「実施機関の職員若しくは職員であつた者又は実施機関の職員以外の者で実施機関の個人情報取扱事務に従事しているもの若しくは従事していたものが第50条第 1 項の規定に違反したときは， 2 年以下の懲役又は1,000,000円以下の罰金に処する」（宇治市個人情報保護条例69条）との罰則規定をおき，個人情報の濫用を防止することとしている。

Further　Reading

宇賀克也『新・情報公開法の逐条解説──行政機関情報公開法・独立行政法人等情報
　　公開法〔第 8 版〕』（有斐閣，2018年）
同『個人情報保護法の逐条解説──個人情報保護法・行政機関個人情報保護法・独立
　　行政法人等個人情報保護法〔第 6 版〕』（有斐閣，2018年）
高橋滋・斎藤誠・藤井昭夫編著『条解行政情報関連三法──公文書管理法・行政機関
　　情報公開法・行政機関個人情報保護法』（弘文堂，2011年）

第6章　公の施設の利用権

　まず，公の施設とはどのようなものか，その複数ある使用形態を確認し，憲法学で議論されているパブリック・フォーラム論との関係を整理する。その上で，住民が公の施設を利用することが，どのように保障され，その限界はどこにあるのかをリーディング・ケースをみながら考えてみよう。次に，地方自治法の異なる条文が適用される行政財産の目的外使用は，どのようなもので，住民による利用がどう保障されるのか，こちらもリーディング・ケースをみながら考えてみよう。さらに，文化・芸術分野における公の施設に関わる特有の問題である専門的判断を尊重する必要性について，あるべきしくみを模索しよう。

Topic 1

　従来から公の施設を利用して，住民が集会等を行おうとした場合，地方自治体の首長等がそれを認めないことがあった。A市の都市公園において催しをする場合などには条例に基づく許可が必要であるが，A市は，A市後援等承認要綱に基づき後援等の名義の使用を認めた者に限って，それを許可する審査基準の規定を追加した。団体BがA市の都市公園において，市民健康まつりを開催しようとして，後援の申請をしたところ，そのまつりに係る事業については，特定の団体から収入が計上され，また，特定の団体が主となって開催される事業であり，要綱に定められた「特定の団体の宣伝又は売名を目的とするもの」に該当するとして，不承認となった。その後，Bは，後援承認が得られないまま公園使用の許可申請をしたが，A市長は，先の許可の審査基準に照らして申請を判断して，まつりに後援がないという理由から，公園使用は条例に定められた「公園の管理上支障がある」ものに該当するとして，Bの申請を不許可にした。

第1節　公の施設をめぐる法制度

1-1　財産の分類

　まず，地方自治体の財産の分類からみておこう。一般に，行政財産と普通財産とに分けられる。行政財産は，「公用又は公共用に供し，又は供することと決定した財産」で，普通財産とは，「行政財産以外の一切の公有財産」とされる（自治238条）。つまり，普通財産は，地方自治体が一般私人と同様の立場で有する財産である。行政財産は，公用財産と公共用財産に分けられることになるが，公用財産は，地方自治体がその事務事業の執行のために直接利用するために保有しているもので，庁舎や研究所などを指し，公共用財産は，住民の一般の利用に供するために保有している財産をいい，道路，公園，学校等である。地方自治法上，公の施設は，地方自治体が「住民の福祉の向上を増進する目的をもってその利用に供した施設」である。そのため，住民が利用する施設であっても，財政目的で設置される競艇場，競馬場のような住民の福祉を直接の目的としていない施設，住民の直接の利用に供さない研究所などは，公の施設ではない。この公の施設と同様の講学上の概念として，公共施設といった表現もなされる。

1-2　公の施設の使用形態

　公の施設の使用形態は多様である。道路や公園のように誰でも自由に利用できる，自由使用がなされる施設が存在する。これに対して，市民会館や文化ホールのように，許可を得て特定の施設を特定の時間帯は独占的に利用する場合がある。

　また，前者の自由使用がなされる施設も，特定の日に限って公園を利用するような許可使用の場合がある。公園全体を利用すると自由使用ができなくなる。さらに，道路の電柱のように，長期にわたって特定の場所を独占的に利用する特許使用のような場合がある。自由使用できる範囲を長期にわたって限定することが通常と考えられる。公の施設の許可使用は，申請に基づき施設使用についての一般的禁止を解除してその使用を承認するもので，特許使用は，申請に基づき一般通常人には認められない独占的排他的使用を設定するものであ

る。許可使用や特許使用は，行政行為による使用であるが，市バスや水道のように，契約に基づく使用もある。

　上記の Topic 1 は，自由使用がなされる公園の許可使用という行政行為が問題となっている。地方自治法は，地方自治体は，「正当な理由がない限り，住民が公の施設を利用することを拒んではならない」（自治244条 2 項）と規定しており，この規定がどのように適用されるか考えることが重要である。それは特定の者が排他的に特定の施設の利用をする場合と比較すると，自由使用の場合には，自由使用以外の場合との調整をどのように行うべきかが問題となると思われるからである。また，公の施設利用について，「不当な差別的取扱い」も禁止されており（同244条 3 項），旧高根町水道料金事件における最高裁は，他と比べて別荘居住者の増額に大きな格差がある水道の基本料金の増額改定を不当な差別的取り扱いとした（最判平成18（2006）年 7 月14日民集60巻 6 号2369頁）。

　公の施設にかかわって，憲法学においては，表現活動や意見交換の場を保障するために，パブリック・フォーラム論が議論されている。それによれば，パブリック・フォーラムは道路や公園は伝統的パブリック・フォーラム，市民会館や文化ホールは指定的（限定的）パブリック・フォーラムに分類される。

　第 2 節の検討のために，ここまでに説明した行政行為に基づくものを中心にした公の施設と使用形態に関係する分類を示すと図表 6 のようになる。

図表 6　公の施設と使用形態に関する分類

公の施設	
道路，公園など	市民会館，文化ホールなど
伝統的パブリック・フォーラム	指定的（限定的）パブリック・フォーラム
自由使用	許可使用
許可使用　　特許使用	

1-3　公の施設をめぐる地方議会と裁判所

　公の施設の設置・管理は，法令による特別の規定がある場合を除き，条例事項とされている（自治244条の 2 第 1 項）。たとえば，公の施設が統廃合される場合には，統廃合のための条例を地方議会が制定することになる。また，管理についても条例事項であることから，使用料が必要な場合などは，地方議会がそ

れを統制可能となる。さらに，公の施設の管理に関しては，地方自治体が直営で行うだけではなく，公の施設の指定管理者が行うことが認められている。指定管理者が，許可等の判断を行うこともある。費用削減を目的に，民間営利企業が指定されることも少なくない。指定管理者については，条例により導入し（自治244条の2第3項），その指定には議会の議決が必要であり（同前第6項），議会の果たす役割が大きい。

　他方で，権利利益の侵害を訴訟で争うことを考えてみる。損害賠償責任を争う場合には，国家賠償法または民法不法行為法の問題となる。契約に基づく場合は，民事訴訟法や行政事件訴訟法の実質的当事者訴訟（行訴4条）を利用することになる。許可等を抗告訴訟で争う場合，平成16（2004）年の行政事件訴訟法改正前は，訴訟の決着に時間がかかることから，拒否処分を取消訴訟（同3条2項）で争っても訴えの利益が消滅し，申請拒否処分には執行停止の申立てができなかった。法改正後は，こういった場合には，義務付け訴訟（同3条6項2号）と取消訴訟を併合提起し（同37条の3第3項2号），仮の義務付け（同37条の5第1項）の申立てをすることによって，利用予定日に利用ができるように権利救済が充実してきている。

第2節　公の施設の利用拒否の「正当な理由」

2-1　公の施設の許可使用のリーディング・ケース

　施設利用に関して，自由使用がなされず，住民が許可を得て特定の施設を特定の時間帯に独占的に利用する場合の2つのリーディング・ケースをみてみたい。泉佐野市民会館事件における最高裁は，①公共施設の管理者が「公共施設の種類に応じ，また，その規模，構造，設備等を勘案」して管理権を行使し，施設利用を拒否し得るのは，②「利用の希望が競合する場合」，③「施設をその集会のために利用させることによって，他の基本的人権が侵害され，公共の福祉が損なわれる危険がある場合」に限られるとし，また，過激派集団の介入の懸念にかかわって，「人の生命，身体又は財産が侵害され，公共の安全が損なわれる危険」に関して，「単に危険な事態を生ずる蓋然性があるというだけでは足りず，明らかな差し迫った危険の発生が具体的に予見されることが必要

である」とする（最判平成7（1995）年3月7日民集49巻3号687頁）。次に，上尾市福祉会館事件における最高裁は，「会館の管理上支障があると認められるとき」を「客観的な事実に照らして具体的に明らかに予測される場合」に限定し，「敵対者の実力での妨害」を理由に拒否できるのは，「警察の警備等によってもなお混乱を防止することができないなど特別な事情がある場合に」限られるとした（最判平成8（1996）年3月15日民集50巻3号549頁）。

　これらのリーディング・ケースは，不許可の根拠となっている条文を限定解釈し，「正当な理由」について判断代置審査をする。そして，「正当な理由」を，①施設の種類，規模，構造，設備等から利用に適しない，②利用希望の競合がある，③施設の利用が他者の基本的人権を侵害する危険がある場合とし，「敵対的聴衆の法理」により，「敵対者の実力での妨害」は基本的に「正当な理由」とはしないものである。

2-2　公園の許可使用
2-2-1　自由使用と許可使用との間の利益調整

　リーディング・ケースは，自由使用を前提にせずに許可使用によって利用がなされる施設であるが，Topic 1のように，自由使用が認められる公園などにおける許可使用を同様に考えることができるであろうか。皇居前広場事件における最高裁は，傍論において，国立の公園である皇居前広場の許可使用にかかわって，「国民が同公園に集合しその広場を利用することは，一応同公園が公共の用に供されている目的に副う使用の範囲内のこと」とし，メーデーでの使用申請を不許可にする理由として，人員収容能力を超えることをあげるが，それとともに，「長時間に亘り一般国民の公園としての本来の利用が全く阻害される」ことも考慮している（最大判昭和28（1953）年12月23日民集7巻13号1561頁）。もっとも，これまでメーデーが支障なく開催されており，一般の利用が丸一日妨げられても一般市民が通常受忍すべき範囲であり，不許可処分は集会の自由を不当に弾圧するものとも考えられる。

　その後，先にあげたリーディング・ケース以降の比較的最近の公園の許可使用に関する下級審判決は，公園という公の施設の利用拒否のためには「正当な理由」が必要で，上記の①または見方によっては②の自由使用と許可使用の利

益調整が主な論点となっている。江東区公園事件における東京地裁は，申請者の予定する公園の利用目的，内容，期間，場所・面積などと一般市民の公園利用上の支障等を総合的に判断し，その調整をして許否の決定をすることができるとして，自衛隊が参加する防災訓練に反対する１時間の集会は認めず，デモ行進の集合場所として時間を30分に変更した許可について，集会を認めないことを違法とするが，30分に限定したことは適法とする（東京地判平成14（2002）年８月28日判時1806号54頁）。また，豊見城村児童公園事件における那覇地裁は，天皇来沖・植樹祭開催反対の集会等目的での使用不許可を違法とするが，仮に，一時的にしても，児童公園の本来の設置目的に反するとしても，表現の自由の重要性にかんがみ，最大２時間程度の使用を認める判断をしている（那覇地判平成８（1996）年３月28日判時1603号106頁）。いずれも，自由使用と許可使用との間の利益調整を図るものであるが，利益調整の仕方によっては，許可使用がかなり制限されるものとなる。そのため，アメリカでは表現の自由の制約を厳格に審査する伝統的パブリック・フォーラムと指定的パブリック・フォーラムの対比が，日本では逆転していることが指摘されることになる。

2-2-2　公園の使命と「後援」の必要性

　以上のような状況を踏まえて，[Topic 1]の基礎にした松原中央公園事件をみてみたい。大阪地裁は，「近隣住民を中心とする一般市民の自由な随時利用のみに供するために設置されたものであるということはできず」，公園を集会による使用に供することは，「公園の公の施設の使命として，当然に想定されているというべき」といった考えを示しており（大阪地判平成28（2016）年11月15日判時2363号40頁），このように考えれば，自由使用がなされる公園の許可使用もリーディング・ケースの許可使用と同様に理解することができる。

　次に，「後援」の必要性である。大阪地裁は，「後援等承認をする要件は，必ずしも，公園の管理上支障がある（……）ことを徴表するものとはいえない」とする。大阪高裁も，後援等の要件「に該当すれば，一般市民が本件公園を随時利用する上で支障がない」わけではなく，反対に，該当すれば「支障があるとなるものでもない」と判断する（大阪高判平成29（2017）年７月14日判時2363号36頁）。つまり，「後援等」と「管理上の支障」とは無関係であり，許可基準として「後援等」を求めることには合理性がないとしているわけである。

　したがって，Topic 1 で利用を拒否することは違法である。地方自治体によっては，「後援」等を施設の使用許可とリンクさせるしくみを採用しているが，政策法務上，そのようなしくみは避けるべきことになる。また，公園の許可使用の審査方法は，利益衡量を行う余地が大きいと判断すると裁量審査に接近し，表現の自由の尊重のために許可使用を自由使用と類似のものとして，利益衡量を行う余地が小さいと考えると判断代置審査を行うことになる。

2-3　自由使用に関連するその他の問題

2-3-1　自由使用の条例による制約

　自由使用に関連したその他の問題を最近の事件を通してみておきたい。まず，海老名駅自由通路において，議員を含む約10名が「アベ政治を許さない」などと記載されたプラカードをもって数分程度停止すること（マネキンフラッシュモブ）を行ったことに対し，条例違反として，市長がフラッシュモブについては承認を受けることと，禁止行為を行わないことを命令した海老名駅自由通路マネキンフラッシュモブ事件である。横浜地裁は，指定管理者の承認を受けるべき行為を「自由通路における多数の歩行者の安全で快適な往来に相当の影響を与える可能性があり，利用者に利用の対価を負担させることが相当とみられる程度に，一定の場所を相当時間占有する行為」に，また，禁止行為を「自由通路における多数の歩行者の安全で快適な往来に著しい支障を及ぼすおそれが強い行為」に限定し，命令は違法とした（横浜地判平成29（2017）年3月8日判例自治431号31頁）。自由使用の文脈であるが，リーディング・ケースのように，条例の合憲限定解釈を行っており，運用上の問題点を示している。

2-3-2　自由使用と特許使用

　最後に，公園の特許使用の事例と考えられる公園に記念碑を設置する場合である。都市公園法2条2項の「公園施設」には「教養施設」があげられ，都市公園法施行令5条5項の「教養施設」の例として，「記念碑」があげられていることから，公園の目的に沿った使用ということができる。具体的には，朝鮮人追悼碑の更新申請に対して，追悼碑の前で許可条件に反する政治的行事が繰り返し行われた結果，抗議活動などの紛争の原因となっているとして，「都市公園の効用を全うする」機能を喪失したとして不許可とされた群馬の森朝鮮人

追悼碑事件である。前橋地裁は，この施設について，「宗教的・政治的行事及び管理を行わないものとする」という許可条件を適法とする。そして，特許使用というだけではなく，都市公園法5条2項が一定の要件に該当する場合に，「許可をすることができる」としていることもあり，許可を裁量行為として，判断過程審査で判断している。そして，この事件においては，原告の「三つの代替案」を「具体的に検討」しておらず，「公園の効用を全うする機能を喪失したと判断するにつき，当然考慮すべき事項を十分考慮して」いないとする。また，「追悼碑の碑文の内容に関する抗議活動や街頭活動を行う抗議団体」の存在が指摘されたが，「追悼碑の碑文の内容」の説明や，碑文の内容の「誤解」があれば，理解を求めるのが望ましいとし，「抗議活動や街頭活動によって本件公園の利用者数が減少したということもできない」として，不許可処分を違法としている（前橋地判平成30（2018）年2月14日判時2377号28頁）。許可条件を適法としていること，裁量審査における判断過程審査の活用，敵対的聴衆の法理の採用などが注目される。

2-4　公の施設の利用拒否の「正当な理由」と内容上の限界

　公の施設の利用拒否の「正当な理由」との関係で，上記以外で議論されている主体にも関連する内容上の限界に触れておく。比較的早い段階から議論されてきたのは，宗教団体と暴力団による公の施設の利用である。前者は，憲法上の政教分離原則に基づく制約と考えられる。後者に関するものとして，暴力団による歌謡ショーに暴力団員が出演することを理由に，不許可処分を適法とした判決が存在する（長野地判昭和48（1973）年5月4日行集24巻4＝5号340頁）。施設における賭博開催のような内容的な理由であればともかく，団体の性格のみを理由にできるかについて疑問も出されていた。現在では，条例において「暴力団の利益になり，又はそのおそれがあると認めるとき」などに不許可することが定められている。さらに，最近では，ヘイト・スピーチ等の活動を伴う施設利用を認めない対応が注目される。こちらもヘイト規制条例などによる対応であるが，ヘイトに該当するか難しい判断を迫られる可能性がある。

第 3 節　行政財産の目的外使用許可

3-1　公の施設の使用許可と行政財産の目的外使用許可の相対化

　行政財産は,「その用途又は目的を妨げない限度においてその使用を許可することができる」(自治238条の 4 第 7 項) とされており, 行政財産の目的外使用許可は, 設権行為 (特許) とされてきた。公共用財産の場合にも目的外使用があるが, 行政が自ら使用することが本来の目的である公共財産が問題となることが少なくない。もっとも, 特定の場合の許可が「目的外」か,「目的内」かは微妙なものがある。たとえば, 庁舎内の食堂は職員や庁舎を訪れる住民にとって必要と考えられ, また, 学校施設を授業がない休日に住民が使う場合のように, 場所や時間を限定すると, 必ずしも目的外とはいえない。こういった「時間的場所的分離」を前提にすると, 公の施設の使用許可との相違はかなり相対的なもので, 設定行為と説明する必要性もないことになるし, その施設をパブリック・フォーラムと考えることも可能である。

3-2　行政財産の目的外使用許可のリーディング・ケース

　教職員組合による教研集会の使用申請が不許可になったのが, 目的外使用許可のリーディング・ケースである呉市教研集会事件 (以下, 単に「呉市事件」) における最高裁判決である (最判平成18 (2006) 年 2 月 7 日民集60巻 2 号401頁)。つまり, 公立学校の「学校施設の目的外使用を許可するか否かは, 原則として, 管理者の裁量にゆだねられて」おり, 学校教育上支障がない場合であっても,「行政財産である学校施設の目的及び用途と目的外使用の目的, 態様等との関係に配慮した合理的な裁量判断により許可をしないこともできる」として, 判断過程審査によって違法性判断がなされる。同事件においては,「右翼団体の街宣車」による「街宣活動のおそれ」を抽象的には認め, 許可した場合,「学校施設周辺で騒じょう状態が生じたり, 学校教育施設としてふさわしくない混乱が生じたりする具体的なおそれが認められるときには」不許可もあり得るとしたが,「具体的な妨害の動き」が認められないことなどから, 不許可とすることを認めず, また, 文部省との関係では,「教育研究集会の要綱などの刊行物に学習指導要領や文部省の是正指導に対して批判的な内容の記載」

が認められるとしつつ，「本件集会を学校施設で開催することにより教育上の悪影響が生ずるとする評価を合理的なものということはできない」とする。

このように，公の施設に対する許可使用とは異なり，裁量を否定して判断代置審査を行うのではなく，裁量を前提としつつ，判断過程審査を行っている。一般論としては，「支障がない場合であっても」不許可を認め，広い裁量を認めているようにもみえるが，過去の開催実績も踏まえて，実際には，判断過程審査によって，審査密度が高い審査を行っている。また，公の施設の使用許可と同様に，敵対的聴衆の法理によって，第三者による妨害という支障を厳格に考え，批判的な言動を理由に拒否することもなく，公の施設の許可使用との相違はかなり相対的である。これは，パブリック・フォーラム論によって，公の施設の使用許可と目的外使用許可との相違を重視しないもので，先に述べた「時間的場所的分離」の考え方を前提にすれば，審査方式に相違があるとしても相対的なものとなるのは当然のように思われる。

3-3　市庁舎前広場の目的外使用許可

しかし，呉市事件とはかなり異なる判断の仕方を示す目的外使用許可の事件もある。それは，金沢市庁舎前広場における軍事（自衛隊）パレード反対集会の開催申請に対して，「示威行為」を理由に不許可とした金沢市庁舎前広場事件である。これまで紹介してきた最近の判決が判断を違法としているのに対して，この事件においては，不許可を違法とはしないという相違がある。金沢地裁は，広場が金沢市庁舎建物の敷地の一部として金沢市庁舎を構成していることを重視し，広場において，「事務・事業そのものやそれに密接に関連する表現活動等」か，「そうでないとしても被告の事務・事業に支障が生じない表現活動等」と事前判断されたものに限定し許可してきたとし，従来護憲集会等が許可されていることについては，「公務員が憲法擁護義務を負うこと」から，「憲法擁護を前面に打ち出」す申請については許可されたとしている。そして，許可については裁量行為として，呉市事件と同様に判断過程審査により違法性が判断されることを明らかにしているが，業務への支障を緩やかに認め，広場で集会を認めた場合，市が「自衛隊市中パレードに反対」という「立場に賛同し，協力しているかのような外観を呈する」として，第三者が申請者に対

するものではなく，市に対する「抗議活動や抗議の申入れ」や市の「行事等に協力しない」ことも予想されるとして，事務事業への支障を認める。さらに，「示威行為」該当性については，「示威行為一般のうち庁舎等の管理上支障がある行為に限定されたものと解するのが相当である」と限定解釈を行いつつ，示威行為に該当し，「管理上支障がある行為」とする（金沢地判平成28（2016）年2月5日判時2336号53頁）。金沢高裁は控訴を棄却し（名古屋高金沢支判平成29（2017）年1月25日判時2336号49頁），最高裁も上告棄却・上告不受理としている（最決平成29（2017）年8月3日判例集未登載）。

　しかし，市庁舎前広場は，「時間的場所的分離」の考えに従えば，判決自身が指摘するように，市庁舎と市庁舎前広場の分離が可能で，実際に，要綱や規則において，市庁舎前広場は，市自らが自由使用を認めていたと考えられ，そうであれば，パブリック・フォーラムと理解することも十分可能であったはずである。また，憲法擁護義務を通して，市の立場と，通常は政権の政策に批判的な内容を含む護憲集会等を同様のものと理解することは強引で，抗議等を行う市民の存在も抽象的なものにとどまり，仮に存在しても，説明などによって誤解を解くことは十分可能である。最後のことに関連して，示威行為により「管理上支障がある」とする判断も安易なものと考えられる。総じて，リーディング・ケースである呉市事件と比較して，判断過程審査を採用しているにもかかわらず，審査密度は低いものとなっている。

> **Topic 2**
>
> 　C県において，公の施設を使用してトリエンナーレが行われ，その一部の美術展の作品の中に政治的な意味をもつものがあり，一部の政治家や住民から異論が出て，行政が主導した美術展で特定の作品を展示すべきではないという抗議活動が行われた。美術展の内容については，C県が決定したものではなく，専門家に委ねられたものであったが，C県には脅迫的電話等を含めた抗議活動がなされ，安全を確保することが難しいとして，展示数日で開催中止に追い込まれた（後に再開）。その後，文化庁のトリエンナーレに対する補助金が，こちらも専門家である有識者の審査において採択されていたものの，敵対的聴衆に関わる安全性や運営を脅かす重大な事実の認識にもかかわらず，事実の申告がなく適正な審査ができなかったとして，有識者に諮られることもなく，申請「手続」における問題を理由に全額不交付になった。

第4節　文化・芸術分野における公の施設

4-1　政府言論と文化・芸術分野における専門的判断の重視

　最後に，文化・芸術分野における公の施設として，広く住民が利用している図書館や美術館に触れる。そこでは，料金が必要な特別展等を除くと出入り自由な自由使用がなされる。住民や，著者・作者にとって，どの図書を購入するか，どの作品を展示するかは重要問題である。

　この問題を考えるために，憲法学で説明される2つの「政府言論」をみておきたい。第1は，国や地方自治体が，自らの責任で行う政府広報や，記者会見等を通して自らの政策等を表現する場合である。第2は，国や地方自治体が，私人の表現活動に対して資金・施設等の援助・助成を行い，表現活動に関わる場合である，ここで扱うのはこの後者の政府言論である。援助・助成の対象の選択，たとえば，図書や作品の選択は避けられないが，恣意的な差別を行わないようなしくみとして，文化・芸術分野においては，その選択を専門家や専門的集団に委ねることが期待されている。どの図書や作品を選択するかについて，専門的判断がなされるが，いったん選択された後で，政治的判断等により図書廃棄や展示取消を行うことは厳格に限定されるべきである。船橋市立図書館事件における最高裁は，図書館職員が独断的な評価等によって不公正な取り扱いにより図書を廃棄したとき，著作者の人格的利益侵害として国賠法上違法となるとする（最判平成17（2005）年7月14日民集59巻6号1569頁）。

4-2　あいちトリエンナーレ「表現の不自由展・その後」と補助金不交付

　Topic 2 の基礎となっているのが，あいちトリエンナーレ「表現の不自由展・その後」（以下，「不自由展」）である。先に触れたように，作品の選択は，専門家や専門的集団に委ねるのが望ましい。そして，不自由展の企画段階ではなく，不自由展開始後の中止の判断は，相当に限定された事由によってのみ正当化されるにすぎない。Topic 2 における抗議は，地方自治体が専門的判断を尊重せず，内容にまで介入できることを前提に，多様性を否定するものと評価できる。開催中止の判断は，敵対的聴衆の法理によって判断されるべきであるが，一般の住民に開かれた場所での開催で，敵対的聴衆によるテロ予告，脅

迫，恫喝等を含む大量の抗議があったことも否定できない。

　また，Topic 2 の補助金不交付決定の基礎となっているのは，あいちトリエンナーレに対して文化庁によって採択された補助金が，不自由展の敵対的聴衆に関する事実の申告がないために，適正な審査ができなかったとして，「手続」を理由に不交付にした対応である。この分野における補助金交付のしくみとして，有識者の審査による採択の判断を重視しなければならない。つまり，内容審査は，専門的判断を尊重しなければならず，採択後にそれを取り消して不交付決定をすることができるのは，法令違反等のかなり限定された場合でなければならない。不交付決定のために有識者による判断はなされていないことから，「手続」が理由とされている。しかし，「審査の視点」では，事業全体の長期的な観点からの評価が求められており，申請においてそもそも敵対的聴衆について記載することは求められておらず，実質的に敵対的聴衆の存在により不交付にできるのであれば，補助金交付に関しては，公の施設の利用に関わるリーディング・ケースとはかなり対照的な判断となる。事業全体ではなく一部中止（後に再開）により，「全額」を不交付とすることにも合理性はない（なお，愛知県による提訴直前に，愛知県と国との間で政治的妥協が成立し，一部減額の上，文化庁から補助金交付決定がなされた）。このように考えると，Topic 2 の補助金不交付決定は違法の可能性が高い。

　地方自治体や国における文化・芸術分野における政策としては，作品等の選択や補助金交付をイギリスのアーツカウンシルのような専門的組織に委ねるといったことが必要である。

Further Reading

木下智史「集会の自由の保障をめぐる事例」毛利透ほか，判例時報「憲法訴訟の実践と理論」（2019年）

榊原秀訓「自治体の政治的中立性と住民の権利」晴山先生退職記念『官僚制改革の行政法理論』（日本評論社，2020年予定）

亘理格「公共施設利用関係と裁量統制」同『行政行為と司法的統制』北海道大学大学院法学研究科叢書20（有斐閣，2018年）

第7章　直接請求・住民投票制度

Learning point

　地方自治体の政治行政が住民の意思に悖る^{もと}などの事情が生じたときに，住民自治の担い手たる住民は，民主的にして能率的な政治行政を取り戻すことができる方法などについて考えてみよう。これらには，地方自治法74条以下の定める直接請求権と，特定政策の決定・実施などをめぐって多くの住民がこれに反対し，とくに住民間においても意見が鋭く対立しているとき，住民らの意思を明らかにし，同決定・実施に一定の方向付けを見出す方法の1つとして条例を実施根拠とする住民投票制度がある。これらがどのようなもので，実際にどのような機能と限界を有しているかをみてみよう。

Topic 1

　住民の議員・長等に対する解職請求において地方自治法85条1項は，公職選挙法89条1項本文所定の公務員が解職の投票代表者にならないと定めているが，同法施行令115条等は，同所定の公務員が解職の投票代表者のみならず，請求代表者にもなることができないと定めていた。当時の行政解釈では，同法が確かに解職の請求手続と投票手続とを制度的に区別しているものの，両者が元々1つの目的を追求するためのプロセスの一環を成すものと捉えられていたからである。しかし，最高裁は，2つの手続を別個のものと捉えて，同法施行令の資格制限規定が地方自治法85条1項の許す範囲を超えるものであって，解職の投票手続ではなく，請求手続にまで及ぼされる限りで無効なものとして，判例変更を行い，選挙管理委員会の署名無効決定の取消を求める上告人の請求を認容した（最大判平成21（2009）年11月18日民集63巻9号2033頁）。最高裁がこのような判断をしたのは何故だろうか。

第1節　直接請求の種類と意義

　憲法92条を受けて，地方自治法はその目的として「国と地方公共団体との間
の基本的関係を確立する」こと，「地方公共団体における民主的にして能率的
な行政の確保を図る」ことを掲げている（自治1条）。前者は，権限・財源配分
および国の地方自治体に対する関与の仕方などの法的関係を意味する団体自治
を表し，後者は，住民と地方自治体の法的関係を意味する住民自治を表す。住
民自治は，政治行政への住民の参加権がいかに保障・充実されているかどうか
により，その成否が決まるといってよい。住民自治を実現すべき手段として住
民の参加権としては，地方自治法上，選挙権・被選挙権のほか，直接請求権が
主なものとして保障されている。直接請求権は，条例の制定・改廃請求（自治
74条），事務の監査請求（自治75条），議会の解散請求（自治76条），議員の解職請
求（自治80条），長の解職請求（自治81条）および副知事・副市町村長等の主要
公務員の解職請求（自治86条）がこれにあたる。以上のほかに，市町村合併に
係って有権者の有効法定の署名をもって，その代表者から長に対する合併協議
会の設置や設置協議を求めることができる請求権がある（市町村の合併の特例に
関する法律4条・5条）。

　さて，直接請求の意義をみてみると，以下の通りである。住民による長・議
員の直接選挙を定める憲法規定を受けて，地方自治法は，長等の執行機関に事
務の管理・執行の権限を付与し，これらをチェックする機関として審議・議決
権を有する議会を置き，議会の長に対する不信任議決と，同議決に対する長の
議会解散という制度上の装置（自治178条）により，それぞれの政治責任を問う
しくみ（間接民主主義）を採択しつつ，さらに住民が直接に長・議員の政治責
任を問うことのできるしくみとして解職請求権をも定めている。同請求権は，
平たくいって長・議員が「倫理」に悖る行為を行うなどの資質に問題があると
か，あるいは長の行政手法や議員の活動が住民の意思に即していないとき，住
民がこれらに係る長や議員を解職請求し，職から解くことにより，これらを是
正する方法となるのである。議会の解散請求権は，議会が議決機関として本来
の機能たる執行機関へのチェック機能を果たしていないなどの機能不全の状態
に対して，住民が議会そのものに対して政治責任を問うものである。事務監査

請求は，住民が政策そのものや政策遂行過程に何らかの問題点があると判断したとき，これらの問題点を明らかにし，是正する方法として用いられるものである。条例制定・改廃請求は，住民の生活にとって必要な条例の制定と不必要な条例の改廃を求める住民発案制度として住民の政策立案・形成への参画を保障するものである。このように，直接請求は，憲法上の要請かどうかに係ることなく，住民の政治行政への直接参加を可能とし，政治行政の民主的統制を図り，間接民主主義の欠陥を補う直接民主主義の要素を成すものとして，憲法92条にいう「地方自治の本旨」に則したものであり，住民自治の実現にとって必要不可欠なものと考えられよう。したがって，地方自治法上，直接請求の種類などに関する法的保障が重要であるものの，同請求権がいかなる要件と手続の下で行使されることになるかといった使いやすさも，住民自治の成熟度を見る上で欠かすことのできない重要な論点となろう。直接請求権がより使えやすくなればなるほど，政治行政への住民参加がより可能となり，住民の意思が政治行政により反映されやすくなり，住民自治の実現がより一層可能ならしめられるからである。

　ところで，直接請求の要件の充足のいかんは，第2節で説明するように，裁判所において争うことができる。したがって，裁判所が直接請求の要件などに関していかなる解釈手法をとり，どのように判示するかによって，直接請求そのものが活かされたりされなかったりすることになるため，判決も住民自治の実現において重要な要素となる。**Topic 1** において，最高裁が文理解釈を採用し，従前の行政解釈や判決を変更したのは，解職請求が「国民の参政権の行使に関わる，その性質上重要なものである」（藤田補足意見）との視点から，解職請求に係る1124名分の署名簿に意義を認め，直接民主主義を第一義的に勘案したことによるものと考えられよう。

第2節　直接請求の内容と要件

2-1　条例の制定・改廃請求

　条例は，長または議員定数の12分の1以上の議員が条例案を発議し，議会がこれを議決し，議長から送付された条例について当該長が公布し，施行される

（自治16条・112条2項・149条等）。条例の改廃も同様である。ところが，条例の多くは，長の発議によるものであり，議員の発議による条例制定（議員立法）は比較的にこれまでに活用されていないのがその現状である。これは，地方議会における立法活動支援専門スタッフの不足などによる議員立法の限界によるものと考えられよう。むろん，住民の必要とする条例案が長によって必ず発議されるという法的保障もない。以上の状況を踏まえて，地方自治法は，住民が直接に条例の制定・改廃を請求することのできる住民発案の途を保障している。

　条例の制定・改廃請求の要件ないし手続をみてみると，当該地方自治体の有権者総数の50分の1以上の連署をもって，請求代表者が長に条例制定・改廃を請求し，長が同請求受理後20日以内に議会を招集し，意見をつけて議会に付議し，同付議を受けた議会は，その審議を行うに当たって，請求代表者に意見を述べる機会を与えた上で，同請求の可否を議決するという手続がとられることになる（自治74条）。ただし，地方税の賦課徴収ならびに分担金，使用料および手数料に関するものは請求の対象から除かれる（自治74条1項かっこ書）。条例制定・改廃の請求代表者の資格制限規定（自治74条6項）により，選挙管理委員会の委員または職員は請求代表者になることができない。これらの者は，準用規定（自治75条5項・76条4項・80条4項・81条2項・86条4項）により，その他の直接請求の代表者にもなることができない。

　また，署名簿に関しては，条例の制定・改廃請求の代表者が集めた署名簿を市町村の選挙管理委員会に提出し，署名の有効性に関する証明を求めなければならず，同委員会は審査を行い，署名の効力を決定し，その旨を証明しなければならないという署名の有効性証明が必要となる。同証明に対しては，署名簿の縦覧期間内に関係者の行う同委員会に対する異議申出制度が設けられており，同申出を受けた同委員会の決定に対する不服がある者は，地方裁判所に出訴することができるし，さらに同判決に対しては控訴することができないが，最高裁判所に上告することができる（自治74条の2）。署名が無効となるのは，①法令の定める成規の手続によらない署名，②何人であるかを確認し難い署名，③詐偽または強迫に基く旨の異議の申出があった署名で市町村の選挙管理委員会がその申出を正当であると決定した場合である（自治74条の3）。そのほか，署名権者・署名運動者に対する妨害や署名の偽造等の違法行為，違法な署

名運動に対しては，罰則が定められている（自治74条の 4 ）。これらの署名簿の効力などに関する規定は，以上の準用規定により，その他の直接請求の署名簿に関してもその適用がある。

　条例制定請求権は活用されており，同請求によって先進的かつ斬新な内容をもつ条例が制定されるに至っている。古い例としては，昭和54（1979）年の東京都中野区教育委員候補者決定に関する区民投票条例や，昭和58（1983）年の堺市議会議員及び市長の倫理に関する条例などがある（これらの条例については，「条例百選」ジュリスト昭和58（1983）年10月号参照）。他方で，条例制定請求権の行使に対して，議会が同請求に基づく条例案を否決する場合も多くみられる。一例として日本各地で環境汚染が指摘されていた中で，横浜市の市民団体が合成洗剤の使用をめぐって，合成洗剤追放対策委員会の設置および運営に関する条例の制定を求め，昭和55（1980）年 6 月に法定署名数を大幅に超える 9 万534人の署名をもって，市長に直接請求が行われた。同条例案の主な内容としては，同委員会が同条例案の成立・発効の日から 2 年以内に，市内における合成洗剤の販売および使用を禁止する条例案を作成し，市長が同条例案を議会に発議することを勧告するというものが含まれていた。議会は，同委員会の設置について，地方自治体が条例で設置することができる合議体組織として位置づけることが適当ではないことを理由に，同条例案を否決した。一般に条例制定が直接請求されても，長が否定的な意見をつけて議会に付議することも少なくなく，議会が条例案を否決することも多い。長が直接請求の条例案の成立に否定的であるときに，代表者証明書の交付申請（地自法令91条）を拒否し，条例制定の直接請求という権利行使を阻止することができるかに関しては，「条例案を一見しただけで条例で規定し得ない事項又は条例制定請求をなし得ない事項であることが，何人にも論議の余地すらない程度に極めて明白であって，爾後の法定の手続を進めることが全く無意義であると認められるような特別な例外的場合」でなければ，長が条例制定請求権という権利の行使を阻止することは現行法上許されないとする判決がある（東京高判昭和49（1974）年 8 月28日判時755号53頁）。

2-2　事務監査請求

　事務監査請求は，有権者総数の50分の１以上の連署が要件となり，請求代表者から監査委員に対して行われる。署名簿に関しては，条例の制定・改廃請求の場合と同様に，選挙管理委員会の審査による証明と縦覧手続が必要となる。監査請求を受けた監査委員は，直ちに請求の要旨を公表し，監査を実施し，監査の結果に関する報告を決定し，これを請求者に送付・公表し，長・議会・関係行政委員会に提出しなければならない。監査結果に関する報告の決定は，原則として監査委員の合議によらなければならない（自治75条）。事務監査請求の事例をみてみると，資格要件に欠ける業者を指名競争入札参加有資格者として登録しており，これが市契約規則に違反する事務の執行であることを理由とする事務監査請求や，市長らの「覚書」に反し，地元の声を無視していることを理由に，ごみ処理広域化計画の白紙撤回を求める事務監査請求，市の第三セクターであるＡセンターの事業計画内容および経理内容の適否等について問題があることを理由とする事務監査請求などの多くの事例がある。このように，事務監査請求は，当該地方自治体の事務執行の全般がその対象となり，行政活動の適正化ないし能率性を図ることを目的としているといえよう。

　ちなみに，事務監査請求は，いうまでもなく，地方自治法242条の定める住民監査請求と全く異なるものであり，住民監査請求の結果などに対しては，同法242条の２がその不服として住民訴訟の提起を定めている。これに対して，事務監査請求は，その不服として訴訟提起などを定める規定がない。このため，事務監査の結果に対しては訴訟などでこれを争うことができないと解されよう。

2-3　議会の解散請求と議員・長等の解職請求

　議会の解散請求，議員の解職請求，長の解職請求および主要公務員の解職請求は，有権者総数の３分の１以上の連署が要件となっている。法定の有効な署名をもって，解散の請求代表者から選挙管理委員会に対して議会の解散請求が行われた場合に，同委員会は，請求の要旨を公表し，選挙人の投票（以下「住民投票」という）に付しなければならず，住民投票の結果として投票有権者の過半数の同意があったときは，議会は解散となる（自治78条）。議員または長の解職請求の場合にも選挙管理委員会は，議会の解散請求と同様の手続をとり，

住民投票において投票有権者の過半数の同意があったときは，当該議員または長は失職する（自治83条）。有権者総数の3分の1以上の連署をもって行う主要公務員の解職請求は，当該長に対して行われることになり，同請求を受けた長が請求の要旨を公表し，当該請求を議会に付議しなければならず，議員3分の2以上の出席とその4分の3以上同意があったときに当該公務員は失職する（自治87条）。

　以上の署名集めの要件に関しては，有権者総数が40万を超える人口規模の大きい場合に直接請求の要件として有権者の3分の1以上の署名集めが直接請求のハードルとなっているという点を考慮し，軽減措置が講じられている。つまり，同総数が40万を超え80万以下の場合にはその40万を超える数に6分の1を乗じて得た数と40万に3分の1を乗じて得た数を合算して得た数，あるいは80万を超える場合にはその80万を超える数に8分の1を乗じて得た数，40万に6分の1を乗じて得た数，40万に3分の1を乗じて得た数を合算して得た数の者の連署が要件となる（自治76条4項等）。直接請求は，比較的に人口規模の少ない町村のレベルで多く行われる傾向にある。同傾向は，地方自治法上，軽減措置が採られているにもかかわらず，人口規模の大きい場合に依然として署名集めが高いハードルとして作用していることを示唆するものであろう。

　議会解散請求の例としては，名古屋市議会が市長提案の議員報酬半減案を否決し，市長再提案の恒久減税案については継続審議したことに対して，市長支援団体が反発し，平成21（2009）年8月27日に署名集めを開始し，法定の有効署名により平成23（2011）年2月6日に住民投票が実施され，投票の結果として解散賛成が7割を占めたことを受けて，名古屋市議会が解散された事例が挙げられる。他方では，鹿児島県阿久根市長が職員のボーナス半減や副市長選任などにおいて専決処分を繰り返し，議会招集を求める鹿児島県からの是正勧告を無視するなどを理由とする市長の解職請求が成立し，同請求に基づく住民投票は平成22（2010）年12月5日に実施され，投票率75.63％，有効投票数14688票の中で賛成が7543票，反対が7145票の賛成過半数となり，市長の失職が決定した。ところが，市長の解職請求が行われている最中，市長支持の議員が議会の解散請求のための署名集めを開始し，平成22（2010）年11月29日に署名簿を選挙管理委員会に提出し，法定の有効署名により平成23（2011）年2月20日に

住民投票が行われ，解散賛成7321票，反対5914票で解散請求が成立した事例もある。以上の事例にみるように，長の解職請求と議会の解散請求は，政策実施や行政運営などをめぐる長と議会の対立に起因する場合がある。もちろん，長の解職請求は，政策そのものや政策遂行過程のあり方などが主な要因となり，議員の解職請求は，議員の資質などが要因となり，住民が直接請求を行う場合も多く散見される。そして，住民が法定の有効署名を集め，条例制定を求めているものの，長または議会がこれに反対しているため，当該条例が制定されないことを理由に，長の解職請求と議会の解散請求を行う場合もある。

Topic 2

　平成8（1996）年3月実施の原発建設是非を問う巻町住民投票において建設反対が60.86％を占めたことを受け，町長（被告）が，長年の間意見が闘わされてきた原発建設の賛否をめぐる問題の最終決着を図るという目的の下，町有地である本件土地を，建設反対派の者に随意契約によって売却することにより東北電力が本件土地を取得して原発計画を推し進める余地がないようにしたことをめぐり，建設推進の議員等が当該随意契約による売却の無効を前提として同町長が買受人らに対し土地の引渡等を請求すべきにもかかわらず，これを怠っていることの違法確認等を求める住民訴訟において，同売却の判断・措置が，明らかに不合理であるとか，不正の動機に基づくものであるとか，あるいは被告町長に委ねられた裁量権を逸脱・濫用したものということはできないとする判決（東京高判平成14（2002）年3月28日判例自治237号96頁）がある。他方では，平成9（1997）年12月実施の名護市住民投票において基地受入反対が過半数を占め，そして同投票実施条例3条2項が市長への住民投票結果の尊重義務を規定しているにもかかわらず，市長が基地受入の表明をしたことに対して，市民ら500名が平和的生存権等を侵害され，精神的苦痛を被ったとして，市長（被告）に損害賠償を求めた事案において，本件条例3条2項が市長に対し，本件住民投票の結果を参考とするよう要請しているにすぎないというべきであり，本件住民投票の結果により，基地のない環境のもとで生活する権利や平和的生存権が具体的権利となったなどということもできないとして，原告の請求を棄却した判決（那覇地判平成12（2000）年5月9日判時1746号122頁）もある。

第3節　住民投票制度

3-1　法律に基づく住民投票と条例による住民投票

　法律に基づく住民投票は，１つの地方自治体のみに適用される特別法制定の場合にその実施が義務づけられる住民投票（憲95条），議会の解散請求および議員・長の解職請求が行われた場合にその可否を決する方法として地方自治法上の住民投票（自治76条３項・80条３項・81条２項），そして有権者の50分の１以上の連署をもってその代表者から長に対し，合併協議会の設置を求める請求があったとき，長の付議において議会が合併協議会設置協議を否決した場合に，長の選挙管理委員会に対する住民投票の実施を求める請求，あるいは有権者の６分の１以上の連署をもって，その代表者から選挙管理委員会に対し，合併協議会設置協議の可否を問うための住民投票の実施を求める請求にみるように，市町村合併特例法上の住民投票（同法４条・５条）がこれにあたる。

　条例による住民投票は，地方自治体が「自治基本条例」を制定し，その中に投票の実施要件を規定し，同規定に基づいて実施されるのがこれにあたる。「自治基本条例」をみてみると，同条例が長による投票の実施または満16歳以上の住民による３分の１以上の連署もしくは出席議員の過半数の賛成で長に対してその実施を請求することができるとする要件（31条）を規定し，これを受けて，住民投票条例が年齢満16歳以上の定住外国人をも有資格者（３条１項・２項）としつつ，投票の対象や実施方法などの詳細を定めているところがあり（大和市），「自治基本条例」の中に外国人を含む市内に住所を有する満18歳以上の者を有資格者とし，その総数の６分の１以上の連署をもって長に対してその実施を請求することができるとする実施要件（30条）を置き，これを受けて住民投票条例を定めているところもある（豊中市）。これらの場合は，住民投票実施の根拠となる条例が予め制定されており，同条例の定める実施要件が満たされると，長は投票の実施を義務づけられているため，その実施が保障されている。したがって，この種の投票は，法律に基づく住民投票と同様に，「常設型住民投票制」と称することができる。

　ところが，住民投票実施の根拠条例が存在しない場合には，住民が有権者50分の１以上の連署をもって根拠条例の制定を長に直接請求し，または長が議会

に同根拠条例案を付議し，もしくは議員定数12分の1以上の議員が同条例案を発議し，これらを受けて最終的に議会が条例案を議決し，同条例の成立によって実施される投票がある。この場合は，住民投票実施の根拠条例制定を求める直接請求があったときに，議会が同条例案を否決する可能性もあるので，投票が必ず実施されるという保障がない。また，地方自治体の中には，「自治基本条例」が満18歳以上の住民による50分の1以上の連署を住民投票実施条例案の発議要件として定め，同要件の充足をもって，長が同実施条例案を議会に付議し，過半数の議決による同条例の成立で住民投票の実施を定めている（三鷹市自治基本条例35条）ところや，「自治基本条例」が長による発議のみを定め，住民投票実施の可否を全く長の裁量事項としつつ，住民投票の実施等に関する必要な事項について，別途，住民投票条例がこれを定めるとする（安城市自治基本条例17条）ところもある。これらの場合は，「自治基本条例」が住民投票に関する規定を置いているが，とくに長の政策そのものや政策遂行過程のあり方に住民が反対し，住民の発議で住民投票を実施しようとするときに，その実施が保障されていないため，前記の「常設型住民投票制」と違って，特段の規範的な意味を有しない。したがって，この種の住民投票は，住民投票実施の根拠条例があったとしても，同根拠条例がない場合と同様に，住民投票が実施されたりされなかったりする場合があるため，前記の「常設型住民投票制」との対比で「非常設型住民投票制」と称されよう。もちろん，常設・非常設にかかわらず，両者は，必要に応じて争点ごとに個別（アド・ホック）に実施されるものである。

3-2　条例による住民投票の意義と現状

　憲法92条にいう「地方自治の本旨」の内容をめぐる解釈に関しては，同内容が住民自治の側面において直接民主制的諸制度の積極的保障を要請し，団体自治の側面において地方優先，とりわけ市町村優先の原則を要請するとする見解がある。同見解は，憲法上，直接民主制的諸制度の積極的保障により，地域住民の意思が可能な限り当該地方自治体の意思決定に反映されるべきことを要請されているとし，また，人権保障の憲法原理からすれば，住民の人権保障上不可欠である場合には，地方自治体は原則としていかなる事項についても優先し

て自主的に活動することを認められていることを意味するものである。以上の憲法解釈からすれば，条例による住民投票の実施は，「地方自治の本旨」に則したものである。なぜなら，憲法94条が自治（自主）立法権として条例制定権を保障し，地方自治法14条1項が地方自治体の事務に関し，条例を制定することができるとしており，これにより，住民投票実施の根拠条例が制定され，同条例によって実施される住民投票は，争点に対する住民の意思を明らかにし，同意思を政治行政に反映するための直接民主制的諸制度の1つだからである。地方自治体の中には，地方議会の会派のほとんどが長を支持するというオール与党化の故に，議会が長等の執行機関を充分にチェックしておらず，専門的かつ総合的観点からの政策論争をも行っていないために，議会によって象徴される間接民主主義が本来の機能を果たしていないという実状が散見される。同実状は間接民主主義の限界を示すものであり，住民投票は，同限界を補うものとして地方自治の本旨に則し，同本旨を具体化する手段の1つとしてその意義と重要性を容易に認められよう。

　とくに，「地方自治の本旨」の内容が憲法解釈上問われるのは，多くの地方自治体における原発および空港・ダム建設・干拓事業などの公共事業ならびに産業廃棄物処理施設の立地・設置許可その他の重要政策の推進（以下「特定政策」という）について，住民が反対し，国・広域的な地方自治体（以下「国など」という）と住民との対立が生じているとき，あるいは住民らの間にも賛否で紛糾し，対立が顕在化しているときであろう。特定政策は，国などにとっては推進すべき最重要政策となり，立地・設置されることになる地域住民にとっては嫌悪政策（施設）となる二面性を有するからである。このため，地方自治体は住民の意思を明らかにする方法の1つとして住民投票を用いて，同投票の結果に即して，政策決定に一定の方向性を見出すべきであり，これによって住民らが政策決定を受け入れやすくなり，意見の対立ないし紛糾の解消を図られることになる。また，地方自治体は，長や議員の直接選挙という住民の信託により，その活動の民主的正当性を得ているために，住民投票による住民の意思を明らかにし，同意思に即して地域住民に代わって特定政策における立地・設置の変更等を国などに積極的に求めることにより，自らの責任と義務を果たすべきであろう。これにより，特定政策をめぐる国と地域住民との対立は，地方

自治法245条以下の定める国の地方自治体に対する関与の問題として国と地方自治体の法的紛争となり，「国と地方の関係論」への転換を図られることになろう。このため，住民投票は，活発な政策論争を誘導し，住民が自ら意思を決定し，これを明らかにする方法として住民自治の側面を有しつつ，他方では，住民の意思を受け，当該地方自治体が国などの特定政策を修正・変更させるという意味において団体自治の側面をも有し，国と地方の関係を対等・協力の役割分担に可能ならしめるという意味での「地方自治の本旨」たる内容を充填する手段の１つである。言い換えれば，地方自治体は，とくに特定政策が一方的に地域住民に押し付けられているとき，住民投票を有効かつ適切に活用すべきであり，同活用こそが地方自治の本質的内容または核心をなすものの１つであり，「地方自治の本旨」に則したものであるといえよう。

　ところが，住民の直接請求権の１つとして条例の制定請求権をとってみても，有権者の50分の１以上の連署がその条件となっており，そこで認められているのは，条例制定の発案権でしかない。このため，住民が神戸空港建設の可否をめぐる住民投票の実施を求めて，平成10（1998）年に有効署名を集めて行った実施の根拠となる条例制定の直接請求について，議会がこれを否決してしまう事例にみるように，住民投票の実施は，住民の権利として保障されていない。また，地方自治体の中には，「自治基本条例」の中に住民投票の発議や請求要件に関する規定を設け，常設型住民投票制を設けているところもあるが，同住民投票に関する「自治基本条例」の規定は，住民投票の有資格者と請求要件のみであって，その請求要件などが地方自治体によってまちまちであるという現状がある。

第4節　住民投票の法的拘束力の可否

　法律に基づく住民投票の法的効果について，地方自治法上，議会解散のための住民投票において有効投票者過半数の同意があったときは，議会は解散するものとすると規定されており，議員・長の解職のための住民投票において有効投票者過半数の同意があったとき，当該議員または長は失職すると規定されている。これらの場合は，特段の措置が講じられることを要さず，その法的地位

が失われるため，法的拘束力の可否が論じられる余地がない。

　ところが，特定政策の可否を問う条例による住民投票は，投票参加の有効投票者過半数の同意だけで一定の法的効果をもたらすものでない。このため，投票結果が同有効投票者の過半数に達し，あるいはこれに止まらず，全有権者の過半数に相当するときに，長は，同投票結果にどのように対処すべきかといった問題がある。条例が投票結果を尊重しなければならないとする長の尊重義務を規定している場合に，同規定は，長が投票結果に従わなければならないとか，あるいは従うものとするという意味における法的拘束力を含まないとし，長への努力義務を課するに過ぎないものと解されよう。

　他方で，地方自治体は，憲法94条ないし地方自治法14条 1 項にいう条例制定権（自主立法権）の行使として条例を制定する際に，当該条例に長の投票結果に対する尊重義務ではなく，長への作為・不作為義務を課する法的拘束力を定めることが可能であり，かりに法的拘束力を定めているとすれば，これは，長が投票結果に反する一切の行為を採ることができないこと（不作為義務）のみならず，同結果を積極的に実現すべき一定の行為を採らなければならないこと（作為義務）を負うことを意味する。そして，以上のような法的拘束力を定める条例は，事情の変更などのさまざまな理由により，長が以上のような義務を履行しないという義務違反の状態に陥ることを想定し，同義務違反に対して義務履行確保を目的とする法的しくみをも講じて置く必要があろう。なぜなら，同法的しくみによってはじめて義務履行が確保され，条例の定める法的拘束力が実効性を有することになるからである。ひるがえって，立法論上，条例が以上のような法的しくみを定めることができるかはともかく，実際に条例において以上の法的しくみが講じられるに至っていない現状においては，長は住民投票の結果に法的に拘束されることがなく，同結果を忠実に政治・行政に反映していく政治的・道義的義務を有するにすぎない。

　Topic 2 にみるように，住民投票の結果は，長などの行政機関および私人を法的に拘束し，すべてのことに対して優先して法的効果を及ぼすという法的拘束力を有しないことを示すものであろうか。確かに地方自治体が地域住民の自己意思決定という住民投票の結果に忠実に従うこととなれば，全国的または広域的に必要不可欠な政策であっても，これが特定地域の意思決定のみによって

遂行することができなくなることもあろう。このため，住民投票による自己意思決定権は，すべてに優越する最強の切り札ではないこととなろう。

　従来，特定政策は，全国的または広域的必要性によるものであるものの，地域住民の生活にさまざまな影響を与えているにもかかわらず，地域住民の意思決定が行われないまま，あるいは同意思決定が行われたとしても，一方的に特定の地域住民に押しつけられている現状は否めない。とくに原発・基地の設置・立地や，広域的政策である産業廃棄物処理施設設置・立地の可否をめぐる住民投票は，環境保全とともに，住民の生命・財産の保護に係るものであり，空港・ダム建設などの公共事業実施の可否をめぐる住民投票の多くは，環境保全はもちろんのこと，地方自治体の財政赤字を含め国の財政赤字が増え続けており，これに伴って長期債務残高も急増し，国の財政状況の改善が求められている中で，費用対効果分析（cost and benefit analysis）に基づく事業の妥当性を厳しく問うものでもある。以上の特定政策の重要性を否めないとしても，地域住民の生活にさまざまな影響を及ぼすものである以上，その重要性だけで，政策決定・実施の過程に住民の関与（＝住民投票による自己意思決定）を否定する根拠にならない。このため，住民投票実施条例に盛り込まれる住民投票に付しべく対象事項と，その結果に対して長がどのように対処すべきかに関しては，柔軟に検討されるべきである。

　前節の「3-2」にみる住民投票の意義からすれば，住民投票は，直接民主主義的要素の1つとして住民自治を実現する上で欠かすことのできないものであり，「地方自治の本旨」たる内容を充填する手段として捉えられよう。この捉え方からすれば，住民によって直接選挙される長は，少なくとも地域のみに関する事項，とりわけ長の権限が及ぶ範囲において住民投票の結果に即して作為ないし不作為義務を忠実に果たすべきであろう。そして，長が同結果に即して義務履行のための権限を忠実に遂行して行くことになれば，これは，特定政策が地域住民に一方的に押しつけられることを防ぐよい方法となり，「国と地方の関係論」という団体自治の新たな展開をもたらすことになろう。すなわち，地方自治体は，固有の権能として条例による住民投票制を活用し，特定政策に対してより多く考慮すべき事項があることなどの批判的意見を提示し，国などは，同批判的な意見を充分に参照しつつ，時間をかけて，合法性のみなら

ず，合理性・合目的性の観点から政策推進の必要性を説明し，住民との合意形成のための努力を行うプロセスを求められよう。こうしたプロセスがとられることなく，長が住民投票の結果に反する行為を執ったときには，自ら辞職し，その責任を全うすべきである。かりに辞職しない場合に，理論上，住民は，解職請求に基づいて当該長を失職させ，当該長と反対の立場にある者を新しい長として選出し，これによって住民投票の結果に反する行為を一応是正することができるのである。このように，住民投票の結果に即して長が自らの権限を忠実に行使するか否かの問題は，法的拘束力の観点ではなく，民主主義や地方自治の観点で論じられるべきであろう。

Further Reading

榊原秀訓『地方自治の危機と法──ポピュリズム・行政民間化・地方分権改革の脅威』（自治体研究社，2016年）

杉原泰雄『憲法──立憲主義の創造のために』法律学への第一歩2（岩波書店，1990年）

室井力編『住民参加のシステム改革──自治と民主主義のリニューアル』自治問題研究叢書（日本評論社，2003年）

第8章　住民監査請求・住民訴訟

Learning　Point

　地方自治法には，普通地方公共団体（以下，「自治体」）の違法・不当な行政を防止したり是正したりするために，住民監査請求権と住民訴訟提起権を保障するしくみが定められている。自治体の長や議員，あるいは職員が人間である限り，間違った行政が行われないとは限らないからである。違法・不当な行政が発生したり発生するおそれがあったりする場合，それをどのように防止し是正することができるだろうか。国にはない地方自治に固有の制度としての住民監査請求制度（自治242条）と住民訴訟制度（同242条の2以下）について考えてみよう。

Topic

　東京都の住民Aらは，警視総監Bが，C県公安委員会から，援助の要求を受け（警60条），東京都公安委員会の承認を得て行った東京都警察職員のC県への派遣（以下，「本件派遣」という）にかかる派遣期間中の派遣警察職員に対する基本給与，超過勤務手当および特殊勤務手当の支出（以下，「本件支出」という）が違法であるとして住民監査請求を行ったが，訴えの理由がないとして棄却されたため，これを不服として，東京都知事Dを被告として，派遣権限を有するBに対して，本件支出にかかる損害賠償を求めるところの住民訴訟を提起した。

　住民Aらは，第一審東京地裁において，当該派遣警察職員が派遣先で行った地元住民への暴力行為を違法として，Bに対して本件支出の一部について損害賠償請求をせよ，との判決を得て勝訴した。ところが，Dは，これを不服として控訴した。その控訴審の係属中に，東京都議会がBに対する損害賠償請求権を放棄するとの議決を行った。

第1節　住民監査請求と住民訴訟

　まず，住民訴訟を提起するためには，事前に住民監査請求をしておかなくてはならない。これを住民監査請求前置主義という（自治242条の2第1項）。住民監査請求とは，住民が，自治体の執行機関または職員において，① 違法・不当な公金の支出，② 違法・不当な財産の取得・管理・処分，③ 違法・不当な契約の締結・履行，④ 違法・不当な債務その他の義務の負担（以上を「財務会計行為」），または⑤ 違法・不当に公金の賦課徴収・財産の管理を怠ること（「怠る事実」）があると認めるとき，監査委員に監査を求め，当該財務会計行為の予防・是正，当該怠る事実を改め，当該自治体のこうむった損害を補填するために必要な措置を講ずべきことを求める監査請求のことである（自治242条1項）。

　次に，監査委員の監査の結果や議会や長等のとった措置や不措置に不服があるとき，あるいはそもそも監査委員が60日以内に監査・勧告を行わないとき，住民は，① 財務会計行為の差止請求（1号請求），② 行政処分たる財務会計行為の取消・無効確認請求（2号請求），③ 怠る事実の違法確認請求（3号請求），および④ 当該職員に対する損害賠償請求または当該行為等にかかる相手方に対する不当利得返還請求（4号請求）をすることができる。また，当該職員または当該行為等にかかる相手方が地方自治法243条の2の2第3項の長の賠償命令の対象となる者（以下，「会計職員等」）である場合には，当該賠償命令をすることを求める住民訴訟を提起することができる（4号請求のただし書）。

第2節　住民訴訟制度の目的・意義

　最高裁は，住民訴訟の目的について，自治体の執行機関・職員による財務会計行為または怠る事実が当該自治体の構成員である住民全体の利益を害するものであることから，これを予防するために，地方自治の本旨に基づく住民参政の一環として，財務会計行為または怠る事実の予防または是正を裁判所に請求する権能を住民に与え，地方財務行政の適正な運営を確保することにあるとしている。また，執行機関・職員の財務会計行為または怠る事実の適否とその是正の要否について自治体の判断と住民の判断とが相反・対立する場合に，住民

自らが違法の予防または是正をはかることができる点に，住民訴訟制度本来の意義があるとされる。したがって，住民の訴権は，自治体の構成員である住民全体の利益を保障するために法律によって特別に認められた参政権の一種であり，原告住民は，自己の個人的利益や自治体そのものの利益のためではなく，専ら住民全体の利益のために，いわば公益の代表者として地方財務行政の適正化を主張するものであると定義される（最判昭和53（1978）年3月30日民集32巻2号485頁）。

　最高裁は，「住民参政の一環」や「参政権の一種」といった表現からわかるように，住民訴訟の「民主主義的機能」に着目して，自治体の直接民主主義制度の一環として位置づけ，「住民全体の利益」のための公益代表訴訟と位置づけているようにみえる。しかし，住民監査請求を経た住民であれば1人でも提起できることから，このような原告住民の意思が常に「住民全体の意思」に適うというわけではないことから，むしろ自治体行政の「適法性確保のための司法統制」と位置づける考え方もありうるところである。このような考え方からすれば，住民訴訟は，自治体の行政権力の行使を法的に統制することを目的として，自治体行政をチェックし，違法な行政をストップし，そして是正する「法治主義的機能」を有する客観訴訟であるということになる。ここでは，住民監査請求も含めて住民訴訟制度は，「民主主義的機能」（住民参政の一環）と「法治主義的機能」（行政の適法性の確保）の両機能を兼ね備えた「熟議法治主義」実現のための裁判制度とでも解しておこう。

第3節　住民訴訟，特に「4号請求」のしくみ

3-1　2002年住民訴訟制度改正

　Topic は，住民訴訟の4類型のうち，特に「4号請求」にかかわる問題であることから，以下では専ら「4号請求」の主要論点を学習することとしたい（制度全体の概要は，**図表8**を参照せよ）。

　この「4号請求」については，平成14（2002）年に構造転換ともいえる大改正が行われた。改正前の地方自治法242条の2の「旧4号請求」は，「普通地方公共団体に代位して行なう当該職員に対する損害賠償の請求若しくは不当利得

返還の請求又は当該行為若しくは怠る事実に係る相手方に対する法律関係不存在確認の請求，損害賠償の請求，不当利得返還の請求，原状回復の請求若しくは妨害排除の請求」と定められ，住民は，損害賠償請求権等の帰属主体である自治体に代位して，違法な財務会計行為を行う「当該職員」を直接被告として，損害賠償請求訴訟等を提起できるものとしていた。

　これに対して，現行の「4号請求」は，「当該職員又は当該行為若しくは怠る事実に係る相手方に損害賠償又は不当利得返還の請求をすることを当該普通地方公共団体の執行機関又は職員に対して求める請求」であると定めている。新旧4号請求は，住民勝訴の判決が確定すれば，損害賠償義務または不当利得返還義務を負う者は「当該職員」または「当該行為若しくは怠る事実に係る相手方」（以下，「相手方」）であることに違いはないが，現行法では，「普通地方公共団体の執行機関又は職員」を被告として，「当該職員」または「相手方」に対する損害賠償請求または不当利得返還請求を義務づける訴訟を提起することになるため，原告住民と被告自治体は訴訟当事者として対立する構造となり，改正前の代位損害賠償請求等とは，住民，自治体および「当該職員」・「相

図表8　住民監査請求制度，住民訴訟制度および会計職員等の賠償責任

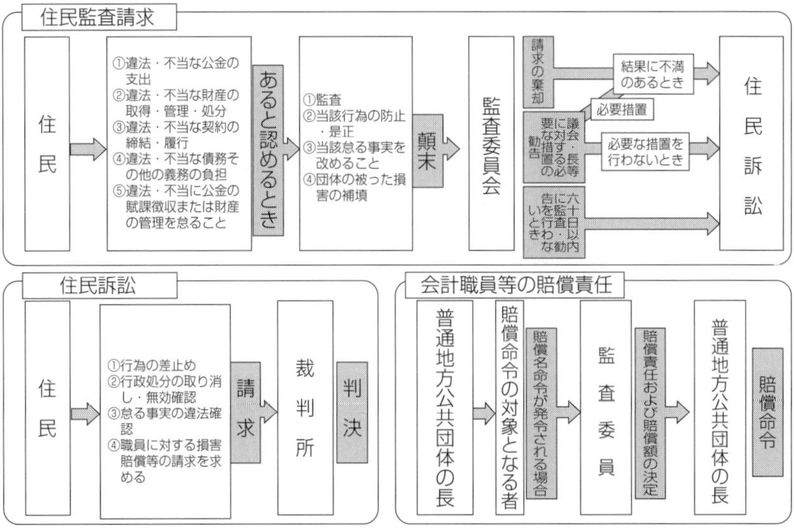

出典：総務省「地方自治制度の概要」（http://www.soumu.go.jp/main_content/000451039.pdf）より。

手方」の間の「友敵」関係がまったく異なることになった。すなわち,「4号請求」では, 住民が自治体（執行機関および職員）を被告として,「当該職員」への損害賠償請求などの義務付け訴訟を提起することになるので, 自治体は「当該職員」を弁護し（訴訟参加, 訴訟費用等も含めて）,「住民全体の利益」のためにたたかう原告住民と相争う不可解な構造となっている。

3-2 「4号請求」における「当該職員」の意義

　裁判では,「当該職員」とは誰かがしばしば問題となる。最高裁は,「財務会計行為を行う権限を法令上本来的に有するものとされている者及びこれらの者から権限の委任を受けるなどして右権限を有するに至った者」を広く意味すると解している（最判昭和62（1987）年4月10日民集41巻3号239頁）。また, この「当該職員」には,「訓令等の事務処理上の明確な定めにより, 当該財務会計上の行為につき法令上権限を有する者からあらかじめ専決することを任され, 右権限行使について意思決定を行うとされる者も含まれる」とも解している（最判平成3（1991）年12月20日民集45巻9号1455頁）。自治体の長だけではなく, その補助職員も「当該職員」に含まれることになっている。

3-3 「4号請求」における財務会計行為の違法性

　「4号請求」は, 他の住民訴訟類型と同様に, 本来的に財務会計行為の違法性を問う訴訟であるが, 財務会計行為に先行する行政活動の違法性を正すべく, それに関わる財務会計行為の違法性を問う場合がしばしばある。これは,「違法性の承継」といわれる問題である。たとえば, 実質的には市の挙行する地鎮祭に政教分離違反の違憲・違法があることを問うた「津地鎮祭訴訟」（最判昭和52（1977）年7月13日民集31巻4号533頁）, 長が本来懲戒処分すべきところ分限免職処分をしたことが違法であることを問うた「川崎市収賄罪逮捕職員退職金支払事件」（最判昭和60（1985）年9月12日判時1171号62頁）などが典型である。先行する「非財務会計行為」が後行する財務会計行為の目的・原因となる場合などに, 違法性の承継が認められてきたところである。このような考え方は「違法性の承継アプローチ」とでもいうべきものであり,「非財務会計行為の間接統制機能」を重視したものといわれ, 最高裁の支配的見解にみえた。

　ところが,「一日校長事件」(最判平成 4 (1992) 年12月15日民集46巻 9 号2753頁)
において, 財務会計行為の違法性が認められるのは,「たといこれに先行する
原因行為に違法事由が存する場合であっても, 右原因行為を前提としてされた
当該職員の行為自体が財務会計法規上の義務に違反する違法なものであるとき
に限られる」という一般的定式が示され, 具体的には, 教育委員会の昇格処分
および退職承認処分の違法性と知事による退職金支払いの違法性との関係につ
いて,「地方公共団体の長は, 右処分が著しく合理性を欠きそのためにこれに予
算執行の適正確保の見地から看過し得ない瑕疵の存する場合でない限り, 右処
分を尊重しその内容に応じた財務会計上の措置を採るべき義務があり, これを
拒むことは許されない」とする判断がなされた。これは違法性の承継を原則否
定するものであり, いわば「財務会計法規上の義務違反アプローチ」とでもい
うべきものである。その後, 下級審では, 違法性の承継を否定する判決が続発
することになる。しかし, 教育の中立性の確保のために教育委員会の強い独立
性を定めるところの「地方教育行政の組織及び運営に関する法律」の固有のし
くみを前提とした「一日校長事件」判決の射程は慎重に検討されるべきであ
り,「予算執行の適正確保の見地から看過し得ない瑕疵の存する場合でない限
り」を過大に評価し一般化する解釈は慎むべきである。

　仮に, 最高裁の「財務会計法規上の義務違反アプローチ」を採用するにして
も,「財務会計法規」の解釈いかんによって,「 4 号請求」で問うことができる
財務会計行為の違法性の範囲は異なってくる。たとえば下級審では,「 1 日校
長事件」判決以後も, 地方自治法 2 条14項の「最小経費最大効果原則」や同法
138条の 2 の「長の誠実管理執行義務」などを「財務会計法規」と解すること
で,「財務会計法規」そのものの範囲を広く解釈し, 結果的に「財務会計法規
上の義務違反」の範囲を広く解釈するものがある (佐賀地判平成11 (1999) 年 3
月26日判例自治191号60頁など)。最高裁判決でも,「先行取得の委託契約が私法上
無効でないものの, これが違法に締結されたものであって, 当該普通地方公共
団体がその取消権又は解除権を有しているとき」,「これらの事情を考慮するこ
となく, 漫然と違法な委託契約に基づく義務の履行として買い取りのための売
買契約を締結してはならないという財務会計法規上の義務」を前提に, この義
務に違反した売買契約は違法であるとしている (最判平成20 (2008) 年 1 月18日

民集62巻1号1頁）。最近の学説でも，原因行為が行政処分である場合において，当該処分に重大かつ明白な瑕疵はないが，これが違法にされたものであることから，当該職員が当該行政処分について職権取消権（自庁取消権）を行使すること等により，自らその違法を除去・是正する権限を有する場合には，当該職員は，当該違法な行為をしてはならないという財務会計法規上の義務があるから，これに違反してされた当該財務会計上の行為は違法となると整理されたりしている。

　住民訴訟の「民主主義的機能」と「法治主義的機能」を十分に発揮できる財務会計行為の違法性の判断が追求されるべきであり，住民訴訟を実効あるものとする解釈努力が不可欠である。

第4節　議会による損害賠償請求権の放棄議決

　実際の裁判では，住民が，自治体の執行機関または職員を被告として，正しい「当該職員」を相手に損害賠償請求を求める義務付け訴訟（「4号請求」）を提起しても，本案審理で違法性が認められ，住民が勝訴することは至難の業である。これに「当該職員」に対する議会の損害賠償請求権の放棄議決の問題が新たな問題を投げかけてきた。すなわち，住民訴訟で，自治体がいったん敗訴したにもかかわらず，一方で，財務会計行為の「適法性」を主張して上訴しながら，他方で，この住民訴訟係属中に，あたかも財務会計行為の「違法性」を前提とするかのような損害賠償請求権の放棄を，議会が議決する事件が頻繁に生じたのである。たとえ住民が上訴審で勝訴しても，自治体の損害賠償請求権が事前に放棄されてしまっていては元も子もないといった事態が多発したのである。

　下級審の判断は大きく分かれたが，最高裁は，「住民訴訟の対象とされている損害賠償請求権又は不当利得返還請求権を放棄する旨の議決がされた場合についてみると，このような請求権が認められる場合はさまざまであり，個々の事案ごとに，当該請求権の発生原因である財務会計行為等の性質，内容，原因，経緯及び影響，当該議決の趣旨及び経緯，当該請求権の放棄又は行使の影響，住民訴訟の係属の有無及び経緯，事後の状況その他の諸般の事情を総合考

慮して，これを放棄することが地方公共団体の民主的かつ実効的な行政運営の確保を旨とする同法の趣旨等に照らして不合理であって上記の裁量権の範囲の逸脱又はその濫用に当たると認められるときは，その議決は違法となり，当該放棄は無効となるものと解するのが相当である。そして，当該公金の支出等の財務会計行為等の性質，内容等については，その違法事由の性格や当該職員又は当該支出等を受けた者の帰責性等が考慮の対象とされるべきものと解される」と判断したため，一応の決着をみた（①最判平成24（2012）年 4 月20日民集66巻 6 号2583頁，②同平成24（2012）年 4 月23日民集66巻 6 号2789頁）。

　ちなみに，この最高裁判決には，千葉勝美裁判官の補足意見が付せさられている。すなわち「権利の放棄の議決が，主として住民訴訟制度における地方公共団体の財務会計行為の適否等の審査を回避し，制度の機能を否定する目的でされたと認められるような例外的な場合（たとえば，長の損害賠償責任を認める裁判所の判断自体が法的に誤りであることを議会として宣言することを議決の理由としたり，そもそも一部の住民が選挙で選ばれた長の個人責任を追及すること自体が不当であるとして議決をしたような場合が考えられる）には，そのような議会の裁量権の行使は，住民訴訟制度の趣旨を没却するものであり，そのことだけで裁量権の逸脱・濫用となり，放棄等の議決は違法となる」というものであり，安易な放棄議決に対する「警告」と理解できる。議会は，最高裁判決が示した「司法判断の枠組みの全体像」に鑑み，少なくとも住民訴訟係属中に，原告住民が苦労して勝ち獲った判決を無にするような損害賠償請求権の放棄議決は厳に慎むべきであろう。

第 5 節　Topic に即して，具体的に考えてみよう

5-1　住民Aらは，誰を「当該職員」として損害賠償請求を求めることできるか？

　さて，Topic に即して，具体的に考えてみよう。まず，住民Aらは，執行機関である都知事Dを被告として，警視総監Bを「当該職員」として損害賠償請求をすることを求める「4 号請求」を提起することができるであろうか。

　まずは，Bが「財務会計行為を行う権限を法令上本来的に有するものとされている者及びこれらの者から権限の委任を受けるなどして右権限を有するに

至った者」に該当するかどうかの問題がある。本件支出は，「支出負担行為」，
「支出命令」および「現実の支出」（支出行為・支払行為）といった会計行為から
なるはずであり（自治243条の2の2），一般にこれらの事務は，長または会計管
理者（自治148条・149条2号・168条）の担当事務とされるところからすると，「当
該職員」はDまたは会計管理者ではないかといった解釈が一般的であろう。

　 Topic ではない実際の東京地裁は，本件支出の公金の支出はあくまでも東
京都の予算執行であり，これは長に専属するから，本件支出にかかる支出負担
行為および支出命令については，法令上本来的に権限を有する者は都知事であ
り，「現実の支出」については会計管理者であるとして，警視総監の「当該職
員」該当性を認めず，これに対する4号請求を却下している（東京地判令和元
(2019)年12月16日判例集未登載）。この判決によるならば， Topic を考える場合
でも，予算執行権限をDからBに委任するといった明文規定がない限り，Bを
「当該職員」とすることは難しそうである。しかし，たとえば東京都予算事務
規則によれば，都の「局長」は，配当された歳出予算のうち，その所管に属す
る所の事業にかかるものについて，その配布権限および執行委任権限を有する
ものとされており（18条），しかも警視総監はこの「局長」に相当する（同3条
2号）と定められているところからすれば，警視総監には，予算執行権限の一
部が付与されているといえそうである。判例でも，「当該職員」のメルクマー
ルである「財務会計行為を行う権限を法令上本来的に有するものとされている
者」から「権限の委任を受けるなどして右権限を有するに至った者」として，
訓令等の内部委任規程によってあらかじめ専決を任されている補助職員も「当
該職員」に該当することが認められている（前掲・最判平成3 (1991)年12月20
日）。東京都予算事務規則以外に，職員の給与に関する条例，東京都会計事務
規則などの規定なども斟酌して，警視総監が本来的な給与支給権者であり給与
の支払いを含む予算執行権限を有していると解することができれば，「当該職
員」と解することは十分可能である。実際，他道府県では，予算配当額の範囲
内における「支出負担行為」にかかる事務は，道府県知事から道府県警本部長
に委任されているようであり，そうだとすれば東京都においてのみ別異に解す
る必要性も合理性もない。ここでも住民訴訟の機能を実効あるものとする方向
での合理的解釈が求められるところである。

　それでは，仮に警視総監Bが「当該職員」に該当しない場合を考えてみよう。 Topic における地元住民に暴力行為を行うなどの違法行為を行った派遣警察職員にかかる支出を前提とすれば，住民Aらは，Bによる違法な派遣権限の行使により東京都に本件支出が発生し，そのため本件支出にかかる給与等相当額の損害が生じているならば，東京都はこのBに対して損害賠償請求権を有しているはずであり，都知事Dがその行使を怠っているとすれば，Dを被告として，Bを「怠る事実に係る相手方」として「4号請求」(損害賠償請求)をすることは十分考えられるところである。

　以上は，あくまでも警視総監の「当該職員」の該当性にこだわった議論であるが，ここからいったん離れて考えてみると，執行機関としての都知事Dが，支出負担行為，支出命令の権限を行使する個人としてのD，あるいは現実の支出について権限を行使する会計管理者を「当該職員」として，これに損害賠償請求をすることを求める「4号請求」を提起することも十分に考えられよう。

5-2　本件派遣が違法であれば，本件支出は違法になるか？

　次に， Topic における本件支出の原因行為である本件派遣が違法であれば，これにかかる公金支出が違法となるかについて考えてみよう。ここでは，便宜的に通説とされる「財務会計法規上の義務違反アプローチ」を前提として考えておきたい。

　本件派遣にかかる他都道府県警察からの援助要求を定める警察法60条1項は，都道府県公安委員会が援助を求める権限を有する者であり，その援助要求の相手方は，「警察庁又は他都道府県警察」としか定めていないが，実務上は，各都道府県公安委員会宛に援助要求を行うことが基本とされているようである。これは，都道府県警察の本来の事務が当該都道府県の区域における警察活動にあることからすれば，その例外となる他都道府県警察への警察職員の派遣について，都道府県警察を管理する公安委員会がその可否を決定する権限を有することは至極当然のことであるようにみえる。ただ，公安委員会の「管理」とは，事務についての運営の準則その他当該事務を処理するにあたり準拠すべき基本的な方向または方法を大綱方針として定めるにとどまることに鑑みると，警視庁警察職員を指揮監督するのは本来的に警視総監であって，東京都

公安委員会が警視庁警察職員を直接指揮監督することはありえないところである。このことからすれば，警視総監Bが警察職員の派遣権限を有し，これを行使したことは明らかであり，たとえ警視総監が東京都公安委員会の承認を得て行った派遣であったとしても，警視総監にその派遣を中止する意思さえあれば，いつでも派遣を取り消すことができたはずである。

　したがって，すでに3-3で述べたところからすれば，警視総監Bは，そもそも本件派遣の違法を除去・是正する権限を有しているにもかかわらず，これを行使しないことが違法であると認められるとき，公金の支出を行う者は，漫然とBの当該違法な行為をもとに行為してはならないという「財務会計法規上の義務」が認められ，これに違反してなされる当該財務会計行為は違法となると解することができよう。つまり，住民Aらは，Bが違法な本件派遣を続け，これに漫然と本件支出をし続けた行為は，「財務会計法規上の義務」に違反し，当該財務会計上の行為は違法であると主張できることになる。「違法性の承継アプローチ」に比べると，ややむずかしい「財務会計法規上の義務」の解釈論を必要とするが，住民訴訟を実効あるものにするためにはやむを得ないところである。

第6節　判例から政策を考える――住民訴訟における損害賠償責任制度

　最後に，　Topic　にある議会による損害賠償責請求権の放棄議決の問題を素材に，今後の住民訴訟における損害賠償責任制度の政策を考えておきたい。

6-1　過度な個人責任追及の制度か

　第4節であげた最判①と最判②の要点は，住民訴訟係属中における議会による損害賠償請求権の放棄議決について，まずは，地方自治の本旨に基づき議会の裁量を尊重することを導き，その上で損害賠償請求権の放棄議決の適法性・有効性を考え，議会の裁量権の行使において逸脱・濫用のある場合に限り裁判審査に入るとしたところにある。

　千葉勝美補足意見は，立法改正の方向性をも示唆する興味深い内容である。

大胆に要約すれば，以下のようである。住民訴訟制度は，違法な財務会計行為
が原因で発生した自治体の損害について，長等の個人責任を追及することで地
方財務行政の適正を確保するものである。ただ，この制度は，公務員の故意ま
たは重大な過失を根拠とする国家賠償法1条2項の求償制度と比べて，個人責
任の範囲が不明確で極めて過酷なものである。最近の会計法規は多岐にわた
り，複雑多様な財務会計行為が錯綜するなかで，その違法性の判断は容易でな
い場合が多い。結果として，長等は，しばしば自己および職員のミスや法令解
釈の誤りにより，個人責任を追及されることが多く，その賠償額も膨大なもの
となる場合があり，柔軟な職務遂行を委縮させる事態も生じさせかねない状況
である。このような住民訴訟制度は，通常の個人責任論からは説明しがたく，
長等の損害賠償を負う場合やその範囲を限定する方法も考えなければならな
い。議会による損害賠償請求権の放棄議決も，このような住民訴訟の状況を踏
まえた議会なりの対処の仕方なのかもしれない。そこで法廷意見は，権利の放
棄議決の当否・適否の実体判断を，議会の裁量に基本的に委ね，議会の裁量権
の行使が住民訴訟制度における地方公共団体の財務会計行為の適否等の審査を
回避し，制度の機能を否定する目的でされたと認められるような例外的な場合
に，住民訴訟制度の趣旨を没却するものとして，裁量権の逸脱・濫用となり，
放棄議決は違法となるものと考えている。権利放棄の議決にかかる議会の裁量
権行使に際して考慮すべき事情あるいは考慮することができる事情を示し，議
会の裁量の逸脱・濫用の有無に関しての司法判断の枠組みの全体像を示してお
り，議会は，これを尊重して，その裁量権の行使が逸脱・濫用にならないよう
に，事案に即した慎重な対応が求められることを肝に銘じておくべきである，
としている。

　実際，国立市景観訴訟において，議会の議決の変転がおおいに問題となっ
た。すなわち，マンション建設を妨害したとして損害賠償義務を負う判決を受
けた上原公子元国立市長に対する市の求償権行使をめぐる紛争において，上原
氏に求償権を行使しない市に対して，求償権の行使を求める住民訴訟が提起さ
れ，国立市が求償金請求を行うことになったが，期限内に支払いがなされな
かったため，市が上原氏に対して求償金と遅延損害金を求める損害賠償請求訴
訟を行う事態になった。この訴訟の係属中に，国立市議会は，平成25（2013）

年12月19日，求償権放棄の議決を行ったが（「放棄議決」），平成27（2015）年5
月19日には，一転して「放棄議決」への反対意思を表明し，求償権行使を求め
る議決を行った（「行使議決」）。これらが問題となった住民訴訟では，東京地裁
（平成26（2014）年9月25日判例自治399号19頁）では，議会の「放棄議決」に裁量
権の逸脱・濫用は認められないとされたが，東京高裁（平成27（2015）年12月22
日判例自治405号18頁）では，国立市の求償権行使は権限の濫用・信義則違反に
は当たらない，として逆転判決が言い渡された。これらの問題は，国立市議会
が，最高裁判決が示すところの議会の裁量の逸脱・濫用の有無に関する司法判
断の枠組みの全体像をいかに尊重したかが問われる問題であった。損害賠償請
求権の行使にかかる議会の政治的思惑による責任の成否が問われる問題であ
り，同時に，議会による長等の損害賠償義務からの「救済」措置（長等の免責
あるいは責任軽減措置）をどう評価するか，といった新たな問題を提起する事件
であった。

6-2　長等の賠償責任制度の見直し論

　平成14（2002）年の住民訴訟改正，とくに「4号請求」の大改正において，
長および職員を「4号請求」における被告から解放することで訴訟負担を軽減
化するという意味で，すでに住民訴訟の機能変化が見て取れる。しかし，長等
の実体法上の損害賠償責任要件に変化はなく，なおも過度な訴訟負担の解消・
軽減化になっていないとの批判も存在したところである。地方公共団体（執行
機関および職員）が被告として，法廷において自らの政策判断や意思決定の根
拠・経緯を主張することが可能になったとはいえ，個人責任追及制度は堅守さ
れたからである。この改正は，組織責任追及と個人責任追及の妥協の産物とも
評価されるところであったが，今後，個人責任を限定し住民訴訟の守備範囲を
拡大することで，政策判断・行政決定の合理性を確保するものとするか，ある
いは個人責任を明確化すると同時に，組織責任の追及をどのように法制化する
かの課題を残した。

　第31次地制調答申「人口減少社会に的確に対応する地方行政体制及びガバナ
ンスのあり方に関する答申」（平成28（2016）年3月16日）で，住民主体のチェッ
ク体制を整備し，チェック方針や結果を公表し透明性を確保することの重要性

が指摘され，具体的見直し論が示された。自治体行政全体のガバナンスの見直しにより不適正な事務処理の抑止効果を高めるとともに，長や職員の損害賠償責任については，長や職員への萎縮効果を低減させるため，軽過失の場合における損害賠償責任の長や職員個人への追及のあり方を見直すことが必要である。同時に，不適正な事務処理の抑止効果を維持するため，裁判所により財務会計行為の違法性や注意義務違反の有無が確認されるための工夫や，4号訴訟の対象となる損害賠償請求権の訴訟係属中の放棄を禁止することが必要である。また，4号訴訟において長や職員個人に損害賠償請求を認める判決が確定した後は，裁判所の判断を前提とした上で損害賠償請求権の放棄が客観的かつ合理的に行われることに資するよう，損害賠償請求権を放棄する場合に監査委員等の意見の聴取を行うことが必要である，といった内容が示された。

6-3　住民訴訟制度改正（平成30（2018）年6月9日公布，令和2（2020）年4月1日施行）

　この答申を受けて，地方自治法243条の2「普通地方公共団体は，条例で，普通地方公共団体の長若しくは委員会の委員若しくは委員又は当該普通地方公共団体の職員（次条3項の規定による賠償の命令の対象となる者を除く。以下この項において「普通地方公共団体の長等」）の当該普通地方公共団体に対する損害を賠償する責任を，普通地方公共団体の長等が職務を行うにつき善意でかつ重大な過失がないときは，普通地方公共団体の長等が賠償の責任を負う額から，普通地方公共団体の長等の職責その他の事情を考慮して政令で定める基準を参酌して，政令で定める額以上で当該条例で定める額を控除して得た額について免れさせる旨を定めることができる」が新設された。要は，長等の責任について，政令によって最低責任限度が示され，善意かつ無重過失が損害賠償要件とされ，条例による免責制度が法定された。結局，第31次地制調において議論となった住民訴訟係属中の放棄議決の禁止は見送られ，議会による権利放棄議決のような「免責」方法から法律に基づく免責へと「免責への誘導」が行われる結果となった。

　すでに，このような住民訴訟による長等の責任免除制度は，中途半端な組織的対応にすぎず，個人責任制度を核とする住民訴訟制度にむしろなじまないの

ではないか。さらに，長等の職務行為違反として何を選択し，これにどのような規範を創設・適用するか次第で，その行為の実効的規律性は異なってくる。このような実効的規律性を担保しないまま，長等の個人責任を問い続け，「個人として多額で過酷な損害賠償責任」の免除・軽減というかたちで一部免責することでは行政の適法性は確保されず，住民の利益は守られないのではないか，といった批判がみられる。また，以前から住民訴訟を行政救済の観点からだけでなく，個人責任と組織責任の分配を含めた行政組織の観点から見直すべきであるといった指摘があるが，今後の課題といったことになろう。ここに，判例から政策を考える醍醐味がある。

Farther　Reading

飯島淳子「行政組織とその構成員の責任に関する一考察」法学81巻6号（2018年）

稲葉馨「行政組織における決定権限の内部委譲と責任」『行政組織の法理論』行政法
　　研究双書8（弘文堂，2014年）

大藤敏「4号請求住民訴訟における違法性の承継理論と判例法理」判例タイムズ2017
　　年6月号

第9章　地方自治と国の関与

Learning Point

　前章までで学んだ法制度を用いて，住民は地方自治体に対して諸要求を行う。住民要求に応答する地方自治体と国との関係が，本章では論じられる。ある事務が国または地方自治体のどちらに配分されるべきであるのか，そして地方自治体であるとしても，都道府県または市（区）町村のどちらが事務を処理すべきであるのかの原則を考えてみよう（第1節）。地方自治体が行う事務処理に対して，国または都道府県の関与は許されるのであろうか。これは，どのような場合に許されるのであろうか。条例に対する立法的関与は第4章で学ぶので，本章では行政的関与（第2節）および（準）司法的関与（第3節）を学ぼう。

Topic

　国は米軍が使用する新基地を建設する目的のために，沖縄県名護市の辺野古沖にて，公有水面の埋立工事を行っている。国防が国の事務であるとしても，国が基地を建設するためには，沖縄県知事から公有水面の埋立承認を受けなければならない。しかし，基地建設を行おうとする国と公有水面を管理する沖縄県の見解とは一致することがなく，対立が続いている。沖縄県知事は，公有水面埋立承認に瑕疵があったという理由で，これを職権で取り消した。この職権取消に対して，公有水面埋立法を所管する国土交通大臣は，沖縄県に対して職権取消の取消しを求める是正の指示を行った。続いて，辺野古新基地建設不作為違法確認訴訟が提起された（最判平成28（2016）年12月20日民集70巻9号2281頁）。この後，沖縄県知事は，公有水面埋立承認時にはなかった新たな事情が生まれているという理由で，これを撤回した。沖縄防衛局は，公有水面埋立承認の撤回が違法であるとして，国土交通大臣に審査請求および執行停止の申立てを行った。執行停止決定に続いて行われた取消裁決に対して，沖縄県から，裁決取消訴訟などの訴えが提起された。

第1節　関与論の前提——事務論

1-1　事務論と関与論

　地方自治体に対する国の関与のありようを論じようとすると，これは，国と地方自治体との役割分担および事務配分のありようとも関連する。この相互関連性を意識するために，本章で学ぶ内容のイメージを図示してみたのが，**図表9**である。平成11（1999）年の地方分権改革の前後で，事務の帰属と定義，関与および係争処理の法制度がどのように変化したのかに注意するとよいだろう。

1-2　機関委任事務の存在とこれの廃止

　まず，事務の定義や区分の変遷を確認することとしよう。現憲法と同時に施行された地方自治法（昭和22（1947）年）であったが，その2条2項は，戦前の府県制2条等と同様に，地方自治体が，給水や道路管理などの非権力的行政活動である「公共事務」（固有事務），法令により委任されており地方自治体に属する事務となる「団体委任事務」，新たに，集団行進の取締りのような権力的行政活動である「行政事務」を処理すると定めており，3項で地方自治体の事務が22号にわたって例示されていた。しかも，個別法の例外が許容されていたために，国の事務を国の機関としての地方自治体の長や執行機関に委任するという「機関委任事務」も，多数存在していた（都道府県の場合には，約7割が機関委任事務であったといわれている）。

　旅券事務のように，事務処理の効率性という意味での合理性が認められる事務がないわけではなかった。しかしこれを別にすれば，機関委任事務の存在は「地方自治の本旨」に反するものであって，違憲性の疑義が学説において主張されていた。なぜなら，国の事務である機関委任事務には，地方自治体の条例制定権が及ばないと理解されていたからである（詳しくは，第4章を参照）。また，公選である地方自治体の長が主務大臣の下級機関に位置づけられ，主務大臣による指揮監督が強力に行われていたため，地方自治体独自の行政施策の展開が，機関委任事務の存在によって妨げられていたからである。

　以上のような問題点は学説によってかねて指摘されていたことであったが，

図表 9　事務区分と行政的・（準）司法的関与の変遷

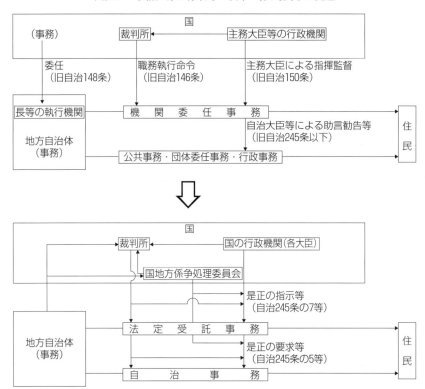

機関委任事務の廃止を現実のものとしたのは，地方分権一括法（平成11（1999）年）であった。地方分権改革において機関委任事務の廃止が可能となったのは，地方分権改革において追求された地方自治体の新たな役割と機関委任事務の存在との対立が避けられなかったからである。たとえば地方分権推進法（平成 7（1995）年）4 条は，「国が本来果たすべき役割」とともに，住民に「身近」な存在である地方自治体が，「自主的かつ総合的」な行政を広く実施する役割を有するとも定めていた。住民に近接する地方自治体が，国から地方自治体の機関に委任された個々の事務を，国の指揮監督を受けながら処理するようでは，「身近」な地方自治体による「自主的かつ総合的」な行政施策の展開など不可能である。

　機関委任事務の廃止は，もちろん肯定的に理解されるべきであるが，肯定的理解のなかに生まれている新たな問題についても，注意が払われるべきである。それは，地方分権改革によって再編された地方自治体の役割のことである。地方自治体が有するべき近接性，自主性および総合性を追求した地方分権改革は，行政改革会議最終報告（平成9（1997）年）の「趣旨にのっとって」制定された中央省庁等改革基本法（平成10（1998）年）による方向付けと無関係でいられたわけではない。同法は，4条において行政組織を含む行政改革の「基本方針」を定めており，同条1号において，内閣総理大臣の指導性の明確化とともに内閣機能強化を定め，3号が，規制緩和や地方分権の推進による国の役割の重点化を定めていたのである。グローバル化の時代区分において，国の役割が外交等へと重点化するとともに，「自主的」に「総合的」な行政を広く実施する役割を有する「身近」な地方自治体への事務配分が行われたのである。

　住民に「身近」な地方自治体には広範囲に及ぶ「総合的」な事務が配分されることとなったから，地方自治体が処理しなければならない事務量は，飛躍的に増えた。地方自治体が総合行政体の役割を発揮できるようにするための，物質的条件整備が課題となっている（行政諸領域に即して，第2部で学ぶ）。

1-3　自治事務と法定受託事務

　機関委任事務が廃止された結果，平成11（1999）年改正後の地方自治法は，国と地方自治体の役割分担を一層明確に定めるものとなった（自治1条の2）。国は，①国際社会における国家の存立に関わる事務（外交や防衛など），②全国的に統一して定めることが望ましい国民または地方自治に関する基本的な準則に関する事務（生活保護基準など），③全国的な規模で行われなければならない施策（公的年金など）を担う。

　地方自治体は，住民の福祉の増進を図るために，地域における行政を自主的かつ総合的に実施する役割を広く担う。地方自治体のうち，普通地方公共団体すなわち都道府県および市町村が処理する事務は，「地域における事務」と「法律又はこれに基づく政令により処理することとされるもの」である（自治2条2項）。特別地方公共団体の一種である特別区は，水道法49条等の法令により都が処理することとされている事務を除いて，市町村が処理する事務を処理

する（自治281条2項）。

　地方自治体が処理する事務は，自治事務と法定受託事務という2種類の事務に再編されることとなった。法定受託事務以外の包括的な事務が，自治事務である（自治2条8項）。そして法定受託事務は，地方自治体が処理する事務のうち「国が本来果たすべき役割」に係るものであって，「国においてその適正な処理を特に確保する必要があるもの」として法律またはこれに基づく政令に特に定めるものである（自治2条9項1号）。これを第1号法定受託事務というが，地方自治法別表第1に掲げられている事務が示すように，「国が本来果たすべき役割」あるいは「国においてその適正な処理を特に確保する必要がある」事務であるのか否かに疑義があるものも少なからず存在する。

　都道府県が本来果たすべき役割に係る事務で市町村が処理するものは，第2号法定受託事務といい，これは地方自治法の別表第2に掲げられている（自治2条9項2号）。

　自治事務と法定受託事務は，どちらも地方自治体に帰属する事務である。この点では同じであるが，それでも2種類の事務が区分されているのは，国または都道府県の関与の強弱が異なるからである。**Topic** の事例に即して述べるとすれば，公有水面埋立承認は，法定受託事務の一例である（公水51条1号）。このため，沖縄県知事が行った公有水面埋立承認の職権取消についての審査請求は，沖縄県知事に対してではなくて，国土交通大臣に対してするものと定められている（自治255条の2第1項1号）。この場合，国土交通大臣が行う裁決は，一般的な審査請求についての裁決から裁定的関与といわれる地方自治体に対する関与の一形態へと転化する。

　国または都道府県の関与の強弱で2種類の事務が区分されるのであれば，自治事務と法定受託事務との違いは，質的というよりもむしろ量的な違いである。実際に，自治事務でも法律つまり国会がその根拠を定めることは禁止されていない（自治2条13項）。しかし，2種類の事務の違いが量的あるいは相対的な違いにすぎないとすれば，自治事務と法定受託事務とを区分する法的意味が不鮮明となり，国の立法的・行政的関与を規律する法的原則がはっきりしないことになる。

　そこで，学説においては，旅券事務のような「本来的法定受託事務」と生活

保護事務のような「非本来的法定受託事務」との区分が論じられており，法定受託事務から自治事務への事務配分の見直しと，事務の性質の違いに応じた関与のありようが論じられている。このような論議は，事務配分を行う国の立法における恣意性を抑制するために，「地方自治の本旨」に則った事務配分論が必要であることを示しているといえよう。

1-4　都道府県と市（区）町村との役割分担

　地方自治法は「地域における事務」（自治2条2項）について，市町村が「基礎的」な地方自治体として，これを「一般的」に処理するとともに，都道府県は，①「広域」の事務，②市町村の「連絡調整」，③「規模又は性質」において市町村が処理することが適当ではない事務（補完事務）を処理する（自治2条3項・5項）。

　基礎的自治体である市町村と広域的自治体である都道府県という役割分担は，特別区と都との役割分担の原則でもある（自治281条の2。ただし，都が一体的に処理する事務を除く）。

　地方自治法は，市町村優先の原則を採用しており，都道府県が行う事務は，以上の①から③までに限定されている。旧地方自治法2条6項（都道府県の事務の例示）も参考にしつつ，市町村と都道府県が，それぞれどのような事務を処理するのかを検討してみよう。市町村が基礎的自治体であるのは，市町村が住民に最も身近な地方自治体であり，住民の日常生活に直結する事務処理がその任務だからである。たとえば，第1章で学んだ住民票の作成や管理の事務は，住民に最も身近な市町村が処理するのに適した事務である。同様に，一般廃棄物の収集処理も，市町村が行っている事務である（廃棄物6条以下）。また水道事業も，市町村経営が原則である（水道6条2項）。

　市町村が第一義的な地方自治体であるのに対して，都道府県は，以上の①から③までの事務を処理する補完的な存在である。都道府県が処理する事務のうち，①の広域事務は，市町村の区域を超え，複数の市町村にわたるものをいい，道路，河川，港湾などといった治山治水事業に関する事務，産業廃棄物の処理事務が，この例である。②の連絡調整事務は，国と市町村の連絡調整，市町村相互の連絡調整に関する事務をいう。以上の①と②の事務は，いずれも市

町村ではなくむしろ都道府県による処理が適当であると考えられているものであるが，これらとは異なり③の補完事務は，本来は市町村の事務であるが一般の市町村による処理が適当ではない規模または性質を有する場合に，都道府県が処理するものをいう。一例として，市町村に建築主事が置かれていない区域においては，都道府県に置かれた建築主事が建築確認事務を行う（建基4条5項）。また，水道事業は，市町村による経営が原則とされているが，市町村が水道用水供給事業を行う都道府県から水道用水の供給を受ける場合がある。

　ところで，平成11（1999）年に改正された地方自治法によって，法律で定められた都道府県知事の権限に属する事務の一部を，都道府県条例によって市町村が処理することが可能となった。これを，条例による事務処理の特例という（自治252条の17の2）。都道府県と市町村とは対等の関係を有するのであるから，市町村の同意を欠く一方的な都道府県条例の制定は許されないと主張されている。市町村が処理できるようになった事務に関して，市町村長が権限を行使しなかった場合には，当該市町村長の責任あるいは不作為の違法性が問われる。このことに加えて，都道府県知事が当該市町村に対して是正の要求等の関与を行わなかった場合には，この関与を行う責任も追及された事件がある（広島地判平成24（2012）年9月26日判時2170号76頁を参照）。いずれにせよ，条例による事務処理の特例においては，都道府県と市町村との役割分担のありようが問題となる。

　最後に，地方分権改革が国の機能の重点化を特徴とするものであったことは前述したとおりであるが，事務量が増えた市町村の多くは市町村合併によって，その規模を拡大した。広域的自治体である都道府県も，これまでとは異なる役割を期待されている。国の地方支分部局の事務の移譲先として提言されているのが，都道府県から道州への移行である。また，事務事業の民営化を契機とするなどして，政策的に広域化が推進された事務を都道府県が処理するようになると，市町村の役割が改めて問われる。国家政策の動向にも，注意しよう。

第2節　地方自治体に対する国または都道府県の行政的関与

2-1　行政的関与の意義

　Topic で述べたように，公有水面埋立法を所管する国土交通大臣が，沖縄県に対して公有水面埋立承認の職権取消を取り消すように求める「是正の指示」を行った。これが，地方自治体に対する国の関与の一例である。この「是正の指示」のような関与は，法令と条例との関係のような国の立法的関与（一般性を有する関与）ではないし，また地方自治体と国との紛争を裁判所が裁断する行為（受動的関与）でもないので，これは行政的関与（個別的・能動的関与）の一種である。

　国または都道府県の行政的関与の法制度を学ぶ前に確認しておかなければならないのは，地方自治体による自治行政権の行使に対して行われる国または都道府県の行政的関与の許容性が，自明ではないことである。地方自治体による事務処理に違法性や不当性の疑義が認められる場合には，その地域に居住する住民が，参政権等の住民の権利を行使することによって，地方自治体による事務処理の違法性や不当性が是正されうる。このように考えると，Topic の事例のように，地方自治体が行う個々の事務処理の特性に即して，国または都道府県が行政的関与を行うことの必要性や合理性の有無が吟味されるべきである。

　さらに，行政的関与という概念を用いるのであれば，国と地方自治体とは対等の関係を有するのであるから，行政的関与も，国から地方自治体へという一方向ではなくて，地方自治体から国に対しても，双方的に行われてよいのではなかろうか。しかし，実際には，明治期以来の中央集権的な地方自治制度が存続してきた経緯が存在するので，地方自治法は，地方自治体に対する国または都道府県の行政的関与を定義するとともにこれの法的根拠を明確にし，そしてこれを実体的手続的に規律するための諸規定を置いているのである。地方自治法において採用されている行政的関与概念の狭隘さが，意識されてもよい。

2-2　地方自治法が定める国または都道府県の関与に関するルール

　地方自治法は，国または都道府県の関与の定義，法定主義，基本原則，主

体，実体要件および手続（方式）を定めている。つまり，同法第11章は「国と普通地方公共団体との関係及び普通地方公共団体相互間の関係」というように，国と地方自治体等の「関係」の語を用いているが，これが地方自治体に対する国または都道府県の「関与」となり，その「意義」または類型が定められ，「法定主義」および「基本原則」という実体法的授権と限界，そして理由書面の交付などの関与の「手続」または「方式」が定められている。

　まず，関与の意義から確認してみよう（自治245条）。地方自治体の事務処理に関して「国の行政機関」または「都道府県の機関」が行う行為であって，「助言又は勧告」，「資料の提出の要求」，「是正の要求」，「同意」，「許可，認可又は承認」，「指示」，「代執行」，「協議」が，関与の基本類型として定められている。地方自治体が私人と同じ立場である場合は，関与の意義から外れており，「固有の資格」において当該行為の名あて人となるものに限る。また，国または都道府県が地方自治体に対して行う支出金の交付・返還も，ここから外れている。そして，地方自治体に対して行われる審査請求に対する裁決（裁定的関与）も，関与の意義から外れている。関与の意義から外れている行為は，一般的には，後述する準司法的関与の対象行為とはならない。これが司法的関与あるいは司法審査の対象行為となるのか否かは，裁判所が「法律上の争訟」該当性や取消訴訟の処分性などの訴えの適法性を緩やかに解するのか否かによって決まる。

　次に，地方自治体が，その事務処理に関して法律またはこれに基づく政令によらなければ，地方自治体に対する国または都道府県の関与を受けることがないという関与の法定主義が定められている（自治245条の2）。たとえば，**Topic**で述べられている「是正の指示」がどのように法定されているのかを確認すれば，これは以下のように定められている。すなわち，「各大臣」は，都道府県の法定受託事務の処理が「法令の規定に違反していると認めるとき」，「又は著しく適性を欠き，かつ，明らかに公益を害していると認めるとき」に，都道府県が講ずべき措置についての「必要な指示をすることができる」（自治245条の7）。このように，法定主義といっても，国または都道府県が行う関与は，地方自治法という一般法を根拠として行われる場合には，個別法の根拠が必要ではない。もちろん，「各大臣」以外の機関が地方自治体に対して関与を行う場

合には，地方自治法とは別の法的根拠を要するのであるが，国または都道府県の関与の法定主義を現状よりも一層徹底するのであれば，国または都道府県の関与についての個別的授権の必要性が論点となってよい。

最後に，国または都道府県の関与が行われる場合の基本原則が定められている。すなわち，地方自治体に対する関与は「目的を達成するために必要な最小限度のもの」でなければならず，国は，地方自治体の「自主性及び自立性に配慮しなければならない」（自治245条の3第1項）。

国または都道府県の関与に不服を有する地方自治体は，たとえば国の関与であれば，国地方係争処理委員会に対して，審査の申出をすることができる。これは，行政行為（処分）についての審査請求と同様に，国または都道府県の関与が行われた後における手続つまり事後手続の一種である。しかし，国と地方自治体とは対等の関係を有するのであるから，まず国または都道府県の関与が行われ，次にこれに不服を有する地方自治体が審査の申出をする法制度に，どのような合理性があるのかが問われてよい。つまり，国または都道府県の関与が行われた後に既成事実が形成された時点での係争処理ではなくて，むしろ既成事実が生まれないように予防するための事前協議などの事前手続の充実が，行政的関与の課題であるといえよう。

第3節 地方自治体に対する（準）司法的関与

3-1 地方自治体に対する準司法的関与

地方自治体の長その他の執行機関は，国の関与に不服がある場合には，関与を行った国の行政庁を相手方として，総務省に設置されている国地方係争処理委員会に対して，関与についての審査の申出をすることができる。裁判所ではなくて，行政権内部に設置された第三者性を有する機関が，国と地方自治体との係争を処理するのであって，これは地方自治体に対する準司法的関与が行われる法制度である。

なお，地方自治体や機関相互間の紛争および都道府県の関与に関する審査は，事件ごとに総務大臣または都道府県知事によって任命される3名の自治紛争処理委員が，これを行う。

　以下では，国の関与に関する国地方係争処理委員会による審査の手続をみてみよう。まず，審査申出の対象となるのは，国の関与のうち，「是正の要求，許可の拒否その他の処分その他公権力に行使に当たるもの」，「国の不作為」および「協議」に限定されている（自治250条の13）。

　次に，審査の申出があった場合には，国地方係争処理委員会は，国の関与の違法性および不当性の有無を審査しなければならない。法定受託事務に関する国の関与については，違法性審査に限定されている。審査の結果，国の関与に違法性および不当性がない場合には，国地方係争処理委員会は，理由を付してこの旨を，審査申出をした地方自治体の長等に通知しなければならない。違法性および不当性がある場合には，国地方係争処理委員会は，理由と期間を示して，国の行政庁に対して，必要な措置を講ずべきことを勧告しなければならない（自治250条の14）。

　最後に，国地方係争処理委員会から勧告を受けた国の行政庁は，勧告された内容に拘束されるものではないが，当該勧告に即して必要な措置を講ずべき義務を負う（自治250条の18）。

　国地方係争処理委員会に審査の申出があった事例は複数存在しており，その一例が，**Topic** で述べた事例である。国地方係争処理委員会は，沖縄防衛局が審査請求をした公有水面埋立承認の撤回について，これを取り消した国土交通大臣の認容裁決が，同委員会の審査対象である国の関与に当たらないとして却下する決定をした（令和元（2019）年6月17日）。前述したとおり，裁決は一般的に関与から除外されているが，国や地方自治体という当事者以外の権利救済の必要性があるという理由で，除外されている。しかし，本件では，国と沖縄県以外の当事者は存在しない。しかも沖縄防衛局という国の機関が行った審査請求には，その適法性に疑義があるので，国土交通大臣が行った裁決の適法性にも疑義がある。適法性が疑われる裁決の違法性を審査する主体が国地方係争処理委員会ではないとすれば，裁判所だけがこれの審査主体ということになる（しかし最高裁も，地方自治法上の国の関与に当たらないとして，本件裁決の実体的適法性の審理を行わなかった。最判令和2（2020）年3月26日判例集未登載）。

3-2　地方自治体に対する司法的関与

　国地方係争処理委員会に審査の申出をした地方自治体の長その他の執行機関
は，国地方係争処理委員会の審査の結果または勧告に不服があるときには，高
等裁判所に対し，審査の申出の相手方となった国の行政庁を被告として，審査
の申出にかかる違法な国の関与の取消し，または国の不作為の違法の確認を求
めることができる（自治251条の5）。

　是正の要求または指示を行った各大臣の側でも，高等裁判所に対し，是正の
要求または指示を受けた地方自治体の行政庁が，相当の期間内に是正の要求に
応じた措置または指示に係る措置を講じない不作為の違法の確認を求めること
ができる（自治251条の7）。

　原告が地方自治体の長その他の執行機関または国の各大臣のいずれであると
しても，裁判所が国の関与（不作為）または地方自治体の不作為の違法性を審
理して，判決を行うことによって，司法的関与が行われるのである。この一例
として，　Topic　で述べた辺野古新基地建設不作為違法確認事件は，沖縄県知
事が「相当の期間内」に，是正の指示に係る措置を講じなかったのか否かが争
点であったはずであるが，最高裁の審理においては，まず公有水面埋立承認が
適法であるとされ，次に適法な公有水面埋立承認の職権取消が違法であるとさ
れ，最後に沖縄県知事が職権取消の取消しを行わないことには不作為の違法が
あるとされた。このため，公有水面埋立承認の職権取消に対して埋立承認の効
力の復活を求めるという，いわば180度の転換を求めた是正の指示の適法性
が，不作為の違法性の有無の先決問題として審理されることはなく，関与の基
本原則である「最小限度」の指示内容であったのか否か，また国が「自主性及
び自立性に配慮」したのか否かも，審理されなかった。

　ところで，地方自治法に根拠を有する訴訟は，行政事件訴訟法6条が定める
「機関訴訟」の一例であると理解されている。地方自治体が当事者となる訴訟
は，国や地方自治体の行政活動を是正する，あるいはこれを適法なものとする
という客観訴訟の性格を有するとしても，地方自治体の自治権を救済するため
の訴訟でもあると理解すれば，これは主観訴訟の性格をも有する。しかし，地
方自治法に根拠を有する訴訟が客観訴訟の性格だけを有するものであると理解
する場合には，地方自治法が定めていない訴訟の提起は，法律にその根拠を有

しない不適法な訴えとなる。

　問題は，行政事件訴訟法の適用とは別に地方自治法が，なぜ特別の訴訟制度を設けているのかの理由である。ありうる1つの考え方は，憲法によって保護された地方自治体の自治権が侵害された場合には，権利救済を求める地方自治体が主観争訟を提起できるが，地方自治法は，権利侵害を要件としない機関訴訟をあえて仕組むことで，地方自治の重層的な保障を図ろうとする趣旨目的を有すると解するものである。学説においては，地方自治体が国を被告として抗告訴訟や当事者訴訟を提起できると有力に主張されている。

　実際に，地方自治体が訴えを提起した事件は複数存在しているが，以下ではよく知られている基本判例だけを確認してみよう。国民健康保険の保険者としての地位での大阪市が，大阪府国民健康保険審査会が行った認容裁決の取消訴訟を提起した大阪府国民健康保険審査会事件では，大阪市と大阪府国民健康保険審査会との関係が，国の事務である国民健康保険事業の実施において，上級行政庁の指揮監督に服する下級行政庁と同様の関係であるとして，保険者の権利義務に影響が及ぶことを理由として裁決を争うことはできないと判示された（最判昭和49（1974）年5月30日民集28巻4号594頁）。国民健康保険事務は，当時においては，団体委任事務の一種であると考えられていた。これを国の事務であると理解していた本判決に対しては，批判も有力に主張されていた。地方自治体の事務区分が当時とは異なる現時点であれば，当時の批判は一層妥当するものとなり，本判決とは異なる判断が行われるのかもしれない。

　また，宝塚市がパチンコ店を営業しようとする者に対して，条例に基づき建築工事の中止を命ずるとともに，建築工事続行禁止を求める民事訴訟を提起したのが，宝塚市パチンコ店規制条例事件である。最高裁は，この訴訟が「国又は地方公共団体が提起した訴訟」であって，「財産権の主体として自己の財産上の権利利益の保護救済」を求める場合は法律上の争訟に当たるが，「行政権の主体として国民に対して行政上の義務の履行を求める訴訟」は「法規の適用の適正ないし一般公益の保護を目的とするものであって，自己の権利利益の保護救済を目的とするもの」ではないから法律上の争訟に当たらないと判示した（最判平成14（2002）年7月9日民集56巻6号1134頁）。本判決に対しても，パチンコ店を営業しようとする者が建築工事中止命令の取消訴訟を提起した場合であ

れば法律上の争訟に当たるが，原告が宝塚市の場合にだけ法律上の争訟該当性
が問題となることへの疑義が強く主張されている。

　Topic の事例でも，国土交通大臣が行った審査請求認容裁決の取消訴訟（行
政事件訴訟）が，沖縄県によって提起された。また，国を被告として岩礁破砕
等行為の差止めを求める公法上の当事者訴訟も，沖縄県によって提起された
（那覇地判平成30（2018）年3月13日判時2383号3頁）。裁判の主たる争点は，以上
の2つの最高裁判決の射程が，両判決とは事実関係が大きく異なるにもかかわ
らず，沖縄県が提起した2つの訴訟にまで及ぶべきであるのか否かである。い
ずれにせよ，地方自治体に対する司法的関与の意義は何かが，鋭く問われてい
るのである。

Further　Reading

兼子仁「新地方自治法における解釈問題」ジュリスト1181号（2000年）

小早川光郎「国地方関係の新たなルール──国の関与と係争処理」西尾勝編『地方分
　権と地方自治』新地方自治法講座12（ぎょうせい，1998年）

白藤博行「国と地方公共団体との間の紛争処理の仕組み──地方公共団体の『適法性
　の統制』システムから『主観法的地位（権利）の保護』システムへ」公法研究62号
　（2000年）

第2部　行政領域ごとの地方自治の諸問題

第10章　空き家・空き地とまちづくり

Learning　Point

　空き家・空き地がどのような問題を生ぜしめているか，空き家・空き地の管理それぞれの場合に，地方自治体はどのような法的権限を有しており，それらによってどのように対処してきたか，また有効な利活用の促進と適正な管理という対策の基本方向に即して，条例制定を含めて自治体が採りうる手法をみるとともに，自治体の先行的取り組みの後に整備された法の意義となお残る課題を考える。

> Topic
>
> 　日本の空き家は増え続け，2018年には過去最高の846万戸に達した。空き家は景観を損ない，不法投棄の場となる等，近隣に有害な影響を生じ，ときに危険を生じる。Xの隣家は，築40年以上が経過した木造2階建てで，居住者のいない状態が続き，現在の所有者が誰なのか不明である。先日，台風接近の際の強風により屋根瓦の一部が飛び，庭の植木もX宅に倒れてきた。今後さらに強風が吹くと建物全体がX宅または道路へ倒壊する危険性が予想される。

第1節　空間管理の課題

　総務省の自治体戦略2040構想研究会「第一次報告」（平成30（2018）年）は，「スポンジ化する都市と朽ち果てるインフラ」として，次のように述べている。
　「……人口減少等の急速な進行に伴い，多くの都市で，空き家・空き地が時間的・空間的にランダムに発生する『都市のスポンジ化』が顕在化している。無秩序なスプロール化を防ごうとした人口拡大期の手法とは異なる手法を生み出し，使いこなす必要がある。

　……2040年に向けてこのままの状態が放置されれば，都市における人口密度が低下し，人口集中地区（DID）面積は縮小し，加速度的に都市の衰退を招くおそれがある。全国各地の都市機能が弱体化すれば，医療や介護，買い物などの生活機能や，行政機関，文化施設が集積し，多彩な人々が集まり交流する都市空間が喪失する。長い時間をかけて培われ，我が国の多様性を体現してきた地方都市の魅力・文化は失われる」。

　都市のスポンジ化とは，空き地・空き家等の低未利用地が時間的・空間的にランダムに発生することをさす。空き家・空き地による都市のスポンジ化が生じさせる問題とそれらへの地方自治体による法的対応についてみる。

第2節　空き家問題

2-1　空き家の現状と問題点

　5年ごとに実施されている総務省による住宅・土地に関する統計調査の概数集計（『平成30年住宅数概数集計結果の概要』（平成31（2019）年4月26日））によれば，平成30（2018）年10月1日現在のわが国の総住宅数は6242万戸で，平成25（2013）年と比べて179万戸増加する一方，増加率は3.0％と鈍る傾向にある。総住宅数中，居住世帯の有無別にみると，「居住世帯のある住宅」は5366万戸（86.0％），空き家，建築中の住宅などの「居住世帯のない住宅」は876万戸（14.0％）となっている。「居住世帯のない住宅」のうち，空き家は846万戸と，平成25（2013）年と比べ，26万戸（3.2％）増加し，総住宅数に占める空き家の割合（空き家率）は13.6％と，平成25（2013）年から0.1ポイント上昇し，過去最高となっている。空き家数は，昭和63（1988）年から平成30（2018）年までの30年間で452万戸（114.7％）増加している。

　国土交通省近畿地方整備局の管内市町村へのアンケート調査の結果（国土交通省近畿地方整備局「住環境整備方策調査業務報告書」（平成24（2012）年3月））によれば，空き家の存在が生じさせる問題事象として，「空き家敷地内での雑草の繁茂，樹木の越境」（42.8％）が最も多く，次いで，「事故発生を懸念した住民からの相談が増加」（36.3％），「空き家に関連する住民からの相談が増加」（26.5％），「地域の活性化に支障を来している」（25.6％），「強風等による空き

家の屋根や外壁材等の落下，飛散事故が発生」(20.5%)，「周辺の良好な景観を害している」(20.0%) が多くなっている。また，空き家の管理不全は，物件の市場性の低下をもたらし，不動産としての有効活用の機会喪失につながる懸念も指摘されている（社会資本整備審議会産業分科会不動産部会「空き家対策等に係る中間とりまとめ（提言）」(平成29 (2017) 年 6 月)）。

　空き家は適切な管理がなされないことで問題事象を生じるが，同報告書の自治体アンケートの結果によれば，適切な管理が行われなくなる理由には，「所有者が遠方居住等の理由で定期的に管理ができない」(52.6%)，「居住者の死亡や相続人不存在による管理不全」(50.7%)，「所有者が補修や解体費用を負担できないなど，経済的理由」(34.0%)，「他地域への住み替え，子供宅や高齢者施設等への転居による管理不全」(31.2%) などが挙げられている。

2-2　法律に基づく空き家対策

　建築基準法は，「建築物の敷地，構造，設備及び用途に関する最低の基準を定めて，国民の生命，健康及び財産の保護を図り，もつて公共の福祉の増進に資することを目的と」し（1 条），同法に基づいて，空き家を含む建築物にかかる規制の権限を有するのは，市町村および都道府県である。

　すなわち，建築基準法では，一定の建築物の建築主は，工事に着手する前に，その建築計画が当該建築物の敷地，構造および建築設備に関する法律等の規定に適合するものであることについて確認の申請書を提出して建築主事の確認を受けなければならないとされている（建基 6 条 1 項）。この建築主事等の確認を建築確認とよび，建築主事を置くことは，政令で指定する人口25万以上の市では義務づけられ，これ未満の市町村においては任意とされている（同法 4 条 1 項・2 項）。建築主事を置いた市町村の区域外では都道府県が建築主事を置かなければならないとされている。建築主事を置く市町村の長および都道府県の知事を特定行政庁とよぶ（同法 2 条35号）。この特定行政庁が，空き家を含む建築物に関する規制権限を有する行政機関とされているのである。

　建築基準法では，建築当初は適法に建てられた建築物が，その後の法改正等により，現行規定に適合しなくなっているけれどもそのままの状態では違法ではない建築物（＝既存不適格）で「建築物の敷地，構造又は建築設備……につ

いて，損傷，腐食その他の劣化が進み，そのまま放置すれば著しく保安上危険
となり，又は著しく衛生上有害となるおそれがあると認める場合」に，特定行
政庁は当該建築物等の所有者等に対して，当該建築物の除却，移転，改築，増
築，修繕，模様替，使用中止，使用制限その他保安上又は衛生上必要な措置を
とることを「勧告する」ことができる（同法10条1項）。次に，特定行政庁は，
この勧告にかかる措置がとられなかった場合で，「特に必要があると認めると
き」，その者に対し，相当の猶予期限を付けて，その勧告に係る措置をとるこ
とを「命ずる」ことができる（同法10条2項）。このほか，特定行政庁は「建築
物の敷地，構造又は建築設備……が著しく保安上危険であり，又は著しく衛生
上有害であると認める場合においては，当該建築物又はその敷地の所有者，管
理者又は占有者に対して，相当の猶予期限を付けて，当該建築物の除却，移
転，改築，増築，修繕，模様替，使用禁止，使用制限その他保安上又は衛生上
必要な措置をとることを命ずることができる」（同法10条3項）。この「命令」
による措置が履行されなかったり，履行が十分でなかったりする場合には，行
政代執行法に基づく代執行を行うことができる。この場合，特定行政庁に「過
失がなくて」，その措置を命ぜられるべき所有者等を「確知することができ
ず，かつ，その違反を放置することが著しく公益に反すると認められるとき」
にも代執行を行うことができるが，この場合，行政代執行法に基づく「戒告」，
「代執行令書」による通知の手続は「公告」で代替される（同法10条4項）。こ
の代執行は略式代執行と呼ばれている。

　平成26（2014）年に，空家等対策の推進に関する特別措置法（以下，特措法と
いう）が議員立法で制定され，施行される以前，空き家について，特定行政庁
は，これらの建築基準法の権限を行使して対処することを基本とし，大阪市の
ように空き家について代執行を含む建築基準法上の権限行使を行ってきた自治
体もあるが，同法に基づいて代執行まで至ることは極めてまれであった。その
理由は，通常の代執行の場合よりその手続が簡略化されているとはいえ，代執
行の要件が「著しく保安上危険となり，又は著しく衛生上有害となるおそれ」
と厳格に定められ，その解釈判断が困難と考えられたことによるといわれてい
る。

2-3　自治体の条例による対応

　特措法制定・施行以前，建築基準法による対応に制限がある中で，地方自治体では，独自に空き家対策を行い，空き家対策を目的とする条例を制定する自治体もあった。

　空き家対策に関する条例には，古くは，平成 9（1997）年施行の留萌市廃棄物の適正処理及び環境美化に関する条例や，平成10（1998）年施行の長万部町空き地及び空き家等の環境保全に関する条例などもみられるが，全国の地方自治体に制定の動きが広がったのは平成22（2010）年の埼玉県所沢市の空き家等の適正管理に関する条例」（以下，「所沢市条例」という）制定以降であり，平成26（2014）年には400超の地方自治体で対策条例が制定された。

　所沢市条例は，目的を，空き家の管理不全を防止することで住民の良好な生活環境の保全および防犯のまちづくりの推進に寄与することとする（1条）。空き家所有者等の適正管理にかかる責務（3条），市民の空き家に関する情報提供の責務（4条），市長の実態調査の権限（5条）を定め，管理不全の場合の市長による所有者等に対する必要な措置の助言・指導，ならびに必要な措置の勧告（6条），所有者等が勧告に応じない場合の必要な措置の命令（7条），命令が従われない場合のその氏名，空き家の所在地，命令の内容等の公表を定めていた（8条）。

　ほかの自治体の類似条例では，(1)命令にかかる措置が履行されない場合の行政代執行法に基づく行政代執行（例／野洲市空き家の適正管理に関する条例10条），(2)指導・勧告にかかる措置を行う費用の助成（例／大仙市空き家等の適正管理に関する条例10条），(3)緊急に危険を回避する必要があり，所有者等の同意を得て危険状態を回避するために必要な措置を所有者に代わって行いその費用を所収者等に請求する緊急安全措置（例／八尾市空き家等の適正管理に関する条例11条），(4)人の生命，身体等に危害が及ぶことを避けるため緊急の必要があるときにこれを避けるための必要最小限の措置など即時執行である応急的危険回避措置（例／神戸市建築物の安全性の確保等に関する条例61条，洲本市空家等の適正管理に関する条例10条，所沢市条例 9 条），(5)建物の状況を確認するために当該建物への立ち入りの権限を定めるもの（例／「松江市空き家を生かした魅力あるまちづくり及びまちなか居住促進の推進に関する条例」14条），等の独自の規定を定めるものが

あった。

　以上，対策条例は，地方自治体として空き家が著しく危険・有害となるおそれが生じる前の段階で管理不全状態に陥らないようにすることを目的とし，各地方自治体の事情に応じた独自の規制内容が工夫されていた。

　このほか，空き家の有効活用の方策として，長野県佐久市では空き家の有効活用を通して移住・定住を促進するため，空き家バンクを開設するとともに，改修の補助を行うなどの対策も行ったり，大分県竹田市では，移住者に提供する空き家の物件登録を増やすため，売却または貸し出した場合，成約時に10万円を支給するという空き家所有者へのインセンティブも創設し，空き家バンクへの登録増加という効果があったという。また，島根県江津市では，改修費の補助などを行うほか，「働き場」を作り出すことのできる人材を誘致するため，ビジネスプランコンテストを実施したり，インキュベーション施設を設置するなどの施策も併せて行ってきている。

2-4　空家等対策の推進に関する特別措置法

　地方自治体の条例による対策が進められる中，議員立法で，平成26 (2014) 年特措法が制定された。

　特措法は，その目的を「地域住民の生命，身体又は財産を保護するとともに，その生活環境の保全を図り，あわせて空家等の活用を促進するため，空家等に関する施策に関し，国による基本指針の策定，市町村（特別区を含む。……）による空家等対策計画の作成その他の空家等に関する施策を推進するために必要な事項を定めることにより，空家等に関する施策を総合的かつ計画的に推進し，もって公共の福祉の増進と地域の振興に寄与すること」（1条）とし，防犯は目的に入れなかった。

　特措法は，地方自治体からの要望を受けて，次のような内容を定めた。特措法の内容は，同法によってはじめて可能になった事項と従前の法律および条例で可能であったことについて，確認的に定めを行った事項とがある。

　特措法がはじめて定めたこととして次の事項がある。

　①　従前の法律とは要件を異にする緩和代執行。特措法は，「そのまま放置すれば倒壊等著しく保安上危険となるおそれのある状態又は著しく衛生上有害

となるおそれのある状態，適切な管理が行われていないことにより著しく景観
を損なっている状態その他周辺の生活環境の保全を図るために放置することが
不適切である状態にあると認められる空家等」を「特定空家等」とし，これに
対してとりうる措置を次のとおり定めた。(1)助言・指導——市町村長は所有者
等に対して除却等の周辺の生活環境の保全を図るために必要な措置を「助言又
は指導」することができる（14条 1 項）。(2)勧告——市町村長は，(1)の助言・指
導で改善されないと認めるとき，期限を定めて措置をとることを「勧告」でき
る（14条 2 項）。(3)命令——市町村長は，正当な理由なく(2)の勧告にかかる措置
がとられない場合において，「特に必要があると認めるとき」，期限を付けて，
相手方に意見書提出の機会等を与えたうえでその勧告にかかる措置をとること
を「命ずる」ことができる（14条 3 ～ 8 項）。(4)代執行——(3)の命令にかかる
「措置を命ぜられた者がその措置を履行しないとき，履行しても十分でないと
き又は履行しても……期限までに完了する見込みがないとき」行政代執行を行
える（14条 9 項）。(3)の場合に，「過失がなくてその措置を命ぜられるべき者を
確知することができないとき」には，市町村長は，「公告」を行った上で，行
政代執行を行えることを定める（14条10項）。

　建築基準法も，所有者を過失がなくて知ることができない場合の代執行を定
めて，行政代執行法よりも簡易な執行を可能にしていたが，特措法では放置す
ることが「著しく公益に反する」という行政代執行法の要件をも不要とし，代
執行をより行いやすくする定めを行った（緩和代執行）。

②　空家等所有者等特定のための市町村長による固定資産税課税に係る情報
　　の利用（特措法10条 1 項）

③　市町村の対策の実施に要する費用への国・都道府県の補助や地方交付税
　　制度の拡充と市町村の空家等に関する対策の適切かつ円滑な実施に資する
　　ための必要な税制上の措置その他の措置（特措法15条）。

　次に，特措法がなければ行えないわけではないが，確認的に定められた事項
として次のような事柄がある。

①　市町村が空家等対策計画を定めることができることとし，空き家対策に
　　総合性と計画性を持たせることとした（特措法 6 条）。

②　①の空家等対策計画の作成，変更および実施に関して協議を行うため市

町村長，地域住民，議会の議員，学識経験者等で構成する協議会を組織することができるとした（特措法 7 条）。

③　市町村が講ずる措置について，都道府県知事が当該市町村に対して情報の提供および技術的な助言その他必要な援助を行う努力義務を定めた（特措法 8 条）。

④　空家等の所在や当該空家等の所有者等を把握するための立ち入り調査を行えるとした（特措法 9 条）。

⑤　市町村が空き家等に関する正確な情報を把握するために必要な措置を講ずる努力義務を定めた（特措法11条）。

特措法の制定に対しては，先行して制定されていた地方自治体の条例との調整を考慮せず詳細な規定をおき，一律に市町村の事務としたことに対する批判もある。危険が切迫している場合における応急的危険回避措置等についての条例の独自の規定は法制定後も存置されているものがあるようである。

　Topic　のような問題を生じたとき，地方自治体は基本的に特措法に基づいて特定空家として対策を講じることになる。所有者を固定資産税の情報を利用して調査することができる。所有者が判明すれば，空家の管理について，市町村長が，助言・指導，勧告を経て，措置を命令し，なお十分な措置が行われない場合には，行政代執行を行う。所有者が判明しなければ，措置を命令を公告して，行政代執行を行うことになる。また，台風の接近等があり危険が差し迫った場合については，条例に基づいて危険回避措置を講じることになる。

第 3 節　空き地対策

3-1　空き地問題

国土交通省の「空き地等の新たな活用に関する検討会とりまとめ」（平成29(2017) 年 6 月）（以下，「とりまとめ」という）に従って空き地の問題状況を整理すると以下の通りである。

「空き地等を取り巻く状況」として，①人口減少社会を迎え，特に世帯が所有する空き地がここ10年で，1.4倍に増加している。②土地所有者の利用意欲が減退している中で，いわゆる所有者の所在の把握が難しい土地や地方自治体

に対する土地の寄附の申し出が増えるなど，土地の管理放棄の問題が表面化してきている。③この状況を放置すれば，地域の活力や住環境を損なうものとして，空き地等の増大が大きな社会現象となる。④一方，空き地等を地域の「資源」として活用する先進的な取組みもみられる，などとしていた。

「空き地のもたらす影響」としては，①草刈りなど必要な管理行為が行われず，雑草が繁茂するなど管理水準が低下した空き地は，ゴミ等の投棄や害虫の発生など，周辺に直接的な害悪を及ぼす。加えて，②地域イメージや地域の活力の低下を招き，ひいては，周辺地価の低下や資産税収の減少等を招くおそれがある。さらに，③管理水準の低下が長期にわたり，管理が放置された状態が続けば，相続を契機に所有者の所在の把握が困難な土地となるなど将来的に放棄宅地となり，国土の荒廃にもつながること，などが指摘されていた。

その中で「空き地対策の基本的な考え方」として，空き地の有効活用を図ることと空き地の適正な管理を図って社会的害悪を生じる場合にはこれを除去することが示されている。

3-2　自治体による空き地対策の現状と課題

上記のような「とりまとめ」の問題認識と対策の課題を踏まえて，地方自治体においてとられてきた空き地対策の現状と課題を整理する。

3-2-1　空き地の有効活用：地域の共有財産（地域のコモンズ）として自然管理

空き地活用の1つの方策として，地域の共有財産として自然を管理するという方法が考えられる。そのような手法の1つとして，横浜市の「緑地保存地区制度」がある。同制度は，昭和48（1973）年制定の「横浜市緑の環境をつくり育てる条例」7条の，市長が「所有者その他これらに関し権利を有する者の同意を得て，保存すべき緑地，樹木等を指定することができる」との規定に基づき，横浜市緑地保存事業実施要綱に沿って，市街化区域内の主に樹林に覆われた500㎡以上のまとまりのある緑地（原則，山林課税地）を対象に，所有者との間で緑地保存契約を結び，緑地保存地区として市長により指定を受けると，保存土地所有者自身が緑地の植生及び環境を良好に保つように管理する義務を負い，開発行為を禁じられ，樹林地を保存する義務を負う一方，市税条例施行規則により固定資産税と都市計画税の負担を軽減されるというインセンティブを

与えることで，緑地保全を図ろうとする制度である。同市によると令和元

(2019) 年現在約207ha が指定されている。

　また，法律上の制度を使った空き地活用方策として，都市緑地法に基づく市

民緑地契約がある。この契約は，都市計画区域又は準都市計画区域内における

政令で定める規模以上の土地又は人工地盤，建築物その他の工作物の所有者の

申出に基づいて，当該土地等の所有者と締結して，当該土地等に住民の利用に

供する植栽，花壇その他の緑化のための施設及びこれに附属して設けられる園

路，土留その他の緑地又は緑化施設，を設置し，これらの緑地又は緑化施設を

管理するものである (55条)。市民緑地とされた土地については，地方公共団

体やみどり法人が緑地の管理を行い，所有者等の管理の負担が軽減され，優遇

税制により，契約期間が20年以上等の要件に該当する場合，相続税が 2 割評価

減となり（国土交通省都市局「都市緑地法運用指針」(平成16 (2004) 年，最新改正平

成30 (2018) 年) 52頁)，みどり法人が認定市民緑地設置管理計画に基づき市民

緑地を設置した土地に係る固定資産税・都市計画税の特例として， 3 年間原則

1 / 3 軽減（1 / 2 ～ 1 / 6 で条例で規定）土地の固定資産税及び都市計画税が非課

税となる（地方税法附則15条45項）など，土地の所有コストを軽減できること

となっている。国土交通省によれば，平成29 (2017) 年 3 月31日現在，市民緑地

契約は全国14都道府県で180件締結され，面積は103.2ha となっている。

3 - 2 - 2　空き地の適正管理を促進する条例の制定

　平成29 (2017) 年に国土交通省が全国の自治体を対象に実施したアンケート

の結果によれば， 4 割近くの自治体が空き地等の管理や利活用の促進のための

条例等が「ある」もしくは，「制定を検討している」と回答し，そのうち，空

き地を対象にしたものは410であった。条例の目的としては，「生活環境の保

全」など空き地等の適正管理が多く，「利活用の促進」を目的をしたものも47

条例あった。条例の内容として，「規制の制定がある」ものが393条例あり，そ

の多くには，「指導・助言」，「勧告」，「措置命令」の規制制度がある。その適

用実績としては，「指導・助言」が 7 割近くで，他は少なかったとのことであ

る。

　地方自治体による空き地の適正管理を促進する条例のしくみを，平成26

(2014) 年に施行された浜松市都市再生促進地区における建築物等及び土地の

適正な管理及び活用の促進に関する条例を例にみておこう。同条例は，「建築物等及び土地の適正な管理及び活用の促進に関し，基本理念を定め，市及び所有者等の責務を明らかにするとともに，必要な事項を定め，もって本市の都市の中心部における都市環境の安全性の向上及び都市機能の増進を図ることを目的とする」。同条例施行規則 2 条で定める「都市再生促進地区」について，「所有者等は，基本理念にのっとり，その都市再生促進地区内の建築物等又は土地の適正な管理及び活用に努めなければなら」ず（5 条），(1)樹木，雑草等が繁茂し，放置されたり，(2)廃棄物その他の汚物等が放置されたりするなどのことがないよう適切に管理することを義務づけられる（6 条 2 項）。さらに，空き家，空き床又は空き地の所有者等は，当該空き家等を商業その他の業務の用に供する施設，地域交流施設，教育文化施設，医療施設，社会福祉施設，住宅等として使用し，賃貸する等により，積極的に活用するよう努めなければならないとしている（7 条）。市長は，所有者等に対し，都市再生促進地区内の建築物等又は土地の適正な管理及び活用の促進のために必要な指導又は助言をすることができ（8 条），さらに，土地の適正管理のために必要な措置を講じるよう勧告することができる（9 条）。この勧告に正当な理由なく従わないときは，「当該者に対し，期限を定めて当該勧告に従うよう命じることができ」(10条)，「市長は，命令を受けた者が正当な理由なく当該命令に従わないときは，その旨及び氏名及び住所等を公表できる」(11条)。

3-2-3　スポンジ化対策への法整備

低未利用地の利用促進や発生の抑制等に向けた対策のため，都市機能や居住を誘導すべき区域を中心に，低未利用地の集約等による利用の促進，地域コミュニティによる身の回りの公共空間の創出，都市機能の維持等の施策を総合的に講じる，都市再生特別措置法等の一部を改正する法律が平成30（2018）年 4 月18日に国会において成立し，同年 7 月15日施行された。この法改正によって，新たな都市のスポンジ化対策の制度として，(1)低未利用土地権利設定等促進計画の制度と(2)立地誘導促進施設協定の制度が導入された。

(1)は，低未利用地の地権者等と利用希望者とを，行政が所有者等の探索も含め能動的にコーディネートの上，土地・建物の利用のために必要となる権利設定等（地上権，賃借権，使用貸借権の設定・移転，所有権の移転）に関する計画を市

町村が作成し，一括して権利設定等を行うことを可能とする制度である（都市再生特別措置法109条の 6 〜109条の12）。

　(2)は，都市機能や居住を誘導すべき区域で，空き地・空き家を活用して，交流広場，コミュニティ施設，防犯灯など，地域コミュニティやまちづくり団体が共同で整備・管理する空間・施設（コモンズ）を地権者の合意によって設けることを可能とする協定制度である（同法109条の 2 〜109条の 4 ）。

3-3　所有者不明土地問題への法的対処

　「とりまとめ」で中長期的な課題のうち，所有者不明土地の課題については別途検討とされていたが，以下，その問題点と対策についてみておく。

3-3-1　所有者不明土地

　一般財団法人国土計画協会が設置した所有者不明土地問題研究会「最終報告〜眠れる土地を使える土地に『土地活用革命』〜」（平成29 (2017) 年）（以下，「報告'17」という）は，「所有者不明土地」を「不動産登記簿等の所有者台帳により，所有者が直ちに判明しない，又は判明しても所有者に連絡がつかない土地」とする。

　所有者不明土地問題の原因としては，(1)人口減少，少子高齢化による土地需要・資産価値の低下，(2)先祖伝来の土地への関心の低下や管理に対する負担感の増加，(3)地方から大都市・海外への人口移動に伴う不在地主の増加，(4)登記の必要性の認識の欠如などが挙げられている。

　所有者不明土地の全体推計では，(1)全国の不明率は20％であり，不明土地の面積は約140万 ha になる。(2)将来的に発生すると考えられる所有者不明土地の面積を，毎年の死亡者数の予測と相続未登記率の予測を活用して推計したところ，令和22 (2040) 年には約720万 ha まで増加するという。

　報告'17は，これらのことをふまえて，(1)所有者不明土地を円滑に利活用したり，適切に管理できる社会を実現するために，利活用・管理に係る制度等の見直し・創設，所有者探索の円滑化，各種制度等の円滑な活用のための環境整備を提言し，(2)所有者不明土地を増加させない社会の実現のために，所有者移転の確実な捕捉，空地・空家，遊休農地，放置森林の利活用，土地所有者の責務の明確化，所有権を手放すことができる仕組みと受け皿の設置を提言し，す

べての土地について真の所有者がわかる社会を実現するため，「土地基本情報総合基盤」（仮称）の構築，活用，現代版検地を実施し，集中期間中に所有者を確定するなどを提言した。

3-3-2 自治体による対応と法整備

所有者不明土地を増大させないためには，相続登記の促進が欠かせない。京都府精華町では，死亡届が提出された際，戸籍や社会保障，登記や税務，農地，森林関連の手続をワンストップで案内し，成果をあげていることが報じられている（朝日新聞朝刊平成28（2016）年8月30日）。

民法239条は「所有者のない不動産は，国庫に帰属する」と定めるが，土地所有者の所有権放棄について，一般論としては認められるが，「権利濫用」とする裁判例があるほか（広島高松江支判平成28（2016）年12月21日訟務月報64巻6号863頁），現在，所有権放棄は制度としては存在しない。国が国以外の者から土地等の寄附を受けることは，行政措置の公正への疑惑等の弊害を伴うことがあるとして，閣議決定「官公庁における寄附金等の抑制について」（昭和23（1948）年1月30日）によって原則として抑制されている。自治体は，国土交通省「空き地等に関する自治体アンケート」（平成29（2017）年2月20日時点）の結果では，寄付について「原則として受入れを行っていない」が約5割を占め，次いで，「特に定めはないが，寄付の申し出等に対応して都度検討している」が約4割を占めたという。

令和元（2019）年現在，法制審議会・民法・不動産法部会において，所有者不明地増加防止策の論点として，①相続時の登記義務化（罰則による実効性確保），②土地放棄制度の創設，③遺産分割の期限設定，が議論されているところである。

所有者不明土地の活用を進めるための法整備として，平成30（2018）年には，「所有者不明土地の利用の円滑化等に関する特別措置法」が制定された。同法では，(1)所有者不明土地を円滑に利用する仕組みとして，反対する権利者がおらず，建築物（簡易な構造で小規模なものを除く）がなく，現に利用されていない所有者不明土地について，①公共事業における収用手続を合理化・円滑化（所有権の取得）し，②地域住民等の福祉・利便の増進に資する事業について，都道府県知事が公益性を確認し，一定期間の公告に付した上で，利用権

（上限10年間）を設定できる地域福利増進事業を創設した。また，(2)所有者の探索を合理化するしくみ，(3)所有者不明土地を適切に管理するしくみを定めた。

Further　Reading

北村喜宣編集・執筆，地域科学研究会企画・編集『行政代執行の手法と政策法務──空き家条例（東京・大田区／秋田・大仙市）と建築基準法（大阪市）による行政代執行の実施実務：老朽危険家屋の解体・撤去』(㈱地域科学研究会，2015年)

北村喜宣・米山秀隆・岡田博史編『空き家対策の実務』(有斐閣，2016年)

第11章　子育てと保育所行政

Learning Point

　まず，保育所が法律上どのように位置づけられているのか，保育所の公共性とは何かを確認する。つぎに，地方分権改革や少子化対策とのかかわりに注意しながら，保育政策の歴史を概観する。その上で，保育サービスの提供のしくみやそれを支える費用負担のしくみを整理・理解し，保育サービス提供をめぐる地方自治体と国の責任がどのようなものか，市町村と国の責任の分担はどうなっているのか，どうあるべきかといった問題を考えよう。

> **Topic**
>
> 　東京都内のM市に居住しているAは，産休明けの翌年4月から子どもBを保育所に預けるため，11月の第1回目の選考に際し，自宅から一番近い市立Z保育所への入所申込みを行った。選考の結果，入所不承諾決定が届いたので，翌年2月の第2回目の選考の際は，Z保育所のほか，自転車で行ける距離にある市立保育所SとTも希望に入れて入所申込みをした。しかし，3月に届いた決定の内容も，「入所不承諾」であった。そこで，Aは，近隣にある小規模保育園や，ベビーホテル・保育室などの認可外保育施設も探したが，どの施設も子どもを預けることに不安を感じた。職場には企業内保育所ができたが，0歳児を抱えて満員電車に乗って通勤するなど考えられない。不安を感ずる施設にBを預けることを避けるには育休を取らざるを得ないが，いつ職場復帰ができるのかわからない。

第1節　保育所とはどういうところか

1-1　「保育所」の意義

　法令用語としての「保育所」は，児童福祉法35条にいう「児童福祉施設」の

１つである。児童福祉法39条によれば，保育所は「保育を必要とする乳児・幼児を日々保護者の下から通わせて保育を行うことを目的とする施設」であって，「利用定員が20人以上であるもの」と定義される。これに対し，同じく「保育を必要とする乳児・幼児を保育することを目的とする施設」ではあるが「利用定員が 6 人以上19人以下のもの」は，保育所ではなく，「小規模保育事業」（児福 6 条の 3 第10項）を行う者が設置した施設である。

　保育所を経営する事業は，保育を行うさまざまな事業と同じく「第二種社会福祉事業」である（社福 3 条 3 項 2 号）。しかし，児童福祉施設としての保育所は，保護者の労働・生活保障を通じた子どもの生活・発育保障および子どもの共同生活を通じた社会性・心身の健康な育成，あわせて女性の労働権の実質的な保障といった公共性を担う施設とされ，他の保育事業とは異なるものとされてきた。

1-2 「保育所」の種類

　地方自治体が設置する保育所（以下，「公立保育所」という）は，地方自治法244条 1 項にいう「住民の福祉を増進する目的をもってその利用に供するための施設」，すなわち，「公の施設」にあたる（公の施設をめぐる法制度については，第 6 章第 1 節を参照）。それゆえ，公立保育所の設置及び廃止については，条例の制定を要する。

　これに対し，私立保育所は，民間の事業者が都道府県知事の「認可」を受けて設置した保育所を指す（児福35条 2 項から 4 項まで。認可を得ていない保育施設は「認可外保育所」と呼ばれる）。

第 2 節　地方分権化と保育所行政の展開

2-1 保育所行政と地方分権

　第二次世界大戦後に占領政策の一環として示された社会福祉行政の公的責任原則および公私分離原則に基づいて，私立保育所には施設の最低基準の遵守が義務づけられ，事業経営に対する指導監督が行われる一方，個々の児童の保育所への入所は市町村長の決定＝行政処分（これを「福祉の措置」という）により

行い，入所させた児童の保育に係る経費は「措置費」として国と地方自治体が負担するしくみが創られた。これを「措置制度」といった（第12章第1節を参照）。措置制度は，地方自治体を通じて憲法25条に基づき子どもに保育を保障する国の責任を果たすしくみであり，保育所への入所措置は国の機関委任事務とされていた（国と地方自治体との事務配分については，第9章第1節を参照）。

1960年代の高度成長期には，急激な都市化により保育所不足が社会問題化した。各地で保育所づくりの運動が広がり，当時の革新自治体の後押しもあって，1970年代には公立保育所が整備された。

しかし，1980年代には，日本経済は低成長期に入り，「増税なき財政再建」を掲げた第二臨調は，「官から民へ，国から地方へ」をスローガンに行政改革を進め，「日本型福祉社会」論の下，福祉見直しを唱えた。昭和61（1986）年には保育所入所の措置を機関委任事務から団体委任事務化することで国庫負担割合を大幅に引き下げる（10分の8から10分の5へ）法改正が行われるなど，福祉予算の削減が進められた。

その後も，地方分権化の一環として，平成2（1990）年の福祉8法改正により，保育所入所の措置権限が市町村へ委譲され，さらに，地方税財政改革として行われた「三位一体改革」により，従来措置費（平成9（1997）年児童福祉法改正後は「保育所運営費」という）として支払われてきた国庫負担金のうち公立保育所の整備費および運営費が平成16（2004）年度から一般財源化された。しかし，それに伴う十分な税源移譲が行われなかったこともあり，財政難や効率化を理由とした公立保育所の民間委託や廃止・民営化といった現象が各地でみられるようになった。公立保育所の廃止・民営化をめぐっては，保育環境の悪化等を懸念する保護者らにより，これに対抗する裁判が各地で提起されてきた（請求が一部認められた例として，事情判決を行った横浜地判平成18（2006）年5月22日民集63巻9号2152頁（最高裁で原告の上告棄却）や，保育所廃止の仮の差止めを認めた神戸地決平成19（2007）年2月27日賃社1442号57頁（抗告審で申立却下）がある）。

さらに，平成23（2011）年にも，地方分権改革の一環として，保育所に対する最低基準として全国一律に適用されていた施設の設備や面積，保育士の配置数等に係る施設・運営の基準（以下，「施設運営基準」という）が「従うべき基準」と「参酌すべき基準」とに整理され，都道府県が条例で施設運営基準を定める

こととされた（第4章第3節，とりわけ3-2-2を参照）。これにより，都道府県によって施設の基準に格差が生じることが法認された。

2-2　少子化対策・待機児童対策としての国の保育政策の特徴

　合計特殊出生率が過去最低であった昭和41（1966）年 丙 午の1.58を下回った平成元（1989）年（"1.57ショック"）以降も，出生率は低下が続き，少子化対策が課題となった。バブル崩壊後，経済のグローバル化による雇用の不安定化や女性の社会進出などにより，乳幼児を保育施設に預けて働くことが当たり前になってくる。こうした社会の変化を背景に，平成12（2000）年に入り，国は少子化対策の一環として待機児童問題に取り組み始めた。

　国の待機児童対策の中心は，既存保育所の定員を超えた入所を許容するなど，規制緩和による最低基準の緩和や公立保育所の民間委託・民営化を進める方向であった。また，保育所の設置を進めるのではなく認可外保育施設に独自の補助制度を作りこれを活用しようとする地方自治体もみられるようになった（東京都独自の認証保育所制度や横浜市独自の横浜保育室制度が代表的な例である）。

　平成9（1997）年の保育所入所に係る児童福祉法改正以後は，平成15（2003）年の少子化対策基本法等の制定に伴う「市町村保育計画」および「都道府県保育計画」の導入，平成20（2008）年の「家庭的保育事業」（いわゆる「保育ママ」）の法定化，平成24（2012）年の子ども・子育て支援関連三法の制定（「子ども・子育て支援新制度」の創設）と平成27（2015）年の子ども・子育て支援新制度の開始，平成28（2016）年の「仕事・子育て両立支援事業」の創設，令和元（2019）年10月の「幼児教育・保育の無償化」の開始と，次々と法改正が行われてきた。

　このようにして，日本の保育所行政は，憲法25条に基づく国家の保育保障責任を，地方自治体が公立保育所を設置し直接事業を実施するしくみを通じて果たそうとするところから出発したが，1990年代以降，地方分権化を進めながら，少子化対策・待機児童対策としてもっぱら民間の保育事業の活用を促す政策へと変容している。

　それでは，こうした政策の下で，保育所における保育がどのような法的しくみにおいて提供されているのかをみていこう。

第3節　保育サービス提供のしくみ

3-1　平成9（1997）年の児童福祉法改正——保護者の保育所選択権の保障？

　「措置制度」の下での保育所保育のしくみは，①市町村の保育実施責任，②最低基準の確保のための規制と施設設置者の最低基準の遵守，③最低基準を維持する保育費用の公費負担の3つから特徴づけられる（第12章第1節を参照）。こうした措置制度の基本構造は，平成9（1997）年の児童福祉法改正後も維持されてきた。

　共働き世帯と専業主婦世帯の数が逆転した平成9（1997）年には，「措置から契約へ」というスローガンの下，保育所入所のしくみに係る規定が大きく変更された。「入所の措置」を定めていた児童福祉法24条本文は，市町村は「その監護すべき乳児，幼児……の保育に欠けるところがある場合において，保護者から申込みがあつたときは，それらの児童を保育所において保育しなければならない」と変更され（24条1項本文），保護者による申込書の提出（2項），やむを得ない事由がある場合における市町村による公正な方法での選考（3項），市町村による保護者への保育の実施の申込みの勧奨（4項），市町村の情報提供義務（5項）に係る規定が同条に置かれた。

　当該改正は，保護者の保育所選択権の保障を明確にするために，保育所利用をめぐる保護者と市町村との法関係を行政処分に基づく関係から保育委託（契約）関係に変更するものだと説明された。しかし，当該改正後も，入所不承諾決定または利用保留決定（以下，「不承諾決定」という）は行政不服審査法に基づく不服申立ての対象となるという行政解釈が示され，裁判例でもこれを行政処分と解する判決が多く（例，障がいをもつ児童の保育所入所を義務づける訴え（義務付け訴訟）を認容した東京地判平成18（2006）年10月25日判時1956号62頁），学説においても市町村の入所承諾・不承諾決定は行政処分であるとの解釈が有力であった。

　それでは，こうしたしくみは，平成24（2012）年の子ども・子育て支援関連三法により，どのように変更されたのだろうか。

3-2　保育サービスの種類と内容

　平成24（2012）年の子ども・子育て支援関連三法により，子どもを保育する

施設として，満 3 歳以上の幼児に対する教育・保育を一体的に行うことを目的とする「幼保連携型認定こども園」が新設されるとともに，新たに「家庭的保育事業」，「小規模保育事業」，「居宅訪問型保育事業」および「事業所内保育事業」が定められ，いずれの事業も保育を必要とする乳幼児を保育する事業とされた（これらの事業を合わせて「家庭的保育事業等」（児福24条 2 項）という）。

　保育所は，子ども・子育て支援法上「子ども・子育て支援給付」（支援法 8 条）に整理される「子どものための現金給付」（児童手当）と「子どものための教育・保育給付」のうち，後者の給付の「施設型給付費」（ⓐ）に位置づけられる（図表11- 1 を参照）。家庭的保育事業等は，「地域型保育給付費」（ⓑ）の対

図表11- 1　子どものための教育・保育給付および子育てのための施設等利用給付の種類・内容

「子どものための教育・保育給付」		「子育てのための施設等利用給付」
ⓐ施設型給付費	ⓑ地域型保育給付費	ⓒ施設等利用費
認定こども園【0 〜 5 歳】 ・幼保連携型 ・幼稚園型 ・保育所型 ・地方裁量型 幼稚園【3 〜 5 歳】 保育所【0 〜 5 歳】	小規模保育 家庭的保育 居宅訪問型保育 事業所内保育	幼稚園（未移行） 特別支援学校 預かり保育事業 認可外保育施設等 ・認可外保育施設 ・一時預かり事業 ・病児保育事業 ・子育て援助活動支援事業 （ファミリー・サポート・センター事業） ＊認定こども園（国立・公立大学法人立）も対象

☞以下の「仕事・子育て両立支援事業」は国が事業主体である。それ以外は上記も含めすべて市町村が事業主体である。

「その他の子ども及び子どもを養育している者に必要な支援」	
地域子ども・子育て支援事業（保育事業のみ掲載）	仕事・子育て両立支援事業
延長保育事業 病児保育事業	企業主導型保育事業 企業主導型ベビーシッター利用者支援事業

象となる。

　⒜は，保育所での保育，認定こども園での教育・保育，幼稚園での教育を受けたときに支給される。いずれも，小学校就学前であって，①満３歳以上の子ども（②を除く），②満３歳以上で家庭において必要な保育を受けることが困難である子ども，③満３歳未満の子どもで家庭において必要な保育を受けることが困難である子どもに対して支給される金銭給付である。ただし，保育所での保育に対する支給は，②および③の子どもに限られる。待機児童の大半が③の子どもであることから，その解消を図る方策として家庭的保育事業等の量的拡充が目指され，⒝の類型が創られた。⒞は幼児教育・保育の無償化を実施するため創られた類型である。

3-3　保育サービスを利用するしくみ

　保護者は市町村に対して「教育・保育給付認定」（以下，「給付認定」という）の申請をし，保育時間につき認定を受ける必要がある（支援法20条）。保護者は，すでにみた施設または事業者（以下，「施設等」という）に対し，給付認定証を提示して教育・保育を受ける契約を結び（直接契約制），保護者はその費用のうち自己負担分（以下，「保育料」という）を除いた費用につき**図表11-1**⒜または⒝の支給を受ける（サービス利用費の助成）。**図表11-1**⒜または⒝は，市町村が保護者に代わって施設等に支払うことができる（代理受領）。

　このように，子ども・子育て支援新制度は，保育の必要に係る市町村と保護者の法関係と，サービス提供に係る事業者と保護者の法関係を区別し，後者について保護者の自由な選択に委ねる政策を採用した。これは介護保険制度や障害者総合支援制度において採用されているしくみである（第12章第１節および第２節を参照）。もっとも，こうしたしくみが機能するには，選択可能な保育所等が十分に存在していなければならないであろう。

　平成24（2012）年の子ども・子育て支援法の制定に関連した児童福祉法の改正により，保育の実施を定める児童福祉法24条は大幅に変更された。すなわち，従前の１項本文は，１項として「保育を必要とする場合において，次項に定めるところによるほか，当該児童を保育所（……）において保育しなければならない」と書き換えられ，「ただし，保育に対する需要の増大，児童の数の

減少等やむを得ない事由があるときは，家庭的保育事業により保育を行うこと
その他の適切な保護をしなければならない」という児童福祉法24条ただし書は
削除され，2項には，市町村は保育を必要とする児童に対し，認定こども園ま
たは図表11-1の⑥の対象となる家庭的保育事業等「により必要な保育を確保す
るための措置を講じなければならない」とする規定が新設された。

　市町村による保育の実施は，児童福祉法と並んで子ども・子育て支援法の定
めるところによると規定されていることから，平成24（2012）年改正後の保育
の利用関係には3つの類型が並立することになり（図表11-2参照），保育利用
の法関係はより複雑なものとなっている。

　市町村は保育を必要とする児童が適切に利用できるよう，相談に応じ，助言
をし，必要に応じて，施設・事業者に利用のあっせんや要請を行うものとされ
ており，あっせんや要請を受けた事業者はこれに協力しなければならない（支
援法42条・54条）。

図表11-2　保育の利用関係と市町村の保育実施義務の関係

【1】市町村の保育実施義務がない利用関係……保護者と施設・事業者の間のみ
　　・図表11-1 ⓐ施設型給付費の対象となる認定こども園への入所
　　・図表11-1 ⓑ地域型保育給付費の支給対象となる家庭的保育事業等の利用関係
☞市町村には，これらの利用を確保するため，利用のあっせんや調整，利用の要請を行うこ
とが求められている（支援法42条，54条，児福24条3項）。
◎「子育てのための施設等利用給付」の対象となる事業については，市町村の保育実施義務
はなく，かつ，利用のあっせん等の責任も負わない。

【2】市町村が保育実施義務を負う利用関係
①　保育所における保育の利用関係
　保護者の入所申込みを市町村が承諾することで保育所利用関係が成立する。入所希望保育
所が定員を超過した等の場合は市町村が公正な方法で選考を行い，入所を決定する。認可保
育所の場合は，保護者の入所申込みを市町村が承諾し，当該認可保育所に児童の保育を委託
する関係になる。市町村は保護者等から保育料を徴収すると同時に，認可保育所に対しては
委託費として保育費用を支払う（支援法附則6条）。
☞保育所における利用関係は，平成24（2012）年改正前のしくみと同じである。
②保育を必要とする乳幼児がやむを得ない事由により図表11-1 ⓐ施設型給付費・図表11-
1 ⓑ地域型保育給付費の対象となる保育を受けることが著しく困難である場合
　市町村は，自らの保育所・幼保連携型認定こども園への入所および家庭的保育事業等によ
る保育またはそれぞれの委託を行う（児福24条6項）。

　また，子ども・子育て支援新制度の開始後も，当分の間，給付認定を受けた子どもがさまざまな保育施設・事業を利用するにあたっては，市町村が利用調整を行った上で，各施設等に利用の要請を行うものとされた（児福24条3項，同法附則73条1項）。そのため，保護者は市町村に対してこれらの利用の申込みをし，希望者が利用定員を上回る場合には，市町村は保育の必要度を基準に（多くの市町村では基準表が作られ，公表されている）選考して利用調整を行い，利用を承諾できない場合には，TopicのAに対するように，不承諾決定の通知等を行う。利用調整の結果として出される不承諾決定は，実務上行政処分として行政上の不服申立ての対象とされている。もっとも，図表11-2【2】の利用関係（Aの場合は①）についてはともかくとして，保護者と施設・事業者の間で自由に保育委託契約が締結できる図表11-2【1】の場合にもこうした解釈が成り立つのかどうかについては，待機児童が存在する中で保育の必要度に応じた利用を保障するとの理屈は理解できるものの，疑問がある。

　なお，図表11-2【2】②のように，上記の子ども・子育て支援法上の手立てを尽くしても保育を受けることが著しく困難である児童については入所の措置を行う権限が市町村に付与されていることから，市町村には，すべての児童に対し，セーフティーネットとして保育を最終的に行う責任があるといえる。

第4節　保育サービスの費用負担のしくみと供給体制の整備

4-1　保育サービスの費用負担のしくみ

　市町村は保育の経費を実際に支払っており，これを「支弁」という。保育に係る費用については，図表11-1ⓐⓑにつき市町村が支弁するとされ（支援法65条），国は，厚生年金保険等からの拠出金充当額を図表11-1ⓐⓑ負担対象額から除いた額の2分の1を負担する（支援法68条）。図表11-1ⓐⓑの額は，国が定めた「公定価格」を基準として算出した額の総額から保護者が支払う保育料の総額を引いた額とされている（支援法27条3項，28条2項，29条3項，30条2項。ただし，公立保育所については，市町村が全額負担）。

　このように，国が市町村に対して負担する額は，市町村が実際に支払った額ではなく，国が定めた公定価格に基づいて計算される。

　保育の措置が機関委任事務であった時期に，国庫負担金の清算は，市町村が実際に要した費用の額を基準とするのではなく，国が裁量的に設定した清算基準を用いて行われていた。そのため，市町村は超過負担を強いられ，市の保育所の設備費用の超過負担につき国の負担金を請求する裁判が提起されたこともあった（摂津訴訟（東京高判昭和55（1980）年7月28日行集31巻7号1558頁）。東京高裁は，国庫負担金の請求権は補助金交付決定がなければ発生しないとして，摂津市の請求を退けている）。子ども・子育て支援新制度開始後も，施設運営基準を根拠にしつつ，国が裁量的に公定価格を定めており，自治体の超過負担が生じうる法構造になっている。また，そもそも国の定める施設運営基準は児童福祉法当時とほとんど変わらず，保育水準としては不十分であるとして，保育士の配置数を増やすなどの上乗せを行う自治体が従前から存在する。保育サービス費用負担についての法的しくみとその運用は，自治体間の財政力等の違いによる格差を生じさせる可能性をもっている。

4-2　保育サービス供給体制の整備と公立保育所の存在理由

　子ども・子育て支援新制度の開始後も，待機児童は解消されていない。平成12（2000）年以降の少子化対策・待機児童対策としての保育所整備はどのように行われてきたのだろうか。

　平成13（2001）年の児童福祉法改正により，公有財産の貸付等の方法により私立保育所の設置・運営の促進を地方自治体に求める規定が新設された。その後，子ども・子育て支援新制度の開始に伴い，「当該市町村における保育の実施に対する需要の状況等に照らし適当であると認めるとき」に，市町村と連携して継続的かつ安定的に「公私連携型保育所」の運営を行うことができる能力を有すると認められる法人を「公私連携保育法人」として指定する公私連携保育法人制度が創設されている。

　もっとも，保護者の多くは公立保育所への入所を希望している。それはなぜだろうか。

　公立保育所は，相対的に労働条件が安定しており長年経験を積んだ保育士が多く配置され，入所から就学までのおおよそ6年ほどの期間1つの保育所にとどまって子どもと信頼関係を築ける条件が確保されやすいこと，また，子ども

が社会性を育みながら落ち着いて日常を過ごす空間が比較的確保されやすいこと等，他の施設等に比べて相対的に子どもたちが落ち着いて日常生活を営める保育環境が整っていると考えられていることが挙げられよう。

こうした保育環境の継続的かつ安定的な確保は，事業者の自由に委ねていては十分に実現できない。それゆえに，憲法25条に基づく社会保障の体制整備責任を負う国は，保育環境を整え維持するしくみを創設し，運用してきたのである。もっとも，最低基準（ナショナルミニマム）としての施設運営基準が低水準にとどまってきたため，公立保育所は，それ以上の水準を確保し保育環境の向上を図る役割をも果たしてきたのであった。

公立保育所を整備しこれを存続させ一定の質を確保していくことは，地域の保育の質全体を高めていくことに寄与する。また，居住地域の保育所でその地域の子どもたちが保育されることは，地域の仲間ができ，地域とのつながりができることを意味する。これは子どもたちの人生にとって，そして地域のあり方にとって重要な意義があると考えられる。

すでにみたように，三位一体改革や国の保育対策は，公立保育所の廃止・民営化を推進する機能を果たしてきた。公私連携保育法人制度は，これまで積み上げられてきた公立保育所の保育環境や条件が公立保育所廃止・民営化により低下すると危惧する保護者らの不安に一定程度対応しようとするものだと考えられる。しかし，いずれにせよ，国の保育政策は，公立保育所が維持してきた保育水準の引き下げや運用の柔軟化による保育環境の低下と相まって，公立保育所の存在理由を否定し，かつ，すべての子どもに「十分な」保育環境を保障する法的しくみの実効性を損なわせる可能性を内包するものであるといえる。

第 5 節　保育所利用の権利と国・地方自治体の責任

それでは，これまでみた現在の保育制度の理解を踏まえて，**Topic** について考えてみよう。

M市の不承諾決定は行政処分と解されるから，Aは，不承諾決定に対する不服申立てを行うだけでなく，保育所入所の義務付け訴訟・取消訴訟を提起することができる。国家賠償請求訴訟ももちろん提起できる。

　Ａは，給付認定を受けているにもかかわらず保育所に入所できなかった。こ
れは児童福祉法24条 1 項の市町村の保育実施義務に違反するのではないのだろ
うか。同条同項の定める義務について，①市町村は，支給認定を受けたすべて
の児童について保育所等で保育を実施する義務を負うのか，②支給認定を受け
た児童につき，定員を超える申込みがあって希望した保育所に入所できない場
合，市町村は保育所を整備する義務を負うのか，③定員を超える申込みがあっ
て希望した保育所に入所できない場合，児童福祉法24条 2 項が求める措置を取
らなければならないか，といった問題に分けて考えてみよう。

5-1　市町村の保育実施義務

　まず，①および③の義務の有無について考えよう。

　平成24（2012）年改正前の児童福祉法24条 1 項本文は，3-1 でみたように，
保護者からの申込みを受けて「保育に欠ける」「児童を保育所において保育し
なければならない」と定め，ただし書で「保育に対する需要の増大，児童の数
の減少等やむを得ない事由があるときは，家庭的保育事業による保育を行うこ
とその他の適切な保護をしなければならない」と定めていた。

　「やむを得ない事由」の中には，付近に保育所がない，すでに保育所に定員
一杯の児童が入所しているとき等の物理的，定員を超過する場合などが含まれ
ると解されていた。平成24（2012）年改正前は，こうした「やむを得ない事
由」がある場合であっても，「適切な保護」をしなければならないという点
で，一般に，保護者およびその子どもは市町村に対し保育所入所を請求する権
利を有すると解されていた（たとえば，障害児童の入所を拒否したまま「適切な保
護」をせずに放置したとして損害賠償を認めた事例がある（さいたま地判平成16（2004）
年 1 月28日判例自治255号78頁）。「特定の保育所で現に保育を受けている児童及びその
保護者」の「当該保育所において保育を受ける法的地位」に言及する最高裁判決も参照
（最判平成21（2009）年11月26日民集63巻 9 号2124頁））。

　子ども・子育て支援関連三法の立法過程では，市町村はこうした保育実施義
務を引き続き担うと説明されたが，条文の構造は平成24（2012）年改正前と異
なっている。従前の通り，保育所入所を原則とし，やむを得ない事由がある場
合に例外的に「その他の適切な保護」を講ずるというしくみが採られていると

読むことも不可能ではない。しかし，「次項に定めるところによるほか」とい
う文言を素直に読めば，保育所を選択した児童については，市町村は保育実施
義務を負うが，給付認定を得て保育所ではない施設を選択した・あるいは選択
せざるを得なかった児童については，市町村は「必要な保育を確保するための
措置」を講ずる義務を果たしたのであって，（保育所で）保育を実施する義務は
負っていないと読むこともできる。

　Topic のケースは，希望した保育所の定員を超過する申込みがあり選考が
行われ，入所が不承諾になったにもかかわらず「その他の適切な保護」も行わ
れていない例である。平成24（2012）年改正後も従前と同様に解されるであれ
ば保育実施義務違反があると解され，①が肯定されうる。

　ところが，Aと同様のケースであって子ども・子育て支援新制度開始後に初
めて保育の実施義務が問題になったとされる三鷹市保育所入所拒否事件におい
て，東京高裁は，市町村は認定こども園へのあっせん等の児童福祉法24条2項
に定める必要な措置を講じておらずその不作為は明らかだとの原告の主張に対
し，認定こども園等への入所申込みがなされていたと認めるに足りる証拠はな
く，したがってあっせん等を行っていないことをもって違法とはいえないと判
示した（東京高判平成29（2017）年1月25日賃社1678号64頁）。

　こうした判示からは，保育所以外の施設を選択せずに保育を受けられなくて
も，それは保護者の選択の結果であり市町村には責任はないという考え方が読
み取れる。東京高裁の理解に立てば，①は否定され，③については，他の施設
等に入所を希望していれば肯定されることになる。これは，保護者の選択権を
尊重するという外観を取りつつ，市町村の保育実施責任を限定する考え方とい
えよう。

　なお，市町村が公正な選考を行っていないと評価される場合には，不承諾決
定は違法である。選考の方法や時期等をどのようにするかは市町村の裁量に委
ねられているが，選考の基準やプロセスに公正さを欠く場合には，Aに対する
不承諾決定につきM市の裁量判断の違法が認められることになろう。

5-2　市町村の保育所整備義務

　②の問題についても，上記東京高裁は，「保育所への入所を希望する全ての

児童が入所できるだけの保育所の整備を一義的に義務づけているとは解しがたく……」と述べて，市町村の責任を否定している。

　この問題につき，児童福祉法24条1項が保育所整備を義務づける規定だと読むことは文言上難しいように思われるとして，同条7項に根拠を求める見解がある。同条7項により，市町村は，児童が必要な保育を受けることができるよう地域の実情に応じた体制整備を行う責任を負うものの，同項は保育所の定員拡大を市町村に義務づけるものではないから，地域の保育ニーズを満たすための具体的な施策の選択は，市町村の政治的裁量に委ねられる。したがって，何らかの定員増加策が採られていれば，市町村の責任は果たされていると評価され，保育所の体制整備の責任を法的に問うことはできないという。

　これに対し，市町村は，保育の実施義務を果たすための体制，特に一定の保育水準が確保された保育所の整備を行う法的責任も負うのでなければ当該義務を履行することはできないとして，②を肯定する考え方が対立する。いつ，どのような保育施設を，どのくらいの数，どのような場所に設置するか，といったことは確かに市町村の裁量に委ねられざるを得ない。しかしそれは，個々の施設等への申込みの状況，保育所を希望する保護者の数やその理由，それに市町村が応じ得ない理由等さまざまな事情を考慮した上で決定すべき事柄であるから，こうした点で保育実施義務を果たすための保育所整備の責任を問うことができる。この考え方に立てば，保育制度，とりわけ保育所の目的（公共性）に照らした市町村の保育所整備に係る裁量権行使の法的統制が可能となる。

　定員を超える申込みがあったことを理由にすれば保育を実施しなくてよく，保護者が希望していなければその他の適切な措置を講ずる必要もなく保育所を整備する義務もないと解するならば，保育所に入所を希望する児童は，定員を超える申込みがあったことを理由に適切な保育サービスを受けられないまま無権利状態に置かれる事態が生じる。こうした事態が保育制度の目的に適うものなのかどうかが，今日，問われている。

5-3　市町村と国の責任分担のあり方

　市町村は，施設等の利用者への費用助成に係る責任とともに，保育実施責任を負っている。もっとも，国の保育政策は，市町村が自ら保育所を設置して保

育を実施することよりも，さまざまな施設等への利用の勧奨・調整・あっせん・受け入れの要請を行い，地域の保育需要に応じられる多様な保育事業の連携・調整を図るという保育サービス提供体制の整備に責任を負うべきことを重視する。

　保育サービスの供給を誰が引き受けるかということと，適切な保育サービスが保育を必要とする児童にあまねく保障されるということは別の問題である。前者は保育事業の実施に係る担い手の問題であり，後者はそうしたサービスを担う組織と人手を必要な範囲で十分に確保するための条件を整備し担い手に保障する責任の問題である。

　国の保育政策は，前者の問題について，市町村という住民に身近な地方自治体を中心的な担い手とし，これが担い手であることを基本とする保育保障のしくみを出発点として，民間事業者を活用するしくみへと変容させてきた。公立・私立を問わず保育所が，今なお地域の子どもと保護者の生活を支える役割を果たす公共性を有する施設であるとすれば，地域の保育を豊かにするための条件を備えた施設としての保育所を十分に整備していく必要がある。しかし，財政難が指摘される市町村において，そのための組織や人手，資金等が十分に確保できないとすれば，社会福祉の向上および増進に努める憲法上の義務（憲25条2項）を負う国がこうした条件を整備する責任を果たさなければならない。保育所以外の多様な民間の保育事業を活用する政策を採るとしても，これらの施設等が，子どもが健やかに育つにふさわしい保育の水準を備えた施設であることが前提であり，その条件整備の責任は同様に国にあるといえよう。

　具体的には，たとえば，保育を必要とする乳幼児を保育する目的にふさわしい水準を維持するための施設運営基準を設定し，そのための費用を負担する国の責任が挙げられる。第3節に掲げた**図表11-1**ⓐⓑは，国の定めた施設運営基準に照らした都道府県および市町村条例に適合していることを前提に支給される。施設運営基準設定の責任のうちには，それが保育所の目的にふさわしい水準かどうかを常に検証し，改善に努める責任も含まれるであろう。

　地域の保育ニーズに応じた保育の質の確保とそのための財政的な支援を十分に行わずに，施設運営基準を弾力化し，さらに，認可外保育施設をも対象としてこうした基準の意義を無効にするような幼児教育・保育の無償化をしても，

保育の受け皿は確かに増えるかもしれないが，保育所への入所を希望する保護者は減らないだろう。現在の国の政策は，多様な地域において十分な保育環境を親と子に保障するために有効な政策となっているだろうか。有効な政策とするためにはどのようなしくみや手立てを整えることが必要なのか。いま国に問われているのは，こうした問題ではないだろうか。

Further Reading

伊藤周平『社会保障のしくみと法』（自治体研究社，2017年）

榊原秀訓「保育所設備運営基準の条例化と保育所設置主体の多様化」三橋良士明・村上博・榊原秀訓編『自治体行政システムの転換と法』（日本評論社，2014年）

田村和之・伊藤周平・木下秀雄・保育研究所『待機児童ゼロ――保育利用の権利』（信山社，2018年）

第12章　高齢者の介護

Learning Point

　まず，高齢者介護の法制度の全体像を，その歴史とともに理解しよう。次に，介護サービスに関する相談からサービス利用に至るまでの一連の過程について，法令上，地方自治体に課された権限，役割を理解しよう。そして，高齢者が住み慣れた地域で人間らしく生きていくためにどのような課題があるか，考えていこう。介護保障の行政分野では，家族間の助け合いや地域社会での支え合いのような私的な営みと，行政による公的な営みとの分担をどのように考えるかという根本問題がある。このような観点からも考えてみよう。

Topic

　A市の住民であるB（75歳，男性）は，以前はひとりで家事をこなし，定年退職後の独居生活を満喫していたが，1年ほど前，玄関先で転んで骨折して以来，足腰に痛みがあり，今ではすっかり自宅にこもりがちになり，日常生活のサポートを必要とする状態になってしまった。

　そこでBは，遠方に暮らす娘のC（48歳）に現状を伝え，支援を求めた。これに応じたCは，介護保険という制度があることぐらいは知っていたが，その中身が分からないので，A市役所へ相談に行こうと考えたが，とり急ぎインターネットで情報を集めることにした。すると，「介護保険でサービスを利用するなら，地方自治体の窓口か地域包括支援センターに行くといい。ただし，地方自治体では，事業者の連絡先の一覧くらいしか渡されないから，要注意」，「良い介護を受けるには，良いケアマネジャーに出会うことが鍵だ」などと書かれていた。これを見たCは，これはいったいどういうことか，市役所は頼りにならないのだろうか，市役所が頼りにならないとしたら，どこへ相談すればよいのだろうかと，不安に感じている。

第1節　介護サービスの法制度

1-1　高齢者介護にかんする法律

　高齢者に対する介護サービス（以下，高齢者に提供される介護サービスを総称して「高齢者介護」という）は，多様な社会保障給付のうち社会福祉分野に属する現物のサービスとして等しく保障されるべきものである。日常生活において支援を要する高齢者が，必要な支援を得ながら最期まで人間らしい生活をおくることは，健康で文化的な最低限度の生活の一環であり，介護サービスは，生存権（憲25条）保障に直結するものである（したがって，生存権の具体的な実現方法は金銭給付に限られない）。もっとも，介護は，障がいを抱えた住民にとっても不可欠のものであり，高齢者のみを対象とするわけではない（障がい者に対する介護サービス保障は，「障害者の日常生活及び社会生活を総合的に支援するための法律」という根拠法を中心に実施されている）。

　高齢者介護を保障する制度には，現在，介護保険法（平成9（1997）年制定。以下「介保法」という）と老人福祉法（昭和38（1963）年制定。以下「老福法」という）の二法がある。実は，日本の高齢者介護の法制度は，1990年代半ば以降，抜本的見直しにさらされた。それ以前は老福法のみを根拠に行われてきた高齢者介護が，介保法施行後は同法に基づいて行うことが基本とされ，老福法は補完的な位置を与えられたからである。こうして，高齢者介護を実現するための法は，介保法と老福法の二法体制へと移行し，現在に至っている。

　これら二法のほか，高齢者介護に関する法としては，高齢者のみならず子ども，障がい者等を対象とするあらゆる福祉分野の基本法としての社会福祉法（平成12（2000）年制定）がある。福祉の全分野に共通して適用される基本法の下，さまざまな対象者ごとの個別福祉立法を配置するあり方は，戦後，日本国憲法下で整えられてきた日本の社会福祉の法体系の伝統であり，社会福祉法の前身としては，旧社会福祉事業法（昭和26（1951）年制定）があった。

　以上の三法に加え，1990年代に入ると，高齢化対策が社会政策上の重要課題とされるようになり，高齢者の就労や社会参加を含む総合的な高齢社会対策の推進に関する基本法として，高齢社会対策基本法（平成7（1995）年制定）が置かれた。同法は，高齢社会対策の基本的施策の1つとして「介護を必要とする

高齢者が自立した日常生活を営むことができるようにするため，適切な介護のサービスを受けることができる基盤の整備を推進するよう必要な施策を講ずる」ことを国の役割とする（10条3項）。また，平成17（2005）年には，「高齢者虐待の防止，高齢者の養護者に関する支援等に関する法律」が制定され，深刻化する高齢者虐待について，虐待を受けた高齢者の保護と，高齢者の養護者の負担軽減等の高齢者虐待防止のための支援措置等を定めている。しかし，同法施行後も，高齢者虐待の件数は減少しておらず，厚生労働省の調査結果によると，平成30（2018）年度は前年度より282件多い1万7870件あり，その内訳として，家族や同居人らによる虐待が6年連続して増加して1万7249件を占め，介護施設職員らによる虐待は12年連続して増加して621件にのぼることが明らかとなっており，依然として深刻である。

図表12　高齢者介護に関する主要法律の体系

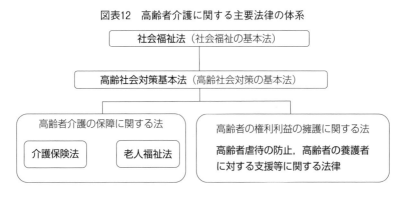

1-2　老人福祉法から介護保険法へ

　介保法は，その名のとおり，保険（社会保険）のしくみを用いて介護保障を行う制度である。社会保険とは，被保険者たる加入者に保険料を拠出させ，これへの反対給付として保険給付を与えるしくみである。ただし，保険とはいえ，民間保険とは異なるので，その財源には被保険者が支払う保険料のほか，税金も投入されている。介護保険の財源は，保険料と税が各々50％であり，税の内訳は，国負担分が25％，都道府県負担分が12.5％，市町村負担分が12.5％とされている（ただし，25％の国庫負担割合は保険者ごとに若干異なる場合がある）。介護保険の被保険者は，「市町村の区域内に住所を有する65歳以上の者」であ

る第1号被保険者と，「市町村の区域内に住所を有する40歳以上65歳未満の医療保険加入者」である第2号被保険者の2種類である（9条）。介護保険の運営主体である保険者は，市町村および特別区である（3条1項）。

　一方，老福法は，租税を財源として介護保障を行う制度である。したがって，平成9（1997）年の介保法成立は，老福法のみを根拠法として介護保障を行う体制からの転換であるのみならず，その財政方式に着目すると，「税方式から保険方式へ」と特徴づけられる。

　介保法は平成12（2000）年4月に施行されたが，それ以前の介護保障は，もっぱら老福法に基づき行われていた。従来の介護保障のしくみは，老福法に基づいて行政の責任で行うサービス提供を条文上「措置」の文言で規定していたことから，措置制度と呼ばれる。措置制度は，措置権者である地方自治体（具体的には市町村）が職権に基づきサービスを保障するしくみである。措置制度は，高齢者のみならず，子どもや障がい者の福祉分野でも一律に用いられてきたものであり（第11章第2節を参照），戦後日本の福祉の根幹をなす制度であった。措置制度については，老福法，児童福祉法，身体障害者福祉法等の各福祉立法に基づき，①措置権者たる市町村が自らの責任で支援を要する者に対しサービスを保障する措置を行い，②当該サービスの全国的な最低水準を確保し（ただし，いわゆる義務付け・枠付けの見直しにより，省令による全国一律の最低基準ではなく条例による基準へと変化している），③措置に要する費用の負担は国・都道府県・市町村がそれぞれ義務的に負う，という3要素を備えたしくみである点がまず重要である。このうち①として行われる「措置」は「措置決定」とも呼ばれ，サービス受給要件の認定，給付の可否決定，および給付内容の決定からなる行政処分として行われる。したがって，措置決定は，行政庁が行う複数の判断内容を含んだ行政処分であり，この点は，後述の介保法に基づく介護サービス利用過程で行われる行政決定と比較して，大きな相違点である。

　介保法制定の背景の1つには，措置制度に対する否定的な見方があった。それは，行政処分として行われるがゆえに行政庁が一方的に与える福祉であり当事者主体のしくみではないとの見方である。介保法は，そのような措置制度に対する否定的評価にも支えられ，利用者の自己決定の実現，サービスを自ら選択できる利用者本位のしくみの整備，公私の適切な役割分担と民間活力の利用

の推進といった政策意図の下，成立した。このため，介保法は，老福法のような行政処分によるサービス提供の方法は用いず，利用者と介護サービス事業者が直接に契約を結んでサービスを利用するしくみを導入した。このような契約方式の採用が，介保法が利用者の自己決定ないしは選択権を保障していると評されるゆえんである。このような介保法の制定によるサービス利用のしくみの変更は，「措置から契約へ」と呼ばれ，この結果，老福法に基づく措置制度は，介保法による契約型のサービス利用を補完する，例外的制度としての位置を占めることとなったのである。

第2節　サービス利用の手続と保険者の役割

2-1　保険給付と要介護・要支援認定

　介保法は，社会保険のしくみであるから，介保法令上，保険給付とされるものが公的介護保障の具体的内容ということになる。介保法は，保険給付について，介護給付・予防給付・市町村特別給付の3類型を定め（18条），保険者が前2者以外の給付について条例化すれば，当該自治体独自の横出しサービスとしての市町村特別給付を行うことができるとしている（62条）。

　被保険者は，介護給付を受けようとする際には保険者から要介護であることの認定を受けること（19条1項），あるいは，予防給付を受けようとする際には要支援状態にあることの認定を受けることを義務づけられており（同2項），前者を要介護認定，後者を要支援認定という。要介護認定によって振り分けられる要介護状態区分は要介護1～5の5段階，要支援状態区分は要支援1～2の2段階である。要介護・要支援認定はいずれも，保険者が申請に対する処分として行う。高齢者が何らかのサービスを必要とする場合，自ら保険者に認定申請をし，最も軽度な要支援1から最も重度な要介護5までの7段階のいずれかの判定を受けなければならない（ただし，いずれの段階にも該当しないとされる場合もあり，この場合は拒否処分となる）。介保法に基づいて介護サービスを利用しようとする際，要介護・要支援認定を受けていることが必須である点は，保険料を納めた被保険者に交付される被保険者証を医療機関に持参しさえすれば診療を受けられる医療保険とは，大きく異なる。介保法の被保険者は，月々の保

険料の納付をした上で，実際にサービスを利用しようとする際には，あらかじめ要介護・要支援認定を受け，保険給付の受給資格を得ておかなければならない。

　要介護・要支援の認定には専門性を要することから，保険者に置かれる介護認定審査会（14条）が，訪問調査員による調査内容を国が開発したコンピューターソフトを用いて判定する一次判定結果と，調査員の特記事項と主治医意見書をもとに二次判定を行い，審査会の審査・判定の結果に基づいて保険者が行うしくみがとられている（27条）。また，このようにして行われる要介護・要支援認定における７段階の程度区分は，当該認定を受けた被保険者に支給される保険給付の限度額と連動する。給付限度額は告示で決められており，要支援１から要介護５の順に，５万320円，10万5310円，16万7650円，19万7050円，27万480円，30万9380円，36万2170円が，１か月当たりの保険給付の限度額とされている（令和元（2019）年10月現在。ただし，地域により若干の差がある）。したがって，要介護・要支援認定という行政処分は，当事者が利用しうるサービスの総量を左右する重要な判断であるといえる。

　介護保険における保険給付は，いずれの類型についても，要介護・要支援認定を受けた被保険者がサービス事業者からサービスを受けた場合において，原則としてこれに要する費用の100分の90に相当する額の支給として行われる（例，介護給付のうち居宅介護サービス費の支給について41条４項各号）。このことから，介保法による介護保障の内容は，介護サービスの現物給付ではなく，サービス利用に要する費用の一部を補填する金銭給付であると解される。保険給付の受給権者は，本来，被保険者たるサービス利用者であるが，介保法はこれを介護事業者が代理受領することを認めており，実際には被保険者は，原則として利用する介護サービス費用の１割に相当する自己負担額を支払いさえすれば，サービスを受ける地位が保障される（ただし，所得の多い者は所得段階に応じて２割または３割負担となる）。これは，裏返していえば，経済的負担能力の多寡が，利用できるサービスの総量を左右することも意味している。利用者の負担軽減について，介保法は，高額介護サービス費（51条）等の制度を置いているが，制度発足以来，サービスの平均利用率は，支給限度額の５〜６割程度にとどまっている。このため，地方自治体によっては，被保険者の利用者自己負担

や保険料の減免条例を整備し，経済的負担軽減を図る動きがある。

　1-2でみたとおり，サービスの利用は事業者との直接の契約を通じて行われるため，保険者である地方自治体に法的に課された介護保障の役割は，保険給付の受給資格を付与する法効果をもつ要介護・要支援認定を行う役割と，利用者自己負担分を除いたサービス費に相当する費用を支給する役割にとどまっている。したがって，介保法下での自治体は，介護サービスの現物保障を行う責任を負っておらず，この点は，措置制度下において自治体に課された責任内容とは異なっている。

2-2　多様な民間事業者の参入と地方自治体の規制権限

　介保法は，1-2でみたように，民間活力の利用の推進という政策意図をもち，制定された。これにより，家族にのしかかる介護負担を解消し，介護の社会化を図ることが目指されたのである。

　介保法が施行された平成12（2000）年度以降，介護サービスを提供する民間事業者の参入が進み，巨大な介護市場の形成が着実に進展してきた。このことは，厚生労働省が毎年公表している，介護サービス事業所の種類ごとの開設（経営）主体別事業所数の構成割合のデータ推移をみれば明らかである。この推移を，同法施行年度に当たる平成12（2000）年と公表されている直近データである平成29（2017）年で比べると，以下のとおりとなっている（なお，いずれのデータも，地方自治体・社会福祉法人・営利法人の順に挙げている）。たとえば，「訪問介護」については6.6％・43.2％・30.3％から0.3％・18.2％，66.2％へ，「通所介護」については22.2％・66.0％・4.5％から0.5％・38.8％・48.5％へ，「居宅介護支援事業所」については11.9％・35.0％・18.1％から0.8％・25.1％・49.9％へ推移しており，いずれに関しても，この15年余の間に，地方自治体と社会福祉法人の占める割合が下がる一方，営利法人の占める割合が上昇したことが分かる。

　このような傾向は，開設主体に係る法規制や提供されるサービスの特性ゆえに経営主体の多様化が進みにくい施設系のサービスにおいては直ちに妥当しないが（前述の調査結果のうち，介護保険施設の種類ごとの開設主体別施設数の構成割合の平成29（2017）年の状況を見ると，介護老人福祉施設については94.8％が社会福祉法

人，介護老人保健施設については75.3％が医療法人，介護療養型医療施設については83.4％が医療法人である），居宅系のサービスを提供する事業所については，前述のとおり，その傾向が極めて顕著である。

　多様な民間事業者が数多く参入して要支援・要介護状態にある高齢者にサービス提供を行うのであるから，その質の確保は，重要不可欠である。そのために介保法は，「指定」と呼ばれる権限を用い，民間事業者の介護事業への参入を規制している。指定による規制のしくみは，次のとおりである。民間事業者が介保法下でサービス提供に従事しようとする際には，権限ある行政庁（サービスの種類によって都道府県知事または市町村長とされている）から指定を受けなければならず，指定が得られれば，当該事業者は指定事業者としてサービスの提供に従事できる。指定の基準には，事業所の従業者の知識・技能・人員の基準や，事業所の設備・運営の基準等があり，これらを満たす必要がある（たとえば指定居宅サービス事業者について，70条。以下，同じ）。なお，指定は更新制で，6年間の有効期間がある（70条の2）。一方，指定事業者が法令違反等をした場合には，違反状態の是正等を求める勧告がされ，勧告に従わない場合にはその旨の公表がされ，また，正当な理由がないにもかかわらず勧告に係る措置をとらなかった場合には，勧告に係る措置をとるべきことを命ずるとともに，その旨の公示がされうる（76条の2）。このほか，指定事業者が，将来，指定基準を満たさなくなった等，指定事業者としての適格を欠く状態に至った場合には，指定の取消し，指定の全部または一部の効力の停止が行われうる（77条）。なお，これらの規制権限行使の現状として，厚労省が平成31（2019）年3月19日に公表した平成29（2017）年度の状況をみてみよう。これによると，指定の取消しおよび効力の停止の処分を受けた事業所は過去最多の257か所で，指定取消しが169か所，指定効力の停止が88か所，これに伴う介護報酬の返還請求額は計11億7800万円であり，決して楽観視できない状態である。

　民間事業者の参入が進む中では，指定を軸とする民間事業者に対する規制権限行使の役割は，高齢者介護分野において地方自治体が負う役割として，次第に大きくなっている。しかしその一方で，地方自治体が直営の介護事業を行い，自らサービス提供主体となる機会は著しく減っている現状があることに照らすと，介保法の下での地方自治体は，サービスの現物保障を行うことによっ

てではなく，多様な事業者をコントロールする権限をふるうことを通して，間接的に介護保障を実現する役割を負っているといえる。また，サービスの現物保障を担う機会の減少は，自治体が，介護に関する現場感覚を失い，専門性を低下させる要因にもなりうる。このような状況をいかにして克服し，自治体が公的介護保障の第一線を担っていけるかが問われているともいえる。

2-3　サービス利用に関する相談と助言

　介護保険制度は複雑であり，一般的にいって，住民は十分な知識を有しておらず，また，自己決定や選択権の保障という政策意図とは裏腹に，どのようなサービスをどの事業者と契約を結んで利用すればよいか，その判断に資する情報さえ有していないのが通例である。それゆえに住民は，しばしば **Topic** にあるような事態に直面することになる。このため，支援を必要としている高齢者住民に確実に介護保障をするためには，その入り口の問題として，サービス利用に関する相談と助言が重要である。この点について介保法は，ケアマネジメントと呼ばれるしくみを採用している。

　ケアマネジメントとは，介護支援専門員（ケアマネジャー）によって行われる，要介護・要支援高齢者やその家族への相談援助過程のことである。ケアマネジャーは，要介護・要支援高齢者からの相談に応じ，その心身の状況に応じた適切なサービスを利用できるよう，サービス事業者との連絡調整等を行う専門職であり，要介護・要支援高齢者が自立した日常生活をおくるのに必要な援助に関する専門的知識や技術をもつ者として介護支援専門員証の交付を受けた者であり（7条5項），2-2で触れた「居宅介護支援事業所」に所属して，ケアマネジメントに携わる。ケアマネジャーは，要介護・要支援高齢者の心身の状況，置かれている環境や，当該高齢者およびその家族の意向を聞き，当該高齢者の抱える課題やニーズを把握しつつケアプランを作成することが求められ，ケアプランに沿ったサービス利用契約の締結へとつなぐ役割を負っている。ケアプランとは，「居宅サービス計画」（8条24項）と呼ばれる介護サービスの利用計画のことである。ケアマネジャーは，ケアプランに沿ったサービス利用を確保するため，サービス事業者との連絡調整等の対応を行う。

　さてここで，冒頭の **Topic** を思い出してほしい。**Topic** においてCは，「良

い介護を受けたいなら，良いケアマネジャーに出会うことが鍵だ」との情報を得ていた。前述のとおり，ケアマネジャーは，当事者や家族の状況を把握し，その希望も聞きながら，専門的立場から当事者が利用すべきサービスのプランを立て，サービス利用契約締結への支援を行う役割を負っている。このような介保法上の相談・助言のしくみからすると，　Topic　のCが得た上記情報がインターネット上で流されているのも当然，といえる。また，この点をおさえた上で，さらに2-2でみた，開設（経営）主体別事業所数の構成割合データも思い出してほしい。介保法が施行されて以来，「居宅介護支援事業所」を地方自治体が直営で実施する割合は減っており，5割近くが営利法人によって提供されるなど，民間事業者が大半を担っている現状がある。このような実情から，どのようなサービスを利用すべきか等の具体的なサービスに関する相談・助言について，地方自治体が対応する立場にない現状であることが分かるであろう。

　また，　Topic　のCは，「介護保険でサービスを利用するなら，地方自治体の窓口か地域包括支援センターに行くといい。ただし，地方自治体では，事業者の連絡先の一覧くらいしか渡されないから，要注意」との情報も得ていた。この点については，どのように考えればよいだろうか。前述のように，居宅介護支援事業所の大半が民間事業者であるからといって，住民であるBが介護サービスの利用について検討を始めている中，A市が地方自治体として具体的な助言をすることが妨げられるわけではないようにも思われる。しかし，この点について答えは「否」である。すでにみたように，介保法は，当事者が自らの自己決定によって契約を結んでサービスを利用し，その前提として，多様な事業者の参入を促し，選択権を保障する介護保障体制をとっている。このような体制下では，行政は，あらゆる事業者との間で中立性を保つべきであり，特定の事業者を名指ししてその利用を勧める等の具体的な助言を行うことは避けるべきと考えられている。したがって，　Topic　のように，保険者であるA市は，事業者の一覧表のような事業者に関する客観的情報の提供を行うにとどまることになるのである。なお，介保法は，「介護サービスの内容及び介護サービスを提供する事業者又は施設の運営状況に関する情報であって，介護サービスを利用し，又は利用しようとする要介護者等が適切かつ円滑に当該介護サービス

を利用する機会を確保するために公表されることが必要なものとして厚生労働省令で定めるもの」について都道府県知事に公表義務を課す，介護サービス情報の公表制度も置いている（115条の35）。ここで公表される情報は相当に豊富ではあるが，すべての事業者について網羅的に客観的情報が羅列されている状態であることから，やはり当事者にとって，決して分かりやすいものとはいえない。

　では，■Topic■にあった「地域包括支援センター」は，どうか。これは，介保法上，地域における身近な相談支援機関として，市町村が設置主体となって設置することができるものである（115条の46）。2-2で見た厚労省の調査によると，直近の平成29（2017）年の時点で，「地域包括支援センター」の開設（経営）主体は，地方自治体が24.5％となっており，比較的高い割合で自治体直営であることが分かる。この点に鑑みると，■Topic■でCが得た情報のように「地域包括支援センターに行くといい」といえるが，ただし，「地域包括支援センター」は，要支援1および2の者が介護予防サービスを利用する際のケアマネジメントの担当機関とされており，その権限事項は限定されている。

　また，現在，介護市場への民間参入の進展に大きく寄与しているもう1つの要素として，「サービス付き高齢者向け住宅（サ高住）」の存在がある。サ高住は，「高齢者の居住の安定確保に関する法律」の平成23（2011）年改正の際，登録制を備えた制度として創設された，高齢者の単身または夫婦世帯が居住できる賃貸等の住宅である。サ高住は，安否確認と生活相談サービスの提供は義務づけられているが，介護サービスの提供は任意である。このような特徴をもつサ高住は，制度発足以来その棟数は伸びているものの，必ずしも介護事業者が運営しているわけではないなど，利用者にとっては，いわゆる老人ホームとの違いが分かりにくいものとなっている。

第 3 節　公的介護保障における地方自治体の役割

3-1　措置権者としての地方自治体の役割

　高齢者介護の現行法には，すでにみた介保法と並んで，老福法がある。もともと，老福法は，従来から措置制度のしくみをもつ高齢者介護の法律であり，

現在もその点は変わっていない。ただし，老福法上の措置制度は，介保法制定に伴い，介保法に基づく介護サービス利用が適切になされない場合に発動されるしくみへと変更が加えられ，現在に至っている。現行の措置制度の条文の一例を挙げると，次のとおりである。「65歳以上の者であつて，身体上又は精神上の障害があるために日常生活を営むのに支障があるものが，<u>やむを得ない事由により介護保険法に規定する訪問介護……を利用することが著しく困難であると認めるときは，</u>」市町村が措置を行うことができるとされている（10条の4第1号）。この規定のように，現在，老福法の措置制度は，介保法上のサービスを利用することを基本とした上で，「やむを得ない事由により」その利用が「著しく困難であると認めるとき」に，市町村が措置権限を発動するしくみとなっている。介保法は，当事者が自ら契約を結んで利用する介護保障であるのに対し，老福法は，契約によるサービス利用によることが困難な高齢者に対する救済策のような位置づけであり，そのような意味合いにおいて，補完的ないしは例外的な制度といえる。さらにいえば，現行の高齢者介護の法制度は，契約による申請主義の介護保障を原則とする一方，それが困難な高齢者に対しては，職権主義の介護保障を置いているということもできる。

　そもそも，介護サービスは，要支援・要介護状態の高齢者が利用するものであるから，健常者が結ぶ契約に比して，一段と手厚い権利擁護のための配慮を講じておく必要がある。このような観点からすれば，「やむを得ない事由」や「著しく困難」とはどのような場合を指すか，その解釈が問題となる。この点について厚労省の解釈は，契約によるサービス利用や要介護認定の申請が困難な場合や，家族から虐待を受けている場合等を想定しているが，措置権者たる地方自治体は，個別のケースごとに適時かつ適切な判断を行うことが求められる。

　このほか，老福法は，前述のような「やむを得ない事由」や「著しく困難」といった限定を付さずに，市町村が同法の要件を自主的に解釈して権限行使することを認めている措置制度も置いている。具体的には，老福法11条1項1号の養護老人ホームへの入所措置権限である。同条項は「市町村は，必要に応じて，次の措置を採らなければならない」とし，同号は「環境上の理由及び経済的理由……により居宅において養護を受けることが困難なものを当該市町村の設置する養護老人ホームに入所させ，又は当該市町村以外の者の設置する養護

老人ホームに入所を委託すること」と定めている。この規定は，現行法において
て残された，例外的に市町村独自の判断で行使しうる措置権限である。しか
し，いわゆる「三位一体の改革」における養護老人ホーム運営費負担金の廃止
によりもたらされた財源不足を背景として，施設に空室があっても措置権限が
発動されない「措置控え」と呼ばれる問題が生じていることが指摘されている
（「三位一体の改革」が保育分野に与えた影響については，第11章第2節を参照）。措置
権限は，契約によるサービス利用を基本とする現在の公的介護保障における，
いわば最後の砦としての制度であるといえる。この権限をいかに適切に行使
し，高齢者住民の介護ニーズに応えていくか，地方自治体の対応が問われてい
る。

3-2　地域社会の支え合いと公的介護保障

　近年，介護保険について，制度としての持続可能性が強調され，地域社会の
支え合いのしくみの構築を推進し，これを公的介護保障の構成要素として積極
的に位置づける，「地域包括ケアシステム」（地域包括ケア）の政策が推進され
ている。地域包括ケアは，平成25（2013）年に制定された「持続可能な社会保
障制度の確立を図るための改革の推進に関する法律」において，「地域の実情
に応じて，高齢者が，可能な限り，住み慣れた地域でその有する能力に応じ自
立した日常生活を営むことができるよう，医療，介護，介護予防……，住まい
及び自立した日常生活の支援が包括的に確保される体制」と定義されている
（4条4項）。この政策推進の背景となったのは，平成24（2012）年に制定された
社会保障制度改革推進法が示した，「自助，共助及び公助が最も適切に組み合
わされるよう留意しつつ，国民が自立した生活を営むことができるよう，家族
相互及び国民相互の助け合いの仕組みを通じてその実現を支援していくこと」
（2条1号）という，社会保障制度改革の全般にわたる基本的な考え方である。
そして現在，国は，「市町村が中心となって，地域の実情に応じて，住民等の
多様な主体が参画し，多様なサービスを充実することにより，地域の支え合い
の体制づくりを推進」することを地方自治体に求めており（「介護予防・日常生
活支援総合事業の適切かつ有効な実施を図るための指針」平成27（2015）年3月31日厚
生労働省告示第196号），これを受けて，多くの地方自治体がその取り組みを進め

ている状況がある。

　地域包括ケアの構想に対しては，あるべき公的介護保障と地方自治の関係という根源的な点も含め，論じられるべき点が多い。その一端を指摘すれば，現在の地域包括ケアの状況は，要介護度のレベルが軽度の者のみを対象とした市町村ないしコミュニティ自治による新たなサービス供給体制の構築を目指す構想であり，この点に鑑みると，公的介護保障のあり方として，なぜ軽度者のみをコミュニティ自治に委ねるのかという問題のほか，軽度者に提供されるサービスの専門性の軽視という権利保障にとって看過しがたい問題もあるように思われる。しかし，その一方で，人が人間らしい生をおくる上で，他者とのつながりを豊かにすることは欠かせない。このような観点からは，介護を個々のサービスメニューから選び取り契約によって利用するあり方に加えて，地域社会の人的な結びつきの中でその提供を目指そうとする，コミュニティ政策と合わさった形での公的介護保障政策について，その積極的側面もみていく必要があろう。また，いうまでもなく，住民が抱える生活問題は，介護だけではない。この点からすれば，高齢者介護に特化せず，縦割り行政の枠を超えて，総合的な相談や支援の実践が求められている面もある。これらの論点の検討も含め，公的介護保障の充実に向けた取り組みがますます求められている。

Further Reading

伊藤周平『介護保険法と権利保障』（法律文化社，2008年）

豊島明子「高齢者福祉法制の大転換と公的介護保障の課題」三橋良士明・村上博・榊原秀訓編『自治体行政システムの転換と法——地域主権改革から再度の地方分権改革へ』（日本評論社，2014年）

菊池馨実『社会保障再考——〈地域〉で支える』岩波新書（岩波書店，2019年）

第13章 学校教育と社会教育

Learning Point

　本章では，教育行政のうち，学校教育および社会教育を概説する。教育行政とはどのようなものか，教育行政における活動にはどのようなものがあるか，その意義と沿革をも併せてみていく。さらに，学校教育においては学力テストやいじめ問題など，社会教育においては社会教育施設の民間委託や再編など，今日の教育行政の抱える問題点と課題について考えてみよう。

Topic

　平成19（2007）年から，全国学力・学習状況調査，いわゆる「学力テスト」が，小学6年生と中学3年生を対象に始められた。学力テスト実施の根拠は，地方教育行政の組織及び運営に関する法律（以下，「地方教育行政法」という）54条2項とされ，あくまでも自治体の協力を得て文部科学省が実施するという形式が採られている。この根拠規定は，昭和36（1961）年から昭和39（1964）年まで実施され，全国的に激しい反対運動が展開された当時の文部省による全国一斉学力調査と同じである。当時，調査実施に対する実力阻止行動により，多くの刑事事件や処分事件が生じている。

　その中の1つである旭川学力テスト事件で，最高裁は，結論的には学力テストを適法とし，公務執行妨害罪について有罪と判断を変えた。ここで問題になるのは，大臣による学力テストの実施要求は，教育に関する地方自治の原則に反しないかである。

第 1 節　教育行政

1－1　教育行政の意義と沿革

1－1－1　教育行政の意義

　憲法23条は「学問の自由」を保障し，さらに26条 1 項は「すべて国民は，法律の定めるところにより，その能力に応じて，ひとしく教育を受ける権利を有する」と規定している。特に，子どもの教育に関して，家永教科書訴訟（第二次）東京地裁判決（東京地判昭和45（1970）年 7 月17日行集21巻 7 号別冊 1 頁）は，26条を「生存権的基本権の文化的側面として子どもに教育を受ける権利を保障したものである」とし，「子どもは未来における可能性をもつ存在であるから，将来においてその人間性を十分に開花させるべく自ら学習し，事物を知り，これによって自らを成長させることが子どもの生来的権利であり，このような子どもの学習する権利を保障することは国民的課題である」としている。そして，**Topic** の旭川学力テスト事件最高裁判決（最判昭和51（1976）年 5 月21日刑集30巻 5 号615頁）では「人間として，また一市民として，成長，発達し，自己の人格を完成するために必要な学習をする固有の権利」として捉えられ，「教育を施す者の支配的権能ではなく，何よりもまず，子どもの学習する権利に対応し，その充足をはかりうる立場にある者の責務に属する」とし，子どもたちに対して，親，教師だけでなく，国や地方公共団体等には，学習する権利を保障する責任があることを述べている。

　そこで，教育行政とは，すべての国民に，「その能力に応じて，ひとしく」教育を受け，人格を完成するために必要な学習をする権利の保障を具体化するために，国や地方自治体が行う，そして行わなければならない活動を意味する。つまり，国や地方自治体には，学校その他の教育施設や設備を整え，教育の専門家を適切に配置することが求められているのであり，その際に，憲法92条の「地方自治の本旨」は，教育行政にも妥当すると考えられる。教育行政は，できるだけ住民が参加し，その意思を反映させながら運営していく必要があり，そのためには，地方の教育行政に対する国の関与はできるだけ抑制されなければならない。

　Topic 最高裁判決は，「現行法制上，学校等の教育に関する施設の設置，管

理及びその他教育に関する事務は，普通地方公共団体の事務とされ（自治2条
3項5号），公立学校における教育に関する権限は，当該地方公共団体の教育委
員会に属するとされる（地教行23条・32条・43条等）等，教育に関する地方自治
の原則が採用されている」とし，「それぞれの地方の住民に直結した形で，各
地方の実情に適応した教育を行わせるのが教育の目的及び本質に適合するとの
観念に基づくものであって，このような地方自治の原則が現行教育法制におけ
る重要な基本原理の1つをなすものであることは，疑いをいれない。そして，
右の教育に関する地方自治の原則からすれば，地教委の有する教育に関する固
有の権限に対する国の行政機関である文部大臣の介入，監督の権限に一定の制
約が存する」として，地方自治の原則が現行教育法制上の「重要な基本原理の
1つ」であることを認めている。結論的には，最高裁は，教育委員会が本件学
力調査を実施したのは，自らの権限に基づいて自主的に行ったとみなされるか
ら手続上の違法はなく，教育における地方自治の原則に反する違法があるとす
ることはできない，と判断した。したがって，教育委員会自らの判断によっ
て，自主的に実施しないことも認められるということになるだろうか。

1-1-2　教育行政における国と地方自治体の役割

　教育を受ける権利を保障し，教育の機会均等を実現するためには，全国どこ
でも一定の水準の教育が受けられるようにしなければならない。そのために，
国，都道府県，市町村にはそれぞれの役割分担がなされている。

　地方自治体は，県立高校や市町村立学校の設置者として，自らの設置する学
校を管理し，その経費を負担する。学校の施設・設備に関しては，国の補助が
あり，とくに義務教育に要する経費については，義務教育費国庫負担制度があ
るが，その整備は学校の設置者である自治体が責任を負うという「設置者負担
主義」（学教5条）を採用している。市町村立の公立小・中学校の教職員の給与
に関しては，国が3分の1（義務教育費国庫負担法2条），都道府県が3分の2
（市町村立学校職員給与負担法1条，2条）を負担しており，都道府県は，公立小・
中学校の教職員の人事を行う権限を有する（地教行37条）。これを「県費負担教
職員制度」という。一方，市町村は小・中学校の設置・管理や社会教育，教職
員の服務監督などを担当する。また，国は，教育課程の基準（学習指導要領）
を定め，教育行政に関して，地方自治体に指導・助言という形式での関与を行

179

うことができる（地教行47条以下）。

　こうした学校教育に関する費用負担，人事権の役割分担と関与のあり方等は，教育の機会均等の実現や学校教育の全国的な質の確保に資するものではあるが，教育に関する地方自治の原則からすれば，設置者負担主義に則り，地方自治体に充分な財源を確保した上で，住民の意思に基づく地方自治体独自の教育行政を展開していけるような制度設計が必要であろう。

1-1-3　教育行政の沿革

　Topic 最高裁判決が述べるように，「地方自治の原則が現行教育法制における重要な基本原理の一つ」をなしているのは，「戦前におけるような国の強い統制の下における全国的な画一的教育を排して，それぞれの地方の住民に直結した形で，各地方の実情に適応した教育を行わせるのが教育の目的及び本質に適合するとの観念に基づ」いているからである。

　明治憲法下の日本では，教育は国の事務であり，教育行政は，内務省が担当する一般行政の一部として行われていた。そこでは，教育は，納税，兵役とともに国民の義務の1つとされ，保護者には子どもたちを尋常小学校へ就学させる義務が課せられていた。そもそも明治憲法には教育に関する権利条項はなく，明治23（1890）年に発布された「教育勅語」が教育理念となり，教育に関わる法令は，法律ではなく勅令として発せられていた。

　しかし，戦後，権利としての教育を保障するために，日本国憲法ととともに，昭和22（1947）年に教育基本法（以下，「旧教育基本法」という）が制定されたことにより，日本の教育は大きく変わることになる。旧教育基本法は，教育の目的を「人格の完成をめざし，平和的な国家及び社会の形成者として，真理と正義を愛し，個人の価値をたっとび，勤労と責任を重んじ，自主的精神に充ちた心身ともに健康な国民の育成を期して行わなければならない」（1条）とし，「教育の目的は，あらゆる機会に，あらゆる場所において実現されなければなら」ず（2条），「すべて国民は，ひとしく，その能力に応ずる教育を受ける機会をあたえられなければならない」（3条）という教育の機会均等の原則を示した。

　また，教育行政に関して，「教育は，不当な支配に服することなく，国民全体に対し直接に責任を負って行われるべきものである」（10条1項）として「教

育に対する不当な支配」の禁止を定め，さらに「教育行政は，この自覚のもとに，教育の目的を遂行するに必要な諸条件の整備確立を目標として行わなければならない」(同条2項) こととされた。

　この規定が，教育への政治的権力の介入に対する歯止めになってきたのであるが，教育基本法は，平成18 (2006) 年に全面的に「改正」され，旧10条は，「教育は，不当な支配に服することなく，この法律及び他の法律の定めるところにより行われるべきもの」(16条1項) と変えられ，これによって法律によりさえすれば教育内容に対する国家の介入・統制が可能となるしくみが作られたことに注意する必要がある。さらに，「改正」教育基本法17条において，「教育振興基本計画」が新設された。政府は，「教育の振興に関する施策の総合的かつ計画的な推進を図るため，教育の振興に関する施策についての基本的な方針及び構ずべき施策その他必要な事項について，基本的な計画を定め，これを国会に報告するとともに，公表しなければならない」(1項) とされ，地方公共団体は，その計画を「参酌」して，「その地域の実情に応じ，当該地方公共団体における教育の振興のための施策に関する基本的な計画を定めるよう努めなければならない」(2項) とし，政府の策定する計画によって教育内容が統制されるしくみが設けられた。また，地方教育行政法においても，平成19 (2007)年「改正」により，文部科学大臣による「是正の要求」(49条) や「指示」(50条) などの権限が規定され，国の地方教育行政への関与が強められている。このことにより，国と地方との関係について，教育行政における地方自治が脅かされる危険性が生じている。

1-1-4　教育委員会

　戦後，軍国主義を支えた戦前の教育への反省から，教育を民主化し，地域住民の意思を反映した教育行政を実現することを目的として，地方公共団体の長から独立した合議制の執行機関 (行政委員会) として教育委員会が創設された。そこでは，教育を地方分権化し，一般行政から教育行政を独立させ，選挙で選ばれた一般住民が教育委員となり，教育行政の専門職である教育長を任命し，両者のチェック・アンド・バランス (抑制と均衡) の下で教育行政を進めていくことが目指された。

　昭和23 (1948) 年に教育委員会法が制定され，昭和27 (1952) 年には，すべ

ての都道府県，市町村・特別区に行政委員会として教育委員会が設置され，地方自治に立脚する地方教育行政制度の実現をみた。意思決定機関である教育委員会の委員は，教育行政の専門家ではなく，地域社会の良識ある一般人の中から選出され，地方議会の承認を得て選ばれることになった。そのような教育委員が，地域住民の代弁者として教育行政を統制することを「レイマン・コントロール」（素人統制）と呼ぶ。教育委員会法制定当時は，教育委員の選出は住民の直接選挙に拠っていたのであるが，昭和31（1956）年，教育委員会法が廃止され，地方教育行政法に変わると，教育委員は地方公共団体の長が議会の同意を得て任命するという任命制になり，都道府県の教育長は，文部大臣の，市町村の教育長は都道府県教育委員会の承認を得て，それぞれ教育委員会が任命することとなった。

　平成2（1990）年代以降の地方分権と規制緩和の流れの中で，地方教育行政法が「改正」され，教育長の任命承認制度は廃止され，教育長は，地方公共団体の長によって任命された教育委員のうちから，教育委員会によって選任されることとなった。また，平成13（2001）年改正では，地域における多様な教育意思を反映させることを目的として，教育委員には必ず保護者委員を含むことが規定され（4条5項），教育行政の透明性確保の観点から教育委員会の会議は原則公開となった（14条7項）。平成19（2007）年の地方教育行政法改正により，国が教育委員会に対して是正の要求を行う際には，文科大臣が具体的な措置内容を示して行うことが規定され（49条），国の関与が強められた。

　さらに，いじめ事件への対応のまずさ等をきっかけに教育委員会の機能不全が批判の的となる。平成23（2011）年10月に大津市で発生した中学生いじめ自殺事件を受けて，平成25（2013）年6月にいじめ防止対策推進法が制定されるとともに，教育委員会の組織改変が主張されるようになり，平成26（2014）年に地方教育行政法の大「改正」が行われた。「改正」地方教育行政法は，従来の教育委員長と教育長を一本化し，教育委員会の会務を総理し，教育委員会を代表する役職として教育長を位置づけた（13条1項）。新教育長は，首長により議会の同意を得て直接任命（4条1項）され，児童，生徒等の教育を受ける権利の保障に万全を期して教育行政の運営に当たる（11条）こととなった。また，教育委員会とは別に，首長と教育委員会で構成し，首長が招集する「総合

教育会議」の設置（1条の4）が定められ，地方教育行政に対する首長の権限が強化されてきている。

　このような地方教育行政制度のあり方は，教育委員会の首長からの独立性を奪い，民主的な合議制の執行機関として設立された教育委員会の機能を形骸化させる危険性がある。教育行政の一般行政からの独立性を堅持し，地域住民の多様な意見を反映していけるような総合教育会議体制のあり方を各地方自治体で検討していく必要があろう。

1-2　学校教育行政

1-2-1　教育課程・教科書

①　教科書

　教科書については，「文部科学大臣の検定を経た教科用図書又は文部科学省が著作名義を有する教科用図書を使用しなければならない」（学教34条1項等）とされているが，教科書採択の決定権限については，法令上明らかではない。「義務教育諸学校の教科用図書の無償措置に関する法律」（教科書無償措置法）では，教科書の採択について，都道府県教育委員会は「市町村及び義務教育諸学校の校長の行う採択に関する事務について，適切な指導，助言又は援助を行わなければならない」（10条）とされ，その都道府県教育委員会が行う指導，助言，援助により「種目ごとに一種の教科用図書について行うものとする」（13条1項）とされるだけで，決定権がどこにあるのかは明確ではない。

　平成23（2011）年，沖縄県八重山採択地区で，竹富町教育委員会が選定された教科書の採択を拒否して別の教科書を採択した出来事を契機として，平成26（2014）年に教科書無償措置法が一部改正され，都道府県教育委員会が設定した「教科用図書採択地区」内の市町村教育委員会は，採択地区が二以上の市町村の区域を併せた地域であるときは，採択地区協議会における協議の結果に基づいて，種目ごとに同一の教科書を採択しなければならない（13条4項）こととなり，市町村教育委員会が教科書を採択した時には，遅滞なく，採択結果及び理由等を公表する努力義務が課された（15条）。

②　学習指導要領

　教育課程の基準として文部科学大臣が別に公示する学習指導要領があり（学

校教育法施行規則52条・74条・84条等），教育課程編成の基準とされている。しかし，その法的拘束力の有無は大きな争点となってきた。

　学習指導要領の法的性格は，日の丸・君が代に関する問題とも関わっている。平成元（1989）年の学習指導要領に国旗・国歌を「指導するものとする」と記され，学校現場において「強制はしない」はずだったにもかかわらず，翌年には当時の文部省が学校現場での指導を義務づけたことから，校長による職務命令に従う義務があるとして，国歌斉唱時の不起立やピアノ伴奏拒否などを理由に，多くの教職員が懲戒処分を受けている。

　東京都では，入学式・卒業式での日の丸・君が代の扱いを詳細に指示した通達（平成15（2003）年10月23日付）が出され，不起立などを職務命令違反として300人以上が処分されている。そこで，いわゆる「日の丸・君が代訴訟」の下級審では，教職員に対する起立斉唱やピアノ伴奏の義務づけは，思想・良心の自由に対する制約であるとして，校長による職務命令は憲法19条に違反するという判決（東京地判平成18（2006）年9月21日判時1952号44頁）が出されたが，それに対して，最高裁は，一連の裁判（最判平成19（2007）年2月27日判時1962号3頁，最判平成23（2011）年5月30日判時2123号3頁等）において職務命令や処分がそれ自体として憲法に違反するものではないとしている。教職員に対する制限が思想・良心の自由に対する「間接的な制約」になることを認めはしたが，許容しうる程度の必要性・合理性があることを認め，職務命令が違法であるという主張を退けている。ただ，停職・減給処分については，過去の懲戒処分歴や不起立行為前後の態度等に照らして，加重処分を選択することの相当性を基礎づける具体的な事情が認められず，処分が重すぎるとして，裁量権の範囲を超えており違法であるとの判断が出ている（最判平成24（2012）年1月16日判時2147号139頁）。

　③　全国学力・学習状況調査（学力テスト）

　Topic にあるように，文部科学省は，全国学力・学習状況調査を平成19（2007）年から復活実施している。しかし，調査結果の公開にあたっては，学校の序列化や過度な競争につながらないよう配慮すべきとした（平成26（2014）年度全国学力・学習状況調査に関する実施要領）。また，平成28（2016）年には，授業時間に頻繁に模擬テストや過去問ドリルを実施するなどの過剰な学力テスト

対策を行わないよう求めた。

　学力の実態を明らかにするのは，制度や施策が適切であるかをみるためのものであり，学校や地域を競争に駆り立てて序列化するものであってはならない。地方自治体によっては情報公開の対象に加えるところもあり，学校別順位の公表をしている地方自治体もある。教育現場に混乱が生じているという批判があり，また情報公開の是非を問う裁判も多く提起されている。学校別成績の公表が子どもたちにどのような影響を与えるか，子どもの権利保障の観点から考える必要があろう。また，令和元（2019）年，大阪市では，総合教育会議において，全国学力テストの結果を校長と教員の人事評価・給与に反映させる意向を表明していたが，中止を求める声を受けて断念している。

　学力テストに教育統制機能を持たせ，学校教育そのものを歪めるような用い方は厳に慎まれなければならない。学力テストの必要性について考えてみよう。

1-2-2　児童生徒との関係

①　児童・生徒の懲戒

　校長および教員は，「教育上必要があると認めるとき」，「文部科学大臣の定めるところにより」，懲戒を加えることが認められている（学教11条）。法的懲戒である退学，停学，訓告の３種類の処分は，校長が行うことになっている（学校教育法施行規則26条２項）が，このような懲戒は，ときとして学生・生徒等の教育を受ける権利に対する重大な制限・侵害となる可能性がある。しかし原則的に校長・教員の裁量権に委ねられる（最判昭和29（1954）年７月30日民集８巻７号1501頁）と解されていて，懲戒に対して事前に，学生・生徒の言い分を聴くなどの手続は整備されていなかったが，懲戒にあたっては，「児童等の心身の発達に応ずる等教育上必要な配慮をしなければならない」（同規則26条１項）ことが要求される。また，平成26（2014）年の学校教育法施行規則の改正により，26条５項が新設され，学長は「学生に対する退学，停学及び訓告の処分の手続を定めなければならない」とされた。この懲戒処分の手続規定の内容は，被処分者の手続保障の観点から，明確かつ具体的なものであることが求められる。

②　いじめ問題への対処

　平成23（2011）年の大津いじめ自死事件をきっかけにして，いじめの防止等のための対策を総合的かつ効果的に推進することを目的として，「いじめ防止対策推進法」が成立した。国・地方公共団体・学校は，それぞれ「いじめの防止等のための対策に関する基本的な方針」を策定することが求められている（11条・12条・13条）。

　個別のいじめに対する措置として，教職員や保護者は，いじめに関する相談を受けた場合で，いじめの事実があると思われるときは，学校へ通報する等の適切な措置をとらなければならず（23条1項），学校は，速やかに事実確認を行い，その結果を設置者に報告しなければならない（同条2項）。事実確認の結果，いじめが確認された場合には，いじめをやめさせ，および再発防止のため，いじめを受けた児童とその保護者に対する支援，いじめを行った児童に対する指導又はその保護者に対する助言を継続的に行う（同条3項）とされている。また，いじめを行った児童に対して，いじめを受けた児童が使用する教室以外の場所で学習を行わせる等の措置を講じて，いじめを受けた児童が安心して教育を受けられるようにする（同条4項）ことが規定されている。さらに，いじめが犯罪行為として取り扱われるべきものと認められるときは所轄警察署と連携して対処するものとし，児童等の生命，身体及び財産に重大な被害が生じるおそれがあるときは直ちに所轄警察署に通報し，適切に，援助を求めなければならない（同条6項）として，いじめの加害者に対する厳格な態度と警察との連携が強調されている。そして，いじめにより児童等の生命，身体及び財産に重大な被害が生じた疑いがあるとき等の「重大事態」が発生したときには，学校設置者や学校は，速やかに重大事態に対処するための組織を設け，事実関係を明確にするための調査を行い（28条1項），いじめを受けた児童やその保護者に情報提供する（同条2項）ことになっている。

　また，「大津市子どものいじめの防止に関する条例」（平成25（2013）年）など，地方自治体独自の取り組みも考えられている。いじめ問題にどのように取り組めばいいだろうか。

第2節　社会教育行政

2-1　社会教育の意義と沿革

2-1-1　社会教育行政の意義

　「社会教育」とは，「学校教育法又は就学前の子どもに関する教育，保育等の総合的な提供の推進に関する法律に基づき，学校の教育課程として行われる教育活動を除き，主として青少年及び成人に対して行われる組織的な教育活動（体育及びレクリエーションの活動を含む）」のことをいい（社教2条），国と地方自治体の任務は，すべての国民が「あらゆる機会，あらゆる場所を利用して」，「自ら実際生活に即する文化的教養を高め得るような環境を醸成する」（同法3条1項）ことにある。

　公民館の依頼で利用団体の俳句会が秀作を毎月公民館だよりに掲載していたところ，教育委員会が「梅雨空に『九条守れ』の女性デモ」という俳句を，公民館の「公平・中立性」と相容れないとして不掲載とした。そこで俳句作者が，公民館という社会教育施設を利用した成人の学習権，表現の自由，人格権の侵害であるとして訴えを提起した「九条俳句事件」において，東京高裁は，公民館は社会教育法に規定された「住民の教養の向上，生活文化の振興，社会福祉の増進に寄与すること等を目的とする公的な場」であり，「不当な差別的取扱いをしてはなら」（自治244条3項）ず，「公民館の職員が，住民の公民館の利用を通じた社会教育活動の一環としてなされた学習成果の発表行為につき，その思想，信条を理由に他の住民と比較して不公正な取扱いをしたときは，その学習成果を発表した住民の思想の自由，表現の自由が憲法上保障された基本的人権であり，最大限尊重されるべきものであることからすると，当該住民の人格的利益を侵害するもの」として，俳句不掲載は国家賠償法上違法となると判断し，さいたま市に損害賠償を命じた（東京高判平成30（2018）年5月18日判時2395号47頁）。さいたま地裁は，「子どものみならず，大人についても憲法上，学習権が保障されるというべきであり，社会教育法2条及び3条は，これを前提とする規定であると解するのが相当である」として，社会教育の重要性を述べている（さいたま地判平成29（2017）年10月13日判時2395号52頁）。

　社会教育に必要な援助を行うこと，公民館，図書館，博物館，青年の家その

他の社会教育施設の設置及び管理などは市町村教育委員会の事務（社教5条）
であり，公民館や図書館等の社会教育施設の設置・運営は市町村に課されてい
る。また，都道府県教育委員会の事務としては，公民館及び図書館の設置及び
管理に関し，必要な指導及び調査を行うこと，社会教育を行う者の研修に必要
な施設の設置・運営，講習会の開催，資料の配布等（同法6条）がある。この
ように，社会教育施設は公設公営を原則とし，社会教育行政は，一般行政から
独立した教育委員会の管轄とすることによって，住民の学習の自由と機会の公
平性を担保する運営がなされるように制度化されている。

2-1-2　社会教育の沿革

①　戦前から戦後の改革へ

　明治期，一般大衆を対象とする教育啓発事業は「通俗教育」と呼ばれていた
が，やがて学校教育や家庭教育以外の一般社会を対象とする教育活動を「社会
教育」として捉えるようになった。しかし中央集権的国家体制の下では，社会
教育もまた，教育勅語の理念に基づいて「思想善導」，「民衆教化」を図り，国
家政策を推進するためのものであった。さらに，軍国主義体制の下で，社会教
育は国民を統制する手段として用いられ，教育行政・社会教育行政は，戦争遂
行のための役割を担うこととなる。

　戦後の教育制度改革においては，このような戦前・戦中の歴史をふまえて，
1949年に，「教育基本法の精神に則り，社会教育に関する国と地方公共団体の
任務を明らかにする」（社教1条）ために，「社会教育法」が制定された。そし
て，国および地方自治体は「図書館，博物館，公民館等の施設の設置，学校の
施設の利用その他適当な方法によって教育の目的の実現に努めなければなら」
（旧教基7条）ず，国民「自ら実際生活に即する文化的教養を高め得るような環
境を醸成するように努める」（社教3条）こととされた。

②　生涯学習体系への移行——社会教育行政の一般部局化

　1965年のユネスコの成人教育推進国際委員会において，「生涯教育」（lifelong
education）という考え方が提唱され，わが国においても「生涯教育」，「生涯学
習」という用語が用いられるようになった。1980年代後半には臨時教育審議会
で「生涯学習体系への移行」が打ち出され，教育改革の方向を「生涯学習体系
への移行」と定めると，昭和63（1988）年，文部省は社会教育局を廃止して生

涯学習局を創設する機構改革を行った。地方自治体においても社会教育課等の名称を，生涯学習課等へと変更する事例が増えた。

　平成2（1990）年に「生涯学習の振興のための施策の推進体制等の整備に関する法律」（生涯学習振興法）が制定され，「生涯学習振興」における学校教育，社会教育及び文化に関する機関・団体相互の連携（3条）や民間事業者の活用，広域的推進体制（5条）等が定められ，生涯学習振興行政と一般行政との連携が進められていくことになる。さらに，社会教育事業や施設の合理化・統廃合，社会教育行政の一般行政部局への転換が進められ，平成19（2007）年の地方行政教育法の改正によって，「条例の定めるところにより，当該地方公共団体の長が，」社会教育行政に関する「スポーツに関すること（学校教育を除く）」，「文化に関すること（文化財保護を除く）」の「事務のいずれか又は全てを管理し，執行することとすることができる」（24条）とされ，首長部局への移管・一元化が法的に可能となった。

　社会教育行政においてその中心的な役割を果たしているのは，教育委員会であり，特に市町村教育委員会は，社会教育に関し多岐にわたる事務を行っている（社教5条）。しかし，教育委員会が担ってきた社会教育行政の一般行政化・首長部局への一元化の動きは，戦後日本がめざしてきた憲法・教育基本法の理念に基づく教育法体系の枠組みから，社会教育が切り離されてしまう可能性がある。そのような動きに歯止めをかけ，社会教育行政・施設における住民自治を発展させる政策を考えることが必要であろう。

2-2　社会教育施設

2-2-1　公民館

　戦後の社会教育は，公民館・図書館などを中心とした「施設主義」として展開した。中でも，公民館は，社会教育法において社会教育施設として位置づけられ，設置が奨励され，全国的に普及した。公民館は「市町村その他一定区域内の住民のために，実際生活に即する教育，学術及び文化に関する各種の事業を行い，もつて住民の教養の向上，健康の増進，情操の純化を図り，生活文化の振興，社会福祉の増進に寄与すること」（社教20条）を目的として設置される「公的な場」であり，その目的達成のために，①定期講座を開設すること，②

討論会，講習会，実習会，展示会等を開催すること，③図書，記録，模型，資料等を備え，その利用を図ること，④体育，レクリエーション等に関する集会を開催すること，⑤各種の団体，機関等の連携を図ること，⑥その施設を住民の集会その他の公共的利用に供すること等の事業を行う（同法22条）。

　公民館は，「市町村が設置」（社教21条1項）し，「条例で，公民館の設置及び管理に関する事項を定めなければならない」（同法24条）と規定され，公設公営であることが明記されている。さらに住民の学習権を保障するために，公民館運営審議会の設置（同法29条）や，「情報を積極的に提供するよう努めなければならない」（同法32条の2）とするなど，住民への情報提供・住民参加が定められている。

2-2-2　社会教育施設の民間委託・民営化・再編

　平成11（1999）年，「民間資金等の活用による公共施設等の整備等の促進に関する法律（PFI法）が制定され，平成15（2003）年の地方自治法改正によって「指定管理者制度」が導入されると，公民館等の施設を民間委託・民営化することが可能となった。また，社会教育行政の一般行政化・首長部局への一元化により，公民館設置条例が廃止され，ほかの公共施設との複合化が行われるようになる。さらに，市町村合併の結果，公共施設が統廃合・再編されることにより，公民館もまた，首長部局の下に置かれるまちづくり拠点施設といった名称や役割変更がなされる動きが進行している。

　公民館が社会教育施設から外れることにより，住民の学習する権利を保障する制度が弱体化し，住民自治を後退させる危険性がある。社会教育の自由と社会教育施設への住民参加を保障していくためには，どうすればいいだろうか。

Further Reading
兼子仁『教育法〔新版〕』（有斐閣，1978年）

佐藤一子『「学びの公共空間」としての公民館——九条俳句訴訟が問いかけるもの』（岩波書店，2018年）

日本教育法学会編『教育法の現代的争点』（法律文化社，2014年）

第14章　地域環境保護

Leading point

　わが国の環境保護法制において，地方自治体はいかなる法的地位が認められ，どのような役割を担うことが要請されているのであろうか。地方自治体が，産業廃棄物処理施設を規制するにあたり，どのような取り組みを行っているのであろうか。地方自治体は，地域の環境問題の解決に向けて，いかなる環境政策手段を用いて，どのような方法で取り組んでいくべきであろうか。

> Topic
>
> 　Xは，産業廃棄物の収集，運搬，再生，および処分業を目的として設立された有限会社である。Xは，A県Y町の区域内に産業廃棄物の中間処理施設（以下「本件施設」という）を設置して産業廃棄物処理業を行うことを計画した。Y町は，海と，わが国でも貴重な原生林が残る山々に囲まれた自然豊かな地域である。Y町の水道水源は浅井戸で，水量が豊富で水質も安定している。本件施設の建設予定地は，水道水源に隣接している。Xが，本件施設に係る産業廃棄物中間処理事業計画書をZ県に提出したことから，現地調査が実施され，Z県およびY町関係各機関との間で事前協議会が開催された。Xの前記計画を知ったY町住民は，Y町に本件施設を設置しないように申し入れを行った。Y町も，水道水源に隣接する場所に本件施設が設置されると水道水の水質悪化が懸念されるため，本件施設の設置を阻止したいと考えている。

第1節　わが国における環境問題の状況

　わが国における環境問題は1900年代はじめに遡る。栃木県足尾銅山鉱毒事件（硫黄酸化物の排出と鉱滓流出による渡良瀬川流域の漁業被害と農作物被害），愛媛県別子銅山煙害事件（精錬所からの硫黄酸化物排出による農作物被害），茨城県日立鉱

山煙害事件（同じく硫黄酸化物による農作物被害）といった鉱害問題である。これ以降，第二次世界大戦に至るまでの間においても，騒音，大気汚染，水質汚濁などの公害問題は存在したが，社会問題化することはなかった。

　第二次世界大戦後，高度経済成長期前後から，公害と開発による自然環境破壊が顕在化し，住民の生命や健康への被害が全国的に深刻化することとなる。熊本水俣病事件，新潟水俣病，富山イタイタイ病そして四日市ぜんそくの 4 大公害事件が有名であるが，これ以外にも東京，川崎，大阪，北九州等の主要工業都市などで，大気汚染，水質汚濁，土壌の汚染，騒音，振動，悪臭，地盤沈下（典型 7 公害）といった公害問題が生じていた。道路建設や宅地造成による森林の伐採は全国各地で問題となっていたし，瀬戸内海では石油コンビナート等の建設のために海が埋め立てられ，藻場やアマモ場の消失による生態系の破壊といった自然環境破壊が進行していた。以上のように，公害や自然環境破壊は全国各地で起きるわけであるが，それによって生じる被害を受けるのは当該地域に生活する住民であるため，住民に身近な存在である地方自治体はこれらの問題に何らかの対処が求められることにならざるを得ない。昭和24（1949）年に東京都が工場公害防止条例を制定し，これに続いて，昭和26（1951）年に神奈川県，昭和29（1954）年に大阪府，昭和30（1955）年に福岡県で公害防止条例が制定されるなど，地方自治体は公害問題に取り組んできた。他方で，国の開発行政に追随する自治体も存在した。国は後追的に公害対策や自然環境保全対策のための法制度の整備を行うが，それらの法律には経済調和条項が目的規定として定められており，公害や自然環境破壊を事前に予防するものとしては十全に機能したとは到底いえなかった（国は，昭和34（1959）年に水質二法（「公共用水域の水質の保全に関する法律」と「工場排水等の規制に関する法律」）を施行したが，水俣湾を水質二法に基づき指定地域に指定し排水規制を開始したのは，約10年後の昭和44（1969）年であった。この間，熊本水俣病の原因となった有機水銀は新日本窒素肥料水俣工場から水俣湾に排出され続け，被害を拡大させた）。

　昭和45（1970）年の公害国会を契機として，国はこれまでの公害行政・自然環境保全行政のあり方を転換し，公害対策基本法の改正（経済調和条項の廃止，国による環境基準の策定など），旧環境庁の設置による公害行政の一元化（昭和46（1971）年），そして，自然環境保全対策の基本法としての旧自然環境保全法（昭

和47（1972）年）の制定とともに，個別法の整備と充実化を図った。

　以上のような行政の転換によって，公害・自然環境破壊に対して一定の成果が得られたことも確かであるが，現在でも公害問題は存在する。たとえば，大気汚染については，硫黄酸化物対策は進んだものの，微小粒子状物質や光化学オキシダントの環境基準の達成率は6割程度である。地盤沈下についても，東京都，大阪市，名古屋市などでは対策が取られてきたが，他の地域では依然として地盤沈下が生じている。水質に係る環境基準の達成率は80％にとどまっている。自衛隊基地および米軍基地周辺の騒音被害は極めて深刻である。しかし，最高裁は，これら騒音被害につき過去の損害賠償請求は認めるものの，自衛隊機や米軍機の飛行の差止めは認めない（最判平成5（1993）年2月25日民集47巻2号643頁，最判平成5（1993）年2月25日判時1456号53頁）。普天間基地代替施設の設置のために辺野古沖で公有水面埋立てが行われており，この埋立てにより，ジュゴンや希少なサンゴ（オキナワハマサンゴやヒメサンゴ）の絶滅が危惧されるなど，開発による自然環境破壊はなおも存在する。

　わが国も含めた世界規模での気候変動は，海水面の上昇，海の酸性化による海洋生態系の破壊，さらに洪水，干ばつ，森林火災などを生ぜしめている。わが国がパリ協定（平成27（2015）年採択）で設定された目標をどのように実現していくのか，そして，そのためのエネルギー政策をどのように形作っていくかも課題である。たとえば，経済産業省が策定した「長期エネルギー需給見直し」（平成27（2015）年）は，令和12（2030）年度までの目標として，わが国の電源構成を，再生エネルギー22〜24％，天然ガス27％，石炭26％，原子力22〜20％，石油3％としている。わが国が石炭火力を使用し続けることについては国際的に批判を受けている。原子力を電源構成に入れることも，東京電力福島第一原子力発電所事故以降の，わが国エネルギー政策として妥当といえるかは問題とならざるを得ないであろう。また，世界で年間800万トン以上のプラスティックが海に廃棄されることで，海洋生態系に悪影響を及ぼしており，わが国もこの問題に取り組む必要がある。

　気候変動も海洋プラスティック汚染もグローバルな環境問題であるが，これらの環境問題による悪影響は，地域の自然的社会的条件に応じてそのあらわれ方は異なること，そして，対策も地域の特性に応じて異ならざるを得ないので

ある。そうであるとすると，グローバルな環境問題であれ，国内のそれであれ，国際機関や国のみが取り組むことで解決するものではない。国際機関や国のみならず，地方自治体も，その創意工夫でもって，独自に環境問題の解決に取り組んでいくことが求められている。以下では，わが国の環境保護法制が地方自治体にいかなる法的地位や役割を認めているかを整理した後，地方自治体が，産業廃棄物処理施設に対する規制としてどのような独自の取り組みを行っているかを紹介することを通じて，地方自治体が，地域の環境問題の解決のために，どのような環境政策手法を用いて，いかに取り組むべきかを考えるための素材を提供する。

図表14　環境保護の法体系

環境基本法	公害対策	大気汚染防止・Nox 法など
		水質汚濁防止法・瀬戸内海環境保全特別法・琵琶湖の保全及び再生に関する法律など
		悪臭防止法
		騒音規制法・公共用飛行場周辺における航空機騒音による障害等に関する法律など
		工場用水法・建築物用地下水の採取に関する法律など
		土壌汚染対策法・農用地の途上汚染防止等に関する法律など
	化学物質対策	化学物質の審査及び製造等の規制に関する法律・水銀による環境の汚染の防止に関する法律・PRTR 法など
	気候変動対策	地球温暖化対策の推進に関する法律・気候変動適応法，都市の低炭素化の促進に関する法律など
	循環資源対策：**循環型社会形成推進基本法**	廃棄物処理法・資源有効利用促進法・容器包装リサイクル法など
	自然保全対策・**生物多様性基本法**	自然環境保全法・自然公園法・絶滅危惧種法・特定外来生物被害防止法など

第2節　環境保護のための法制度

2-1　3つの基本法と個別法

　昭和45（1970）年の公害国会以降，わが国の環境保護行政は，公害対策基本法と旧自然環境保全法を基本法とし，公害被害者の救済，公害防止および自然環境の保全維持を目的として展開されてきた。この2つの基本法の枠組みの中に位置づけられた，公害防止事業費事業者負担法や「人の健康にかかる公害犯罪の処罰に関する法律」，大気汚染防止法，水質汚濁防止法，「農用地の土壌汚染防止法等に関する法律」，騒音規制法，「廃棄物の処理及び清掃に関する法律」（以下「廃棄物処理法」という）などの個別法に基づき，国や地方自治体は具体的な規制を実施してきたのである。

　平成2（1990）年前後から，地球温暖化や種の絶滅の危機などの課題が国際的に取り上げられるようになる。これを契機として，わが国では，地球環境問題や廃棄物問題に対処するために，上記の2つの基本法を総合化した環境基本法が平成5（1993）年に制定された。平成12（2000）年には，廃棄物の発生量の高水準での推移，廃棄物処理施設の立地の困難性，不法投棄の増大に直面し，これらに対処するために循環型社会形成推進基本法が制定され，これに続き，平成18（2006）年には生物多様性基本法が制定された。わが国では，この3つの基本法が定める基本的な政策を具体的に実施するために多くの個別法が制定されている（**図表14**参照）。

2-2　環境保護における国と地方自治体の役割分担

2-2-1　国の役割

　環境基本法は，「持続発展が可能な社会」（4条）の実現を目的として掲げ，このための環境保護政策の基本的方向性（14条）を定めている。その際，同法は，環境政策につき，国が「基本的かつ総合的な施策を策定し，及び実施する責務」を負うとした（6条。循環型社会基9条，生物多様性基4条も参照）。したがって，わが国においては，環境政策につき，国が第1次的な担当団体として位置づけられており，環境問題の解決に向けて，政府が一体となって取り組むことが求められているといってよいであろう。国は，この課題に取り組むにあ

たって，地方自治法が定める「住民に身近な行政はできる限り地方公共団体にゆだねる」という役割分担の原則に基づかなければならない（1条の2第2項）。

2-2-2　地方自治体の役割

環境基本法は，地方自治体が担うべき役割として，「国の施策に準じた施策及びその他方公共団体の区域の自然的社会的条件に応じた施策を策定し，及び実施する責務を有する」と規定する（7条。循環型社会基10条，生物多様性基5条も参照）。地方自治体は，「地域における行政を自主的かつ総合的に実施する役割を広く担う」という地方自治法の役割分担の原則に基づき，環境基本法が定める「国の施策に準じた施策」と「区域の自然的社会的条件に応じた施策」を「自主的かつ総合的に実施」しなければならない（1条の2第1項）。

なお，国や地方自治体に加えて，事業者や国民も，公平な役割分担と適切な役割分担の原則に基づき，それぞれの法的地位に応じた役割を果たすことが要請されている（環境基4条，循環型社会基4条）。

2-3　環境政策の手段

環境基本法は環境政策手段について定めている。その1つが規制的手法（command and control approach）である（環境基21条）。公害対策に係る規制的手法は，環境基準―（公害防止計画）―排出水基準・騒音規制基準等の基準策定―違反に対する行政措置―行政上の義務履行確保手段と，大気汚染防止法・水質汚濁防止法上の特定施設や廃棄物処理法上の廃棄物処理施設などの施設の設置申請―届出・許可―遵守義務―行政上の義務履行確保手段という法的しくみから構成される。この規制的手法は，原則として，全国一律に画一的に適用されることが前提とされている。

自然環境保全対策における規制的手法は，計画―保全地域指定―当該地域内での行為規制―行政上の義務履行確保手段や，保護すべき野生生物の指定―保護のための行政措置―違反に対する行政措置―行政上の義務履行確保手段という法的しくみから構成される。

規制的手法のうち，環境基準，総量削減基本方針の策定，総量規制対象地域の指定に関する事務などの全国一律に適用される基準策定，計画策定や地域指定は国の事務とされている。地方自治体は，個別法における施設設置の許可，

違反に対する行政措置，保全指定地域における行為規制などの事務を担っている。地方自治体が担う事務には自治事務や法定受託事務の双方が含まれる。地方自治体が担当する事務が自治事務または法定受託事務のどちらの事務に振り分けられるかについては，公害対策，自然環境保全対策，循環資源対策などのそれぞれの分野ごとに異なる（たとえば，騒音規制法は騒音規制基準の設定を自治事務とする。個別法が定めている環境保護に係る事務配分や関与のあり方を所与のものとするのではなく，前述した地方自治法と環境基本法が定める国と地方自治体の役割分担の原則に適合しているかという観点から見直していくことも求められる）。

　環境基本法は経済的手法についても規定している。これは，環境負荷活動を「行う者がその負荷活動に係る環境への負荷の低減のための施設の整備その他の適切な措置をとることを助長することにより環境の保全上の支障を防止するため」の「経済的な助成」措置，または，環境負荷活動を行う者に「経済的負担を課すことによりその者が自らの負荷活動に係る環境への負荷の低減に努めることになるように誘導する」措置のことである（22条）。「経済的な助成」や「経済的負担」を課すことで，事業者や国民・住民の行動を一定の方向へ誘導し，これを通じて，環境負荷活動を低減化するような市場を形成する効果が期待されている。経済的手法としては，東京都が導入した排出量取引制度，各地方自治体が導入しているごみの有料化や，電気料金に賦課される再生エネルギー発電促進賦課金などがある。

　この他に，後述する公害防止協定などの合意的手法のほか，「事業者などが自らの行動に一定の努力目標を設けて対策を実施するという取組によって政策目的を達成しようとする手法」（第5次環境基本計画）である自主的取組促進手法などがある。

第3節　地方自治体による廃棄物処理規制のための取り組み

3-1　廃棄物処理のための法制度

　廃棄物処理法は，廃棄物を一般廃棄物と産業廃棄物とに区分し，前者については市町村が（6条の2），後者については排出事業者が処理責任を負う（11条）。一般廃棄物および産業廃棄物の処理規制として，それぞれの収集・運搬

業，処分業および廃棄物処理施設の設置について規制的手法（施設の設置許可—事業者又は施設に維持管理に係る遵守事項—違反に対する行政措置—行政上の義務履行確保手段）が用いられている。一般廃棄物に係る事務の多くが自治事務であるが，産業廃棄物に係る事務のほとんどが法定受託事務とされている。

　産業廃棄物の処理規制としては，以上のほか，排出事業者による適正処理確保の努力義務（12条7項），維持管理積立金制度（15条の2の4），マニュフェスト制度（12条の3）が存在する。

　Topic で取り上げられている事案は，産業廃棄物処理施設の設置規制に関わる問題である。この産業廃棄物処理施設には中間処理施設と最終処分場とがある。中間処理施設では，産業廃棄物の焼却，破砕等が行われ，焼却・破砕されたものが最終処分場に持ち込まれて埋め立て処分される（最終処分場には，遮断型最終処分場，安定型最終処分場および管理型最終処分場）がある。

　産業廃棄物処理施設の設置許可権限は都道府県知事に付与されている（廃棄物15条1項。この事務は法定受託事務である）。都道府県知事は，処理施設の設置許可申請があった場合には，申請書の縦覧（15条4項），市町村長に対する意見聴取（15条5項），利害関係人による意見提出手続（15条6項），専門知識を有する者に対する意見聴取手続（15条の2第3項）を実施し，申請の内容が，廃棄物処理法15条の2第1項1号から3号までの実体的要件に適合しているか否かを判断する。札幌高裁はこの設置許可につき効果裁量を認めない（札幌高判平成9（1997）年10月7日判時1659号45頁）。産業廃棄物処理施設の設置者は都道府県知事による定期検査を受けること（15条の2の2），維持管理計画に基づく維持管理の実施と維持管理状況の公表（15条の2の3）などの遵守義務が課せられている。施設の構造や維持管理，設置者の能力が実体的要件に違反した場合などには，改善命令や許可の取消しがなされる（15条の2の7第1号・15条の3）。設置者が，産業廃棄物最終処分場を廃止する場合には都道府県知事が技術上の基準に適合していることの確認が要求される（15条の2の6第3項・9条5項）。

3-2　地方自治体による廃棄物処理対策

3-2-1　条例による規制

① 水道水源保護条例

　産業廃棄物処理施設の設置許可に係る実体的要件については，施設に係る基準，周辺環境配慮基準，申請者の経理的基礎や技術的能力に関する基準が定められ，また，手続的要件についても，市町村長に対する意見聴取，利害関係者による意見書の提出や生活環境影響評価の実施が予定されるなど，生活環境への配慮や，住民らの意見を反映するしくみが定められている。一見すると，規制として十全なものが制度化されているように思える。しかし，廃棄物処理施設に対する住民の根強い不信感・不安感はいまも存在する。そのため，処理施設の立地や操業をめぐって事業者と地域住民との間の紛争が生じてきた。また，許可された，つまり，廃棄物処理法の設置許可要件を充足した処理施設であっても，その操業の民事差止めを容認する決定や判決も出されているのが現状である（津地上野支決平成11（1999）年2月24日判時1706号99頁および千葉地判平成19年1月31日判時1988号66頁など）。そこで，地方自治体としては，廃棄物処理法が定める処理施設の設置規制では，住民の不安や懸念を払しょくできず，また，十分な安全性を確保できないと考える場合，独自の廃棄物処理施設の規制対策に取り組まなければならない。ただ，その際，地方自治体は廃棄物処理法との関係に留意しなければならない。というのも，廃棄物処理法は，大気汚染防止法や水質汚濁防止法のように，条例で排出・排水基準の上乗せを認める明文の規定を置いていないし，当該地方自治体の区域における地域性を加味するために，廃棄物処理施設の設置に係る実体的・手続的要件の具体化につき条例に委任する規定も存在しない。実体的要件の内容は環境省令に委任されており，地方自治体が環境省令の上乗せ基準を独自に条例化できるか否かについて判然とはしない。このことは廃棄物処理施設の設置に係る手続的要件にも当てはまる。

　廃棄物処理法のこのような規定のあり方が，地方自治法および環境基本法の定める国と地方自治体の役割分担の原則に適合しているかについては吟味が求められるところであるが，このことはさておき，産業廃棄物処理施設の設置規制に係る権限を有さない市町村は，自主条例としての水道水源保護条例を活用してきた（平成19（2007）年の厚生労働省調査によると160の地方自治体が水道水源保護条例を制定している）。水道水源を当該区域に有する市町村は，廃棄物処理施設に対する規制を強化する独自の廃棄物処理条例の制定が廃棄物処理法に抵触

する可能性があると考える場合に，同法の目的とは異なる，水道水源の保護や水源の枯渇の防止を目的とする条例を定め，その周辺を水源保護地域に指定し，同地域内において廃棄物処理施設など規制対象事業の設置を禁止する規制を定めている。また， **Topic** のような事案の場合で，市町村が，産業廃棄物処理施設の設置計画を知った後に，同施設の設置を阻止するために水道水源保護条例を制定することがある（いわゆる「狙い撃ち条例」）。

　水道水源保護条例の目的は廃棄物処理法のそれとは異なるのであるが，双方の抵触の有無については下級審判決の判断が分かれていた。阿南市水道水源保護条例事件において，徳島地裁は「本件条例による管理型最終処分場の設置に対する規制は，……処理施設に起因する人の生命または健康への被害を伴うおそれのある水質の汚濁を防止するため，技術上の不備があると認められる施設の設置自体を禁止するという点においては，廃棄物処理法及びその委任を受けた政省令による規制と目的を同じくする」とした上で，「都道府県知事と市長村長が同一事項について二重に審査する制度を設けることは，申請者に過度の負担をかける結果となり相当ではな」く，廃棄物処理法は条例による独自の規制を容認していないと判示し，阿南市水道水源保護条例を違法無効と判断した（徳島地判平成14（2002）年9月13日判例自治240号64頁）。これに対して，紀伊長島町水道水源保護条例事件で，名古屋高裁は，「廃棄物処理法は，産業廃棄物の排出を抑制し，産業廃棄物の適正な処理によって，生活環境の改善を図ることを目的とするのに対し，紀伊長島町が住民の生命と健康と守るため，安全な水道水を確保する目的で同町が制定した本件条例とではその目的，趣旨が異なるものであるから，本件条例が……廃棄物処理法に反して無効とはできない」と判示していた（名古屋高判平成12（2000）年2月29日判タ1061号178頁）。同事件の最高裁判決は，この点については特段触れることなく，紀伊長島町水道水源保護条例が狙い撃ち条例であることを指摘し，かかる場合には事業者と「十分な協議を尽くし」，設置が予定されている処理施設が「水源保護の目的にかなう適正なものに改めるよう適切な指導をし」，事業者「の地位を不当に害することのないよう配慮する義務」が紀伊長島町長にあったとし，かかる配慮を欠いた場合には，処理施設の設置を制限する規制対象事業場認定処分が違法となりうると判示した（最判平成16（2004）年12月24日民集58巻9号2536頁）。最高裁は，

水道水源保護条例は廃棄物処理法に抵触しないことを前提とした上で，認定処分の適法性判断の枠組みを提示したと解してよいであろう。同事件の差戻後控訴審判決である名古屋地裁は，事業者への配慮を欠いたとして認定処分を違法としている（名古屋高判平成18（2006）年 2 月24日判タ1242号131頁）。阿南市水道水源保護条例事件の高松高裁も，同条例を狙い撃ち条例と解した上で，紀伊長島町水道水源保護条例事件の最高裁の判断枠組みを用いて，阿南市が事業者への配慮を欠いたとして規制対象事業場認定処分を違法と判示している（高松高判平成18（2006）年 1 月30日判時1937号74頁）。

② 指導要綱による規制から紛争予防調整手続条例へ

廃棄物処理法が，産業廃棄物処理施設の設置規制について自主条例の制定を認めていないと考える地方自治体は，非権力的行政手段である指導要綱を用いて廃棄物処理施設の規制を行ってきた。第 1 次地方分権改革以前においては，産業廃棄物処理に係る事務のほとんどが機関委任事務であったため，多くの地方自治体は指導要綱を用いて独自の廃棄物処理規制を行ってきた。この指導要綱の内容は，たとえば，廃棄物処理法上の法定基準の上乗せや横出しをする基準を定め，事業者に，処理施設の設置につき地元住民との事前協議と同意書の取得を求める，当該地方自治体の区域内への域外廃棄物の搬入を規制する，これらの違反に対して勧告や公表を行うことなどを定めている。

平成 9 （1997）年に，産業廃棄物処理施設の手続条件を整備し，これを充実化させるための廃棄物処理法の改正が行われた際，当時廃棄物処理事務を所管していた旧厚生省が「周辺地域に居住する者等の同意を事実上の許可要件とする等の法に定められた規制を越える要綱等による運用については，必要な見直しを行うこと」（「廃棄物の処理及び清掃に関する法律等の一部改正について」平成 9（1997）年12月26日厚生省衛環第318号）という通知を，都道府県に対して発出した。これを契機として，以上のような指導要綱に代えて条例を制定し，条例において住民と事業者間での利害調整手続を定める地方自治体が増えつつある。廃棄物処理施設設置に係る紛争の予防及び調整条例や産業廃棄物設置手続条例という名称で定められている条例である（以下「紛争予防調整条例」という）。以上の通知を国が都道府県及び政令市に発出することの当否はさておき，要綱の条例化は地方自治体，事業者，住民との法関係（実体的および手続的法関係）の

明確化にとっても望ましいものといってよいであろう。

　紛争予防調整条例では，廃棄物処理施設の設置申請前に，事業者に関係住民に対する説明会の開催や関係住民により提出された意見書に対する応答を求めるとともに，都道府県知事や市長による事業者と関係住民との紛争のあっせん，事業者と関係住民間での協定締結のための手続が定められている。このような条例は，水道水源保護条例のように施設の設置そのものを制限しようとするものではない。廃棄物処理法が定める処理施設の設置に係る住民参加手続において，事業者と住民との間の対話を，より一層促進しようとするものである。

　浜松市や鳥取県の紛争予防調整条例は廃棄物処理法の住民参加手続を補完するという意味にとどまらず，この手続の結果を廃棄物処理施設に係る実体的要件の該当性判断に組み込む規定を定めている。すなわち，紛争予防調整条例が定める手続を実施しないまま廃棄物処理法に基づく施設設置申請を行った事業者につき，浜松市の場合は，「業務に関し不正又は不誠実な行為をするおそれがあると認めるに足りる相当の理由がある者」（廃棄物15条の 2 第 1 項 4 号が定める欠格要件）に該当すると規定し（18条の 3 ），鳥取県の場合は，「周辺の生活環境保全への適正配慮」（廃棄物15条の 2 第 1 項 2 号）がないとして設置を許可しないと規定している（24条）。

3-2-2　協定による規制

　Topic のような場合に，自主条例を用いて産業廃棄物処理施設の設置規制を行うのではなく，合意的手法である公害防止協定（環境保全協定の名称で締結されることもある）を用いて処理施設の規制を行う地方自治体も存在する。環境白書平成14（2002）年版〜18（2006）年版および環境・循環型社会白書平成19（2007）年版によると（これ以降は公表されていない），廃棄物処理規制ついて締結された協定は，平成12（2000）年 4 月 1 日から平成13（2001）年 3 月31日まで125件，平成13（2001）年 4 月 1 日から平成14（2002）年 3 月31日まで240件，平成14（2002）年 4 月 1 日から平成15（2003）年 3 月31日まで203件，平成15（2003）年 4 月 1 日から平成16（2004）年 3 月31日まで259件，平成16（2004）年 4 月 1 日から平成17（2005）年 3 月31日まで142件，平成17（2005）年 4 月 1 日から平成18（2006）年 3 月31日まで127件となっている。前述した紛争予防調

整条例で，事業者と住民との間で協定を締結することを促す規定が置かれることがあり，同条例に基づく利害調整の結果として公害防止協定が締結されることもある。産業廃棄物処理施設に係る公害防止協定の内容としては，事業者が処理施設からの排出ガス等の自主測定を定期的に行うこと，処理施設の稼働時間の設定，報告や立ち入りに関する定め，事故が起こった場合の措置などが定められている。

　公害防止協定の法的性格を契約として理解し，有用な環境政策手段と捉える立場が多数説であると考えられるが，これに対しては，公害防止協定が法令による規制を代替するものであり法治主義に反すると主張する見解も有力に主張されている。福津市最終処分場事件で，最高裁は，廃棄物処理法上の産業廃棄物処理施設の設置「許可が，処分業者に対し，……，処理施設の使用を継続すべき義務を課すものではな」く，「処分業者が，公害防止協定において，協定の相手方と処理施設を将来廃止する旨を約束することは，処分業者の自由な判断で行える」ものであり，同協定は廃棄物処理法に抵触しないと判示した（最判平成21（2009）年7月10日判時2058号53頁）。公害防止協定は法治主義に違反するものではないとはいえ，協定を締結したことでもって産業廃棄物処理施設に対する対策が十全なものとなったと考えるべきではないし，協定の履行についても，住民による参加と監視が可能となるものとすべきであろう。

Further Reading

大塚直『環境法 BASIC〔第2版〕』（有斐閣，2016年）
北村喜宣『自治体環境行政法〔第8版〕』（第一法規，2018年）
芝池義一「行政法における要綱及び協定」『基本法学4　契約』（岩波書店，1983年）

第15章　警察と地域の安全

Learning Point

　まず，地域住民に身近な存在である警察官の活動を素材として，警察とは何か，警察の組織はどうなっているのかを整理する。その上で，生活安全条例や迷惑行為防止条例など，警察活動の根拠となる地域の安全に関するいくつかの条例を踏まえながら，当該条例に基づく警察活動の特徴について考えてみよう。また，犯罪の防止に向けた地域住民との連携に基づく警察活動の特徴について考えてみよう。さらに，警察が私たちの暮らしや地方自治とどのように関わるのかを考えるとともに，地方自治の保障からみた現行警察制度の課題を模索してみよう。

Topic

　地域の安全の確保は警察の活動のみによって得られるものではない。政府は，「安全・安心なまちづくり全国展開プラン」や「『世界一安全な日本』創造戦略」等に基づき，官民の連携による安全で安心なまちづくりを全国的に推進している。警察は，商店街，商工会議所，商工会，地域住民や地方自治体等と問題意識を共有し，地方自治体のまちづくり事業に計画段階から積極的に関与するなど，地域の安全安心の確保に向けた取り組みを進めている。また，警察は，地方自治体，地域住民，事業者等の各主体を包括する防犯ネットワークを整備し，これを有効活用した積極的な情報交換や，地域住民による防犯パトロール等の防犯ボランティア活動，事業者による防犯に関する自主的な取り組みに対する支援を行うなど，地域社会が一体となった犯罪対策の推進を図っている。さらに，警察は，住宅の防犯性能の向上や防犯に配慮した公共施設等の整備等に関する安全基準を策定するほか，街頭監視カメラの設置や民間事業者等による監視カメラの設置・運用について支援を行うなど，犯罪防止に配慮した環境設計による安全安心なまちづくりの推進を図っている。

第 1 節　地域の安全に関わる警察の組織

1-1　警察とは何か

　私たちの暮らしを振り返ると，一般に「おまわりさん」と呼ばれる警察官が，休日昼夜の別なく街頭をパトロールし，事件・事故等が発生すれば現場に急行してその処理にあたるなど，地域の安全に関わる活動を行っていることがわかる。このように警察活動は地域の安全に大きく関係しているといえるが，この「警察」という語はどのような意味で理解されているのだろうか。

　これまで「警察」とは何かについて，「行政法学上の警察概念」と「警察法上の警察概念」による説明が行われてきた。まず，「行政法学上の警察概念」については，「社会公共の安全・秩序に対する危険を除去するという消極的な"警察目的"のために，その限度で人の自由に制限を加える作用」を意味するものであり，犯罪の捜査や被疑者の逮捕などの刑事司法権の補助的作用である司法警察を含まないと理解されている。他方，「警察法上の警察概念」については，警察法 2 条 1 項が，「警察は，個人の生命，身体及び財産の保護に任じ，犯罪の予防，鎮圧及び捜査，被疑者の逮捕，交通の取締その他公共の安全と秩序の維持に当ることをもつてその責務とする」と規定している。そうすると，警察法上の警察概念には，刑事司法権の補助的作用としての司法警察と行政上の目的のために行われる行政警察のいずれもが含まれることになり，行政法学上の警察概念との間に隔たりがみられる。

　そこで行政法学上の警察概念と警察法上の警察概念との関係が問題となるが，これまでの警察概念に関する行政法学および実定法の歴史的展開，また，警察権の濫用の歴史を踏まえると，行政法学上の警察概念については，「公共の安全と秩序を維持するために行われる行政作用である」との理解が妥当である。すなわち，行政法学上の警察＝行政警察＝「公共の安全と秩序の維持」警察と理解することができる。

1-2　1947年旧警察法における警察組織

　戦後の日本における警察組織について，まず，昭和22（1947）年に制定された旧警察法における警察組織についてみておこう。旧警察法においては，憲法

における地方自治の保障と警察の地方分権化を図るため，自治体警察が設けられるとともに，例外的に，村落地において自治体警察の管轄区域外の区域を担当する国家地方警察が設けられることになった。

　旧警察法下における自治体警察は，市および人口5000名以上の市街的町村に設けられたが，住民投票により自治体警察を置かないこともできた（旧警40条1項・3項）。また，人口5000名以上の市街的町村ではなくても，市と隣接し，公共の秩序の維持の上において当該市と緊密な関係を有するところでは，住民投票によって，当該市と地方自治法の規定による組合を組織して，共同で警察を設けることができた（旧警40条の2第1項）。市町村警察は，市町村長が任命した3名の委員によって構成される市町村公安委員会が管理していた（旧警43条・44条）。また，市町村警察長の任免は市町村公安委員会が行い，警察官吏その他の職員の任免は，市町村公安委員会の承認を得て，警察長が行った（旧警47条・48条）。

　このように，戦後改革に基づく旧警察法の制定により，緊急事態における特別の中央集権的措置を除き，ほぼ完全な民主的自治体警察が誕生したということができる。

1-3　1954年現行警察法における警察組織

　アメリカ占領軍の対日政策の転換や国家における治安政策の転換に基づいて，旧警察法の全面的な改正が行われ，昭和29（1954）年に現行警察法が制定された。この改正は，市町村の自治体警察を都道府県単位に改めるとともに，都道府県警察を政府が指揮監督できる制度を構築することで治安の維持を図ろうとするものである。これにより，戦後改革の1つであった自治体警察が解体され，警察の中央集権化が進められることになった。

1-3-1　中央機関

　警察に関する中央機関としては，内閣総理大臣の所轄の下に国家公安委員会が置かれる。また，国家公安委員会の事務部局としての性格をもち，警察法5条4項に限定列挙された事務を担当する機関として警察庁が置かれる。警察庁の長である警察庁長官は，その所掌事務について都道府県警察を指揮監督することとされている。さらに地方機関として，管区警察局，東京警察通信本部お

図表15　警察組織の概要（中央機関と都道府県警察との関係）

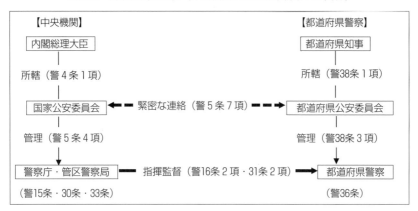

および北海道警察通信本部があり，管区警察局長は府県警察を指揮監督すること
とされる。

1-3-2　都道府県警察

　都道府県警察については，当該区域について警察の責務（警2条）に任ずる
都道府県警察が置かれ，その管理機関として，都道府県知事の所轄の下に都道
府県公安委員会が置かれている。都道府県警察に要する経費については，国庫
が支弁することとされている法定の経費を除き，当該都道府県が支弁する（警
37条。ただし，都道府県の支弁にかかる経費については，予算の範囲内において，政令
で定めるところにより，国がその一部を補助することが定められている）。都警察の本
部としては警視庁が，道府県警察の本部としては道府県警察本部が置かれ（警
47条），それぞれの長である警視総監および道府県警察本部長は，都道府県公
安委員会の管理に服しつつそれぞれの事務を統括し，所属の警察職員を指揮監
督することになる（警48条）。

　これらの警察法の規定からすると，都道府県警察は地方自治体が維持し管理
するという建前をとっているようにみえる。しかし，都道府県警察に対する中
央政府の関与が存在しないかというとそうではない。たとえば，都道府県警察
は警察庁の所掌事務につき警察庁長官の指揮監督に服するほか，府県警察は管
区警察局の所掌事務について管区警察局長の指揮監督に服することになってい

る（警16条・31条）。また，警視総監は国家公安委員会により都公安委員会の同
意と内閣総理大臣の承認を得た上で任免されるほか，道府県警察本部長は国家
公安委員会により道府県公安委員会の同意を得て任免されることになる（警49
条1項・50条1項）。さらに，都道府県警察の職員のうち，警視総監，警察本部
長および方面本部長以外の警視正以上の階級にある警察官は，一般職の国家公
務員として位置づけられ，国家公安委員会が都道府県公安委員会の同意を得て
任免することになっている（警55条3項・56条1項。なお，警視以下の警察官その
他の職員については，警視総監または警察本部長がそれぞれ都道府県公安委員会の意見
を聞いて任免することとなっている）。このように都道府県警察と中央との結びつ
きは深く，この現状からは，現行警察法の制定により警察の中央集権化が進め
られたと理解されるのは当然のことであろう。

　ところで，都道府県警察の内部組織は，政令で定める基準に従い，条例で定
めることとされるが（警47条4項），その条例の定めはほぼ政令の基準のとおり
であり，必然的に政令の基準による事務が都道府県警察の事務となっている。
このような状況から，都道府県には都道府県警察の自治組織権はないといって
も過言ではない。また，平成11（1999）年に成立した地方分権一括法による地
方分権改革の結果，都道府県警察の事務は自治事務となったが，警察庁長官の
指揮監督権などの存在から，実際上の自治事務性はきわめて低いといえる。こ
のように現行警察法の下での都道府県警察については，自治体警察とはいいが
たいのが実情である。

1-3-3　広域警察組織

　都道府県警察はその管轄区域内においてのみ権限行使が可能である。しか
し，広域犯罪等をめぐっては都道府県警察相互間の協力が必要となる。そこで
警察法は，都道府県警察相互間の関係等に関し，都道府県警察は相互に協力す
る義務を負うとし（警59条），広域組織犯罪等の処理に必要な限度において，そ
の管轄区域外に権限を及ぼすことができると定めている（警60条の3）。

　さらに，大規模な災害または騒乱その他の緊急事態に際して，治安の維持の
ために特に必要がある場合には，内閣総理大臣は国家公安委員会の勧告に基づ
いて，全国または一部の区域について緊急事態の布告を発することができる
（警71条）。この場合，内閣総理大臣は警察庁長官を直接指揮監督し（警72条），

他方，警察庁長官は緊急事態が布告された区域の都道府県警察の警視総監または警察本部長を指揮することとなる（警73条1項）。また，警察庁長官は，布告区域以外の都道府県警察に対して警察官の派遣を命ずることができる（警73条2項）。

このように，警察事象の広域化を理由とした都道府県警察の管轄区域をこえる協力関係が促進されている。現行警察法上，都道府県警察はその管轄区域の関係者の生命，身体および財産の保護のほか，その管轄区域における公安の維持に関連して必要がある限度において，管轄区域外にも権限を及ぼすことが可能である（警61条）。したがって，都道府県警察は当該区域につき警察の責務に任ずる（警36条2項）という前提が大きく損なわれているのが現状である。

第 2 節　地域の安全に関する条例と警察活動

2-1　生活安全条例と警察活動

　Topic　で示したように，私たちの日常生活における安全・安心の確保は，警察活動のみならず，政治や行政活動全般にわたり重要なテーマであり，地域の住民が安心して暮らせる社会の実現を目指した，いわゆる「生活安全条例」が各地方自治体で制定されている。

　たとえば，東京都安全安心まちづくり条例は，都民，地域の団体，ボランティアおよび事業者等による「犯罪及び事故の防止のための自主的な活動の推進」と「犯罪及び事故の防止に配慮した環境の整備」を「安全安心まちづくり」とし（2条），安全安心まちづくりを推進し，もって安全で安心して暮らすことができる社会の実現を図ることを目的としている（1条）。そして，住宅，道路，公園，学校等における防犯上の指針や安全の確保のための指針を定めることを規定している。東京都以外の各道府県においても，「安全安心まちづくり条例」や「防犯まちづくり条例」などの名称で，東京都と同様の規定をもつ条例（以下「生活安全条例」という）が制定されている。いずれの生活安全条例においても，安心して暮らすことができる社会が目指されており，知事・公安委員会による防犯や安全確保のための指針の策定や，住民と警察との協力関係について定められている。

　これらの生活安全条例については，「住民自身が地域の安全のために自主的な活動を行うことについて，明文規定されることで，地域住民の自覚が生まれ，自主活動の促進につながる」といった警察サイドの発想が条例制定に反映されているとの指摘もあり，住民の意識啓発や事業者らの自主的対応の推奨など防犯のための環境整備といった側面が強くみられる。

　ところで，生活安全対策における一般行政（知事部局，市町村部局）と警察との連携は必然であり，「犯罪の未然防止のためには，いざというときに『警察の即動体制』が準備されていることが抑止効果を格段に高めることから，警察組織との適切な関係構築が有意義であることはいうまでもない」との指摘がある。ここには，生活安全確保の主眼は犯罪の未然防止にあり，それは本質的に行政作用（行政警察）の問題となるという発想がある。この考え方によれば，警察活動の私的領域への積極的・予防的な関与であっても，それが犯罪の未然防止を目的として行われる限り正当化されることになる。その結果として，行政警察の拡大の正当性が導かれ，従来から論じられてきた「警察権の限界」論における「警察消極目的の原則」（危険が現存する，または危険の蓋然性が認められる場合のみ警察権の行使が認められる）や「警察公共の原則」（警察は私生活・私住所を侵害・干渉しない）が形骸化されるおそれがある。この懸念は，「犯罪の防止」を通して安全安心なまちづくりの実現を目的とする生活安全条例についても当てはまるといえよう。

2-2　暴力団排除条例と警察活動

　暴力団は，繁華街や住宅街において拳銃を使用した犯罪事件を引き起こしたりするなど，地域の安全にとって大きな脅威となっている。令和元（2019）年6月1日現在，暴力団員による不当な行為の防止等に関する法律（暴力団対策法）3条の規定に基づき，都道府県公安委員会によって24団体が指定暴力団に指定されている。

　各都道府県においては，地方自治体，事業者および住民が一体となって暴力団の排除を推進し，住民の安全で平穏な生活を確保することを目的とした暴力団排除条例を定め，暴力団排除にかかる基本的な施策や青少年に対する暴力団の影響の排除などの運用を行っている（その一例として愛知県暴力団排除条例1

条・8条・18条など）。たとえば，公共工事の発注などにおいて暴力団を排除するため，各地方自治体は警察と連携しながら，受注業者の指名基準や契約書に暴力団排除条項を盛り込んだり，受注業者に対して暴力団等に不当に介入された場合の警察への通報等を義務づけるといった取り組みを行っている。さらに警察は，暴力追放運動推進センター（暴追センター）および弁護士会と連携し，暴力団事務所撤去訴訟等に対する支援を実施するなどして，地域住民等による暴力団排除活動を支援している。

　ところで，各地方自治体の暴力団排除に向けた活動は，内閣総理大臣が主宰する「犯罪対策閣僚会議」の下に設置された「暴力団取締り等総合対策ワーキングチーム」の申し合わせ等に基づいている。また，指定暴力団事務所の近隣住民からの委託を受けて暴追センターの名で事務所使用差止請求を行うことができる制度があるが，委託を受けることができるのは国家公安委員会から認定を受けた暴追センター（適格暴追センター）である。このように，警察による暴力団犯罪の取締りや暴力団排除の推進は地域の安全にとって重要な役割を果たしているといえるが，地方自治体の主導による取り組みであるとはいいがたいのが実情である。

2-3　迷惑行為防止条例と警察活動

　粗暴または乱暴な行為，卑わいな行為，つきまとい等のいやがらせ行為，押し売り行為や不当な客引き行為などを防止することは，住民の平穏な生活を守るうえで欠かすことができない。「公衆に著しく迷惑をかける暴力的不良行為等の防止に関する条例」や「迷惑行為防止条例」などの名称で各都道府県が制定している条例（以下「迷惑行為防止条例」という）は，住民に著しく迷惑をかける行為を禁ずるものであり，その違反者に対する罰則についても定めている。迷惑行為防止条例は，昭和37（1962）年に東京都ではじめて制定されたが（いわゆる「ぐれん隊防止条例」），その目的は暴力団の資金源を断つというよりは，都民の日常生活の平穏を守り，風俗環境を浄化することにあった。各道府県もこれにならい，現在すべての都道府県で迷惑行為防止条例が制定されている。

　迷惑行為防止条例に違反した場合，基本的には当該行為が行われた区域の条

例が適用されるが，その行為がどこで行われたかを特定できない場合が問題となる。たとえば，埼玉県と東京都の両都県の条例に違反する電車内の痴漢行為について争われた事件において，東京高裁は，「埼玉県内における痴漢行為と東京都内における痴漢行為を，その態様，回数，時間等によりさらに詳しく記載しなくても，裁判所に対し審判の対象を限定するとともに，被告人に対し防禦の範囲を示すという訴因制度の目的は果たされているということができる」とした（東京高判平成13（2001）年2月23日東高刑時報52巻1〜12号9頁）。しかし，条例は基本的に当該地方自治体において適用されることからすると，条例違反行為がなされた時間や場所の特定をできる限り行う必要がある。

　ところで警察庁は，平成27（2015）年3月にストーカー総合対策関係省庁会議が策定した「ストーカー総合対策」や，同年12月に閣議決定された「第4次男女共同参画基本計画」に基づいて，ストーカー被害防止のための広報啓発，加害者に関する取り組み等を推進している。

　このような警察庁の取り組みに沿った形で，各地方自治体の迷惑行為防止条例の改正が進んでいる。たとえば平成30（2018）年3月に改正された東京都の迷惑行為防止条例（同年7月1日施行）では，「特定の者に対するねたみ，恨みその他の悪意の感情を充足する目的」で，「住居等の付近をみだりにうろつくこと」や「電子メールの送信等をすること」（5条の2第1項）などを「つきまとい行為等の禁止」事項として追加し，規制の強化を図っている。また，平成30（2018）年10月19日に改正された愛知県の迷惑行為防止条例（翌年1月1日施行）でも，正当な理由がない悪意の感情による「つきまとい」や「待ち伏せ」を新たに禁止するなど，東京都と同様の内容での規制の強化を図っている。恋愛感情をともなわない恨みなどの悪意の感情等に基づくストーカー行為については，ストーカー規制法などの法令では十分に対応できないという考えもあり，迷惑行為防止条例の改正による規制強化が今後も予想される。

　なお，この迷惑行為防止条例の改正の目的は，ストーカー規制法で規制できない対象を条例でカバーするとともに，ストーカー行為や嫌がらせに対する規制の強化にあることが，警察の説明からうかがえる。しかし，法律の不備を補うために全国画一的な内容で条例を改正して規制の強化を図ろうとすることについては，地方自治体に条例制定権が保障されている趣旨からみて問題がある

といわざるを得ない。

2-4　公安条例と警察活動

　東日本大震災後における首都圏での原発再稼働反対を訴える抗議行動や辺野古新基地建設阻止を訴える抗議行動などのように，最近においても，国や地方自治体の政策に関わる問題について住民による集団行進または集団示威運動がみられる。しかし，このような集団示威行進等は，いつでもどこでも自由に行えるというわけではない。法律や条例に基づいて，行進等の場所を管轄する警察署長や公安委員会から許可を受け，または届出を行うといった手続を経なければならないことになっている。

　まず，法律に基づく規制について，道路交通法は，「一般交通に著しい影響を及ぼすような」道路の使用を行う場合は所轄警察署長の許可を受けなければならないとし（77条1項4号），また，所轄警察署長はその許可について「道路における危険を防止し，その他交通の安全と円滑を図るため必要な条件」をつけることができる（同条3項）と定めている。これは，道路における危険防止や道路交通に起因する障害の防止を目的（道交1条）とした規制である。

　もう1つは「公安条例」による規制である。各地方自治体によって差はあるが，「公安条例」の多くは，道路その他公共の場所で行われる集会・集団行進や，場所のいかんを問わず行われる集団示威運動につき許可制を採用し，「公共の安全」に対する明白かつ現在の危険の存在を許可の拒否の要件とし，許可に関する権限を都道府県公安委員会に与えることを内容としている。たとえば，徳島市公安条例（「集団行進及び集団示威運動に関する条例」（昭和27（1952）年1月24日徳島市条例第3号））は，「集団行進又は集団示威運動を行うとする者は，集団行進又は集団示威運動の秩序を保ち，公共の安寧を保持するため，次の事項を守らなければならない」（3条）とし，「交通秩序を維持すること」（同条3号）を遵守事項に挙げていた。また，その違反行為に対し，公共の秩序を維持するため，警察署長は警告を発し，その行為を制止し，その他違反行為を是正するにつき必要な限度において所要の措置をとることができるとするほか（同条例4条），当該違反行為の主催者，指導者または煽動者に対する罰則（同条例5条）も定めていた。

　ところで，徳島市公安条例事件判決（最大判昭和50（1975）年9月10日刑集29巻8号489頁）では，この徳島市公安条例の規定が道路交通法に違反しないかが1つの争点となった。この事件で最高裁は，「条例における重複規制がそれ自体としての特別の意義と効果を有し，かつ，その合理性が肯定される場合には，道路交通法による規制は，このような条例による規制を否定，排除する趣旨ではなく，条例の規制の及ばない範囲においてのみ適用される趣旨のものと解するのが相当であり，したがつて，右条例をもつて道路交通法に違反するものとすることはできない」と判示した。また，最高裁は，徳島市公安条例について，「それ自体として独自の目的と意義を有し，それなりにその合理性を肯定することができるものである」と述べていることから，憲法や法令に反しない限りで，その地方の実情に応じた条例の制定を肯定している（第4章第2節を参照）。

第3節　地域住民との連携に基づく警察活動

3-1　子どもの安全確保に向けた取り組み

　警察白書によれば，平成22（2010）年以前に年間3万件を超えていた13歳未満の子どもの犯罪被害件数は近年減少傾向にあり，平成30（2018）年中においては約1万3000件まで減少している。子どもが被害者となった刑法犯の認知件数に占める子どもの被害件数の割合がもっとも高い罪種は「略取誘拐」であり，平成30（2018）年中は36.2％（認知件数304件のうち110件）であった。国は平成30（2018）年5月に新潟市において下校中の女児が誘拐・殺害された事件を受け，登下校時の子どもの安全確保に関する関係閣僚会議を開催し，同年6月には「地域における連携の強化」や「多様な担い手による見守りの活性化」などの視点を盛り込んだ「登下校防犯プラン」の取りまとめを行った。現在このプランに基づいて，教育委員会や学校，家庭，地域住民，防犯ボランティア団体および地方自治体の関係部局等の関係機関と警察が連携しながら，学校や通学路などにおける子どもの安全確保に向けた取り組みが推進されている。また，「子ども110番の家」として危険に遭遇した子どもの一時的な保護と警察への通報などを行うボランティアへの支援も行われている。

3-2　少年非行防止に向けた取り組み

　20歳未満の少年の非行防止に向けた取り組みを行う機関として,「少年サポートセンター」がすべての都道府県警察に設置され, 少年担当の警察官や少年補導職員を中心に, 少年相談活動や街頭補導活動などを実施している。また, 警察は, 少年の非行防止のための活動を行う「少年警察ボランティア」として, 幅広い非行防止活動に従事する「少年補導員」(平成31 (2019) 年 4 月現在で全国に約 5 万人), 非行防止のための指導・相談に従事する「少年警察協助員」(同約230人), 少年を有害な風俗環境の影響から守るための少年補導活動に従事する「少年指導委員」(同約6400人) を委嘱している。とくに街頭補導活動の実施においては,「少年警察ボランティア」との連携により, 喫煙, 飲酒, 深夜徘徊などを行っている少年に対する指導や注意が行われている。

　なお最近では,「少年警察ボランティア」による活動のほかに, 少年の立ち直りや健全育成を支援する「大学生ボランティア」の拡大と活性化に向けた取り組みが行われている。警察庁は「大学生ボランティア」について, 立ち直り支援の対象少年と年齢が近く, 少年の気持ちを理解することができ, スポーツ活動や学習支援等の支援活動を積極的かつ効果的に推進することが期待できると説明し, 大学等に対する協力依頼 (学生への広報の依頼など) も行っている。平成31 (2019) 年 3 月現在, 約6000人の学生が「大学生ボランティア」として活動しており, 少年の非行防止と健全育成を図るための活動のほか,「大学生ボランティア」相互の意見交換等による意識の向上や, 効果的な活動に必要な知識・技能の修得を図るための研修も行っている。

3-3　犯罪の防止に向けた取り組み

　警察による犯罪の防止に向けた民間団体との取り組みとして,「防犯ボランティア団体」(平成30 (2018) 年末現在, 全国で 4 万7180団体, その構成員数は258万8549人) との合同による, 通学路における子どもの見守りや防犯パトロールなどの実施が挙げられる。さらに現在においては, Topic で指摘したように, 警察による「防犯ボランティア団体」結成の呼び掛けとともに,「防犯ボランティア団体」相互のネットワークづくりの積極的な推進が図られている。たとえば, 警察庁のホームページをみると,「自主防犯ボランティア活動支援サイ

ト」が開設され，そこでは防犯ボランティアの立ち上げから活動に至るまでの流れや，犯罪抑止につながった防犯ボランティア活動事例が紹介されており，防犯ボランティアの結成を呼び掛けている。地域住民を防犯活動の主体の1つに取り込みながら，地方自治体，地域住民そして事業者等を包括した防犯ネットワーク体制の整備を図ろうとする警察の姿勢がみられる。

　また，　Topic　で示したように，犯罪の防止に向けたその他の取り組みとして，警察は監視（防犯）カメラの設置を推進しており，民間事業者等による監視カメラの設置や運用の支援を行っている。なお，警察は地方自治体が主催する各種会議等に参画し，関係部門との意見調整等を継続的に行うことを通して犯罪が起きにくいまちづくりを推進していると述べていることから，地方自治体における街頭監視カメラの設置をはじめとする「安全で安心な」都市整備に警察の意向が反映されていることがうかがえる。

第4節　地方自治の保障からみた現行警察制度の課題

　これまで述べてきたように，現行警察法における警察制度は，旧警察法におけるそれと比較しても，中央集権的な側面を否定することはできない。それは，形式的には自治体警察としての都道府県警察が置かれているものの，警視総監や警察本部長をはじめとする警視正以上の階級にある警察官はすべて国家公務員の身分であり，さらにその人事権が中央にあることからもうかがうことができる。また，都道府県警察の内部組織を定める条例については，「その地方の実情」よりも政令の基準に従った内容であるということができるほか，警察の事務も警察庁長官の指揮監督権に基づいて行われているのが現状である。

　このように，現在の警察制度については中央集権的な色彩を帯びているとの評価が可能であるが，そうすると警察の政治的偏向の危険性が浮かび上がってくる。警察法2条2項は，警察活動における「不偏不党且つ公平中正」について定めている。警察の政治的偏向の危険性を避けるためにも，国家公安委員会と都道府県公安委員会，警察庁と都道府県警察，国家公務員の身分である警察官と地方公務員の身分である警察官など，中央集権的な現在の警察組織のあり方を見直していく必要がある。

　地域住民との連携に基づく警察活動については，「地域の住民が地域の安全を守る」ということもでき，「自治（住民自治）」を実現しているようにもみえる。他方で，警察主導に基づく地域住民との連携よる防犯活動や監視カメラ設置支援活動の実態をみると，警察庁の指揮監督のもとに中央集権的な色彩を帯びながら，全国画一的な形で，それぞれの地域住民をお互いに監視させながら防犯活動を行っているようにもみえる。地方自治の本旨（憲92条）の趣旨からすれば，現在の地域住民との連携に基づく警察活動にはどのような問題や課題があり，それを克服するためにはどのような方策を採るべきなのかを考えていく必要がある。

Further Reading

白藤博行「『安全の中の自由』論と警察行政法」公法研究69号（2007年）

高橋明男「警察機能の分散・集中と地方公共団体・民間組織の役割——警察の法構造」公法研究70号（2008年）

米田雅宏「『警察権の限界』論の再定位」自治研究93巻12号（2017年）

第16章　米軍基地と地方自治

Learning Point

　軍事基地が立地する自治体は，戦闘機やヘリの騒音や落下物，基地からの環境汚染物質に対する対策など，特有の課題を抱えている。辺野古新基地建設が問題となっている沖縄は，その典型である。これらの地方自治体は，これまでどのような取り組みを行い，それは日米地位協定その他の上でどのような限界があり，そして今，何が課題となっているのか，考えてみよう。

Topic 1

　国土のわずか0.6%にしかならない面積に日本全土のアメリカ軍基地の70%が集中している沖縄県で，普天間基地等が「使い勝手が悪い」ことを理由に，アメリカから「どこか近くの代替地に移設させよ」と要求された。いわゆる，辺野古新基地建設問題である。当初から日本国内のアメリカ軍基地の総面積の70%が，すでに沖縄に集中していたため，県知事は，「県内移設反対」または「県外移設」を求めて政府と交渉していた。その「移設先」と目された名護市では，過去において市民投票が実施され，「移設反対」が多数を占めていた。同時期実施された，「県内移設の賛否を問う県民投票」でも，圧倒的多数で「県内移設反対」派が多数を占めた。さらに平成31（2019）年2月，県民投票が実施され，反対が7割以上を占めた。

　なお，元来，憲法95条は，「一の地方公共団体のみに適用される特別法」すなわち「地方自治特別法」を国会が制定する場合には，「その地方公共団体の住民の投票においてその過半数の同意を得なければ」ならないとする。ところが，かつて1990年代に沖縄県内の軍用地の強制収用に際して問題となった駐留軍用地特別措置法は実質的に沖縄県内のみに適用されるものであり，本来必要な憲法95条の手続をふんでいないと批判されていた。しかしながら，最大判平成8（1996）年8月28日民集50巻7号1952頁は，「駐留軍用地特措法が沖縄県にのみ適用される特別法となっているものではないから，同法の沖縄県における適用の憲法95条違反をいう論旨は，その前提を欠く」とした。

第 1 節　軍事基地と住民生活

1-1　軍事基地とは何か

　「軍事基地」とは，軍の部隊が，作戦展開や補給等のために，その活動拠点として利用する施設である。そこでは，港湾や飛行場などの移動手段の運用の拠点や交通インフラ，人員等を収用する兵舎等，武器・弾薬等をはじめとした装備品・食料等の備蓄や工場等，あるいは軍隊の指揮・管制等を行う司令部機能や，そのために要する通信アンテナや気象レーダーその他が含まれる。

　「軍事基地」は，その任務が国家安全保障，すなわち外国軍隊による予期不可能かつ不定型な侵略・攻撃等を抑止することを目的とした施設であることから，その周辺で営まれる住民の日常的な平穏な生活に深刻な負担をかけることがある。

1-2　軍事基地設置の法的根拠

　「アメリカ軍基地」とは，「安保条約第六条にいわゆる『日本国の安全に寄与し，並びに極東における国際の平和及び安全の維持に寄与するため』日本国政府がアメリカ合衆国に使用を許した土地もしくはその上に存ずる建物または公有水面をいい，これらの運営に必要な設備，備品及び定着物を含む」と定義される（青年法律家協会憲法部会・ＮＪ安保研究会「米軍地位協定」法律時報41巻 6 号〔1969年 5 月臨時増刊号〕181頁）。それは，「国土防衛」等の〈公共的目的〉を実現しつつも，その反面で，周辺住民の日常生活に〈特別の〉負担をかける存在である。

　憲法 9 条は，「戦争の抛棄」「戦力不保持」，および「交戦権の否認」を日本国に命じている。しかしながら現状において日本の国土には，安全保障条約および日米地位協定（さらに朝鮮国連軍地位協定）に基づいて，アメリカ軍（および朝鮮国連軍）の基地が，首都・東京や沖縄をはじめ，日本国内各所に存在している。また，各地には，陸・海・空の自衛隊基地が，各地に設置されている。

1-3　迷惑施設としての軍事基地

　これらの軍事基地群は，周辺に居住する住民に対して，まちづくりに際して

の支障，騒音，環境被害，軍用機等に起因する事故，および治安上の諸問題等において深刻な問題を投げかけ，同時にそれら諸問題に個別に対応する自治体に対して，深刻な負担を求めるものとなっている。

　沖縄県名護市における辺野古新基地建設をめぐる一連の事態は，沖縄県と日本国政府とのあいだの「団体自治」をめぐる法的紛争という形式をとりながらも，その内実は，沖縄県というアメリカ軍基地が集中した地域において集中的に発生した基地被害をめぐる，「住民自治」におけるさまざまな問題を提起している。

　たとえば，沖縄県が作成した『沖縄から伝えたい。米軍基地の話。──Q ＆ A　Book：沖縄の米軍基地の疑問を分かりやすく解説』（沖縄県，2017年）は，「一歩間違えば人命，財産にかかわる重大な事故につながりかねない航空機関連の事故は，沖縄の本土復帰（昭和47年）から平成28年末までの間に709件発生」，「米軍人・軍属等による刑法犯罪は，復帰（昭和47年）から平成28年末までの間に5,919件発生し，うち殺人・強盗・強姦などの凶悪犯が576件」，「日常的に発生する航空機騒音は，基地周辺住民の生活環境に大きな影響を与えています」としている。

　また，日常的な仕事や生活で使用される生活環境等も，たとえば佐世保市が作成した『基地読本』（令和元（2019）年度版）によると，「自衛隊や駐留米軍は，その任務を果たすために，飛行場，演習場等の防衛施設を使用して演習，訓練等を行う」が，これらの活動によって，「①機甲車両等の頻繁な使用によって道路の損傷を早める」，「②戦車等による訓練や射爆撃訓練によって演習場が荒廃し，当該地域の保水力が減退して附近の河川に洪水等の被害が生じやすくなる。あるいは河川への土砂流出が激しくなる」，「③通信施設からの強力な電波の発射や航空機の低空飛行によって周辺民家でテレビジョンの映像を不鮮明にする」，「④航空機騒音や射爆音によって学校教育や病院の診療活動に迷惑をかける」ことなどが指摘される。地方自治体は，これらの問題の発生に対して，「住民に身近な行政」をになう立場から，とくに長は，「住民の尊厳に責任を負う」立場から，個別的なとりくみを迫られることになる。そこでは，政府の意向と対峙せざるをえない関係すらも生じる。

Topic 2

　神戸市長は，神戸港の管理者として，核兵器を積載していないという証明書を提出しない軍艦の入港を拒否する措置をとることとしている。昭和37（1962）年3月23日に，神戸市会が，「この港に核兵器が持ちこまれることがあるとすれば，港湾機能の阻害はもとより，市民の不安と混乱は想像に難くないものがある。よって神戸市会は核兵器を積載した艦艇の神戸港入港を一切拒否するものである」とする「核兵器積載艦の神戸港入港拒否に関する決議」をしたことによるものである。

　神戸市はこの決議に基づき，平成28（2016）年5月にオーストラリアの潜水艦「ランキン」が入港した際にも，非核証明書を出すように求めている。根拠規定は，「市長は，必要があると認めるときは，使用者に対し取扱貨物，けい留船舶その他港湾施設の使用に関する事項について関係書類の提出を求めることができる」とする神戸市港湾施設条例36条である。神戸市ウェブサイトによると，久元喜造市長は，「非核神戸方式は神戸市会の決議に基づいて執行しているわけです。そういうことが根拠ですから，神戸市会，神戸市の自治体の意思決定機関としての神戸市の意思，決議に基づいて実施をしているわけですから，私のほうからこれを見直すという考えはありません」と記者会見で回答している。

　その結果，フランスやイタリアなどの軍艦が非核証明書を提出して入港する一方で，昭和35（1960）年の日米安保条約締結から上記決議までの期間に432隻入港していた米艦船は，決議後は入港の申請すらやめたとされる。アメリカは，核兵器の存在を肯定も否定もしない政策を取っているために，非核証明書を提出できないのである。この手続きが始まって以降，米軍艦の入港がゼロになったという。

　この動きを受けて，平成11（1999）年2月，当時の橋本大二郎高知県知事が県議会に「高知県港湾施設管理条例の改正案」を提出したこともある。議会の議決を必要としない「要綱」案で，核兵器を積んでいないことを証明する文書の提出を知事が外務省に要請し，その結果に基づいて港湾使用の決定を出すというものであったが，県議会内での与野党のやりとりの中で，知事は条例化を撤回した。

1-4　アメリカ軍基地のトラブル解決に国内法は適用されるのか

　問題となるのは，アメリカ軍駐留等に関連して地域で発生したトラブルを解決するに際して，あたかも国内法規が適用されないかのような運用がなされていることである。

　日本の領域において，在日米軍およびその構成員（軍人・軍属）に対して，国内法が適用されるかどうかについて，日本政府の見解は，昭和48（1973）年7月時点の衆議院での国会答弁で，「一般国際法上は，外国の軍隊が駐留いたします場合に，地位協定あるいはそれに類する協定に明文の規定があります場合を除いては接受国の国内法令の適用はない」とする。

　しかしながら，政府はこれに先立つ昭和35（1960）年5月段階の衆議院の国会答弁で，「この施設・区域というのは，治外法権的な，日本の領土外的な性質を持っているものではなくて，当然日本の統治権，日本の主権のもとにある地域でございます。従いまして，当然日本の法令が原則として適用になる」と，まったく逆の回答をしている。この点について国際法の学説も，「この問題に関する一般国際法の内容をなすと考えられる，NATO地位協定第七条や日米地位協定第一六条は，外国軍隊に対して受入国の国内法令が適用されるという前提にたっている」とする（松井芳郎「駐留外国軍隊に対する国内法の適用——横田基地公害訴訟の国際法上の問題点」法律時報1985年12月号）。

　このように，外国の軍隊に対して国内法が適用されないという日本政府の見解は，充分に根拠のあるものではない。とくに，諸外国の動向について沖縄県がこの間調査した『他国地位協定調査報告書（欧州編）』（平成31（2019）年）によると，「（ドイツ・イタリア，ベルギー・イギリスなどの）国では，自国の法律や規則を米軍にも適用させることで自国の主権を確立させ，米軍の活動をコントロールしている」とされる。

1-5　「安保・外交に地方自治体は口出しできない」！？

　平成7（1995）年2月の「東アジア戦略報告（ナイ・イニシアチブ）」による沖縄の米軍基地の固定化構想，および同年9月の少女暴行事件を契機に，米軍用地の使用権原をめぐって，当時の大田昌秀沖縄県知事は，沖縄県内の米軍用地の確保のための代理署名を拒否した。この件をめぐる職務執行命令訴訟である前掲・最大判平成8（1996）年8月28日は，「駐留軍基地の存在は，……国際的合意によるものであるから，……外交上，行政上の権限の適切な行使が不可欠である」として，いわゆる安保・外交に関する判断権は，外交に責任を負う主体が判断するとした。それは，安保・外交をめぐる判断は，もっぱら日本政

府が専権事項として行うものであって，地方自治体は判断に立ち入ることはできないとするものである。

　とすれば，ある地域に公共事業として軍事基地が造成される場合に，その地を所管する地方自治体が国に対して異を唱えることができるのかどうかが問題となる。

　基地ができれば戦時・平和時を問わず，環境・防災・住民福祉・文化・教育などをめぐる地域の状況が激変する。しかも基地外についても，日常的に騒音公害や有害排出物など環境破壊があり，軍用機の墜落などの事故，さらに米軍人・軍属などの犯罪の予防も必要となる。それらは自治体の行政課題である。これらの点について自治権が「国際的合意」によって発動できず，米軍の支配下におかれるとすれば，そこで地方自治体が「住民の福祉の増進を図ることを基本として，地域における行政を自主的かつ総合的に実施する役割を広く担う」（自治1条2項）ことはできなくなってしまう。

　国の平和政策（裏返せば軍事政策）にも，「住民の福祉の増進を図る」ことを目的として，安全保障体制についても地方自治権の確立がなければならないはずである。この点，横須賀港を母港とするアメリカ航空母艦の艦載機が厚木から岩国に移駐することが発表された当時に岩国市長を務めた井原勝介がいうように，「外交・安全保障は，一義的には国の役割である。しかし，……国防の対象は国民，市民であり，主権者たる住民がその意思を表明することに何の制約もない」のである。

第2節　軍事基地による被害の諸相

　それでは，軍事基地等によって，どのような課題が地方自治体にふりかかってきているのだろうか。主としてアメリカ軍基地に起因する環境被害や航空機等による事故対応を具体例として検討する。

2-1　基地による環境被害と対策
　軍事基地では，ベトナム戦争で使用された枯葉剤「エージェントオレンジ」をはじめとする，さまざまな環境汚染物質が貯蔵・使用されている。それらの

物質が周辺の河川等に流入することにより，水質汚染が発生している。

　たとえば，琉球新報社によると，平成26（2014）年から平成27（2015）年にかけて，「米軍基地周辺の河川を水源とする北谷浄水場から高濃度の有機フッ素化合物（PFOS）が検出された問題で，基地との『因果関係』を判断するために重要な基地内の水質調査ができていないことが，2018年5月14日までに分かった」。

　汚染は沖縄にとどまらない。海軍施設関係では昭和43（1968）年佐世保基地で原子力潜水艦ソードフィッシュの放射能漏れ事故が，横須賀基地では航空母艦の係留柱設置工事中に土壌から基準値の150倍の鉛と，最高440倍の水銀やベンゼンが発見された。平成8（1996）年11月6日には，佐世保港で，米給油艦「グアダルーペ」が約5500ガロンの油漏れ事故を起こした。

　陸軍および海兵隊関係でも，キャンプ座間，相模原総合補給廠，川上弾薬庫（東広島市），秋月弾薬廠（山口県）でPCBが，浦添市の海兵隊牧港補給基地（キャンプ・キンザー）から流れ出た大量の車両洗浄剤により排出基準の800倍の六価クロムが，それぞれ検出され，岩国飛行場ではPFOS入り泡消化剤が漏出したことが報告されている。空軍関係でも，平成30（2018）年2月，三沢基地所属のF16戦闘機がエンジン火災のため小川原湖に燃料タンクを空中投棄し，シジミ漁に被害を与えた。

　この点，アメリカ軍基地に対する環境規制は，在日米軍が作成する「日本環境管理基準（JEGS）」に従って行われることとされる。しかし，その実効性は薄いとされる。

　とくに問題は，日米地位協定4条1項が「合衆国は，この協定の終了の際又はその前に日本国に施設及び区域を返還するに当たって，当該施設及び区域をそれらが合衆国軍隊に提供された時の状態に回復し，又はその回復の代りに日本国に補償する義務を負わない」としていることである。

　在沖アメリカ軍による環境被害について調査・取材しているジョン・ミッチェルによると，平成28（2016）年12月の北部訓練場返還後，その「土壌はヒ素やダイオキシンを含む化学物質に汚染されている蓋然性が高い」とされる。沖縄防衛局は，平成29（2017）年12月までの期間，支障除去を実施したものの，地元カメラマンによると，翌月になって訓練弾，タイヤ，プロペラなど米

軍廃棄物が一帯からみつかっている。

2-2　軍用機等による騒音や落下物

　沖縄では，照明弾やヘリコプターの窓枠など，アメリカ軍機からの落下物事故が毎月のように地元紙で報じられている。

　航空機の騒音問題については，日米両政府が締結した嘉手納基地や普天間基地の騒音防止協定に，米軍が「運用の必要上，必要」と主張すれば，騒音規制時間でも飛行できるという"抜け道"が用意されているとされる。とくに，夜間飛行については，「22:00〜06:00の間の飛行及び地上での活動は，米国の運用上の所要のために必要と考えられるものに制限され」るとされるものの，部隊司令官は「できる限り早く夜間の飛行を終了させるよう最大限の努力を払う」とするにとどまる。

　このようなアメリカ軍の活動による騒音は，航空機に限定されない。エアクッション型揚陸艇（LCAC）は，平成29（2017）年11月7日，佐世保湾内で轟音を上げて夜間航行訓練を実施した。西海市長および西海市議会議長は翌8日，九州防衛局に抗議するとともに，「二度と実施されないように」と要請した。さらに同市議会は同20日，臨時市議会で，「LCAC の夜間航行禁止を求める意見書を全会一致で可決した」。

　平成29（2017）年12月13日，普天間基地に隣接する普天間第二小学校の運動場に CH53E 輸送ヘリの窓が落下する事故が発生した。新聞報道によると，その後2月〜9月の間に，米軍接近による校庭からの避難回数が約700回に及んだとされる。また，平成16（2004）年8月13日にアメリカ軍普天間基地所属の大型輸送ヘリコプター CH–53D が訓練中にコントロールを失い，沖縄国際大学1号館北側に接触，墜落，炎上した事故は，忘れられてはならない。

　沖縄県以外でも，アメリカ空軍三沢基地所属の F16戦闘機の事故の際には，離陸直後にエンジン火災を起こし，湖に2本の燃料タンクを小川原湖に投棄して同基地に緊急着陸した。

　このような事故が続発する原因は，「日米地位協定と国連軍地位協定の実施に伴う航空法の特例に関する法律」3項により，「航空法第六章の規定は，政令で定めるものを除き，適用しない」と規定されているためである。この航空

法第6章各条とは，「国籍等の表示」(57条) ／「航空機に備え付ける書類」(59条) ／「航空機の航行の安全を確保するための装置（60条）／「航空機の燃料の携行」(61条) ／「航空機の灯火」(64条) ／「出発前の確認」(73条の2) ／「離着陸の場所」(79条) ／「飛行の禁止区域」(80条) ／「最低安全高度」(81条) ／「衝突予防等」(83条)「粗暴な操縦の禁止」(85条) などである。宜野座村では，無灯火夜間飛行訓練が実施されたこともある。

2-3　アメリカ軍基地における事故と警察権

　前述の普天間基地所属の大型輸送ヘリコプターの沖縄国際大学校内への墜落事故は，さいわい死者こそなかった。しかしながら，プロペラの破片が，赤ん坊が昼寝していた民家の玄関で発見されるなど，人命に深刻な危害を及ぼす可能性があるものであった。

　このときアメリカ軍は，墜落とほぼ同時に現場を制圧し，規制線を張り巡らし，周辺を封鎖した。当時の伊波洋一宜野湾市長も荒井外務大臣政務官も，大学関係者や沖縄県警すらも，現場に立ち入ることを認められなかった。その間，消火活動は地元の消防が，外回りは沖縄県警が警備した。

　このような事態に至ったのは，日米地位協定の前身である日米行政協定17条3項（g）が，「日本の当局は，……所在地のいかんを問わず合衆国軍隊の財産について捜索又は差押えを行う権利を有しない」としていたことを踏襲して，『日米地位協定の考え方〔増補版〕』によると，「日本側当局は，施設・区域内にあるすべての物・財産について，また所在地のいかんを問わず米軍財産について，捜索，差押さえ又は検証を行う権利を行使しない」とする運用がされているためである。平成29 (2017) 年10月11日に東村高江の牧草地にアメリカ軍ヘリが墜落した際にも，まったく同様の対応をした。平成27 (2015) 年8月には，相模原市の相模総合補給敞敷地内の倉庫で爆発事故が発生し，消防車十数台が出動したものの，日米地位協定のために「危険物施設」に何が，どのような状態で保管されているのか，地元自治体にはいっさい明らかにされていなかった。そのこともあって，倉庫内で燃焼しているものの特定ができないために，アメリカ側の判断で放水活動ができず，日本側は立ち入ることもできなかった。

第3節　軍事基地がもたらす諸問題に対する自治体の対策

3-1　軍事基地に起因する災害に対する対策

　地方自治体は,「住民の福祉の増進を図ることを基本として, 地域における行政を自主的かつ総合的に実施する役割を広く担う」(自治1条2項) ことから, 相手がアメリカ軍であろうと自衛隊であろうと, 関連して発生する事故, 環境被害, あるいは災害が発生した場合, あらゆる手段を駆使して対応を迫られることになる。

　たとえば, 佐世保市では, アメリカ軍の原子力艦艇が放出した放射性物質による災害につき, 佐世保市地域防災計画 (平成30 (2018) 年12月修正) で,「原子力災害対策編・原子力艦の原子力災害対策編」を策定している (同市はこの編と別立てで, 玄海原子力発電所についての「原子力災害対策編」も策定しており, 原子力災害に対する2種類の対策を講じている)。同様に横須賀市地域防災計画では, 原子力施設と原子力艦船とそれぞれについての計画が存在する。

3-2　軍事基地の存在による通常の生活への影響と行政課題

　佐世保市は, 毎年国に対して, 予算要望書を提出している。同市の予算要求書によると,「基地等が所在することによる諸課題」として,「漁業者からは, 提供水域における各種制限の設定で, 自由に漁労ができないことに対する漁業損失補償という制度ではなく, 生活補償的なものを求める声が大きく, 制度の改善, 見直しなどを特に要望するものです」,「海上自衛隊佐世保地方隊も所在することから, 商港としての機能整備に大きな支障をきたしております」と記載されている。さらに同平成20 (2008) 年版によると,「特に, 立神港区第4・5号岸壁については, 本市の主要産業である佐世保重工業株式会社が新造船の艤装用岸壁として使用しており, 在日米海軍との競合問題が改めて発生した場合の同社及び地域経済への影響を危惧しているところであります」とされている。

3-3　軍事基地の存在による通常の行政活動への影響

　宜野湾市には, 普天間基地を取り囲むようにして, 宜野湾市役所消防本部消

227

防署，真志喜出張所，我如古出張所という3つの消防署が存在する。「昔は役場も消防署も真ん中にあった。今は消防署を3つつくらなければならない。何をつくっても，市民からは『街の端っこだ』といわれる。バランスのとれたまちづくりは不可能だ」——当時の桃原正賢市長が語った言葉である。その他，「下水道は迂回するためパイプが長くなり，費用も余計にかかるし，流れが悪くならないようにポンプアップも必要となって工事費はさらに高くなる」というように，軍事基地の立地条件によって，街づくりに大きな否定的影響が発生している。「普天間飛行場が中央部に位置するため，道路・公園・下水道などの都市基盤施設の適正配置ができず，均衡のとれた土地利用と良好な市街地形成が図れない」のである。

この点，嘉手納町では82.3％，金武町59.8％，北谷町56.7％，読谷村46.9％，沖縄市36.8％，宜野湾市33.2％といったように，沖縄県内の自治体の面積の相当部分が軍事基地という市町村も存在しており，まちづくり等に大きな支障を発生させている。

北谷小学校は，100年以上の歴史をもつ。しかしながら，もともと小学校があったところに嘉手納空軍基地の司令部が居すわっているなどのことから，町域内に用地が確保できず，同小学校は，隣接する「沖縄市南桃原」に設置されている。その沖縄市も，基地の存在が道路整備の障害となり，本島西部の国道58号線に通ずるには，嘉手納基地の北側か南側を迂回せざるを得ず，生活上も経済活動上も大きな障害になっている。

これらに対して沖縄県は，「米軍基地が整理縮小され，返還後の跡地利用が進めば，県経済に好影響を与えると考えます」とする（『沖縄から伝えたい。米軍基地の話。——Q＆A　Book：沖縄の米軍基地の疑問を分かりやすく解説』沖縄県，2017年）。すなわち，「全国でも有数の高い人口密度となっている中南部都市圏において，市街地を分断する形で広大な米軍基地が存在していることは，都市機能，交通体系，土地利用などの面で県経済の発展にとって大きな阻害要因となってい」る。

しかしながら，「既に返還された駐留軍用地の跡地利用に伴う経済効果を試算すると，那覇新都心地区，小禄金城地区，桑江・北前地区の3地区合計では返還後の跡地利用により，返還前と比べて直接経済効果が約28倍，雇用者数が

約72倍となってい」る（沖縄県，同前）のであり，さらに，「今後返還が予定されている駐留軍用地（5施設）についても，跡地利用を推進することで，約18倍の直接経済効果及び誘発雇用人数が見込まれ」るとする。

　このように，今や基地は地元の経済振興の最大の阻害要因となっており，逆に，基地だった土地が地元への返還後の有効利用による地域経済振興が期待されている。

　北谷町のハンビー飛行場跡地は町施行による北前土地区画整理事業，メイモスカラー射撃場跡地は，組合施行による桑江土地区画整理事業として，開発が進められている。そこでは，平成3（1991）年から平成14（2002）年までの事業完了後12年間で，経済波及効果が1726億円，民間投資累計額551億円，商業累計販売額1175億円，基地であった箇所の固定資産税は357万円から2億8600万円，雇用創出の面でも当初の100人足らずから2010年現在で2000人を超えたとされる。

　このように，沖縄県内の市町村は，基地の存在のために，「道路網の整備」が立ちおくれている。そこでは，「都市づくりの基礎」「地域の連絡網」「分断地域との連絡」の視点から，基地の障害を訴えているのである。

3-4　軍事基地の造成に関する公共事業をめぐる問題

　アメリカ軍基地の都合によって自治体行政に支障が生じるのは，沖縄に限られたことではない。山口県住宅供給公社による岩国市の「愛宕山新住宅市街地開発事業」は，岩国市民の切実な住宅需要を受けて平成10（1998）年2月に山口県知事によって都市計画決定されていた。ところが，平成17（2005）年に厚木から岩国へのアメリカ海軍航空母艦艦載機の移転計画が発表されたあと，平成21（2009）年2月，事業廃止決定がされた。愛宕山からの土砂を，アメリカ海兵隊岩国基地の沖合移設事業のために利用するとともに，その跡地をアメリカ軍住宅として提供するためである。周辺住民を中心とする市民の世論を無視したものでもあった。

　地元の地方自治体がアメリカ軍等からまともな情報提供を受けることすらもできないという事態は，軍事基地造成等に関する公共工事に際しても発生している。

　たとえば，辺野古新基地建設工事に際して沖縄県が立ち入り調査を求めた大浦湾の臨時制限区域は，平成25（2013）年12月27日の仲井眞弘多知事（当時）の公有水面埋立承認処分の後の平成26（2014）年7月2日の防衛省告示123号により，「沖縄防衛局が普天間飛行場代替施設の建設のため共同使用する」ことを目的に，使用期間を「普天間飛行場代替施設の工事完了の日まで」として設定されたものである。ところが，沖縄防衛局がアメリカ軍の意を汲んで，沖縄県の立ち入りを認めるまでに，半年間を要した。

第4節　日米地位協定と地方自治体

　平成30（2018）年7月27日，全国知事会は，「日米地位協定の抜本的見直しを求める提言」を全会一致で採択した。その内容は，「1　米軍機による低空飛行訓練等については，国の責任で騒音測定器を増やすなど必要な実態調査を行うとともに，訓練ルートや訓練が行われる時期について速やかな事前情報提供を必ず行い，関係自治体や地域住民の不安を払拭した上で実施されるよう，十分な配慮を行うこと」「2　日米地位協定を抜本的に見直し，航空法や環境法令などの国内法を原則として米軍にも適用させることや，事件・事故時の自治体職員の迅速かつ円滑な立入の保障などを明記すること」「3　米軍人等による事件・事故に対し，具体的かつ実効的な防止策を提示し，継続的に取組みを進めることまた，飛行場周辺における航空機騒音規制措置については，周辺住民の実質的な負担軽減が図られるための運用を行うとともに，同措置の実施に伴う効果について検証を行うこと」および「4　施設ごとに必要性や使用状況等を点検した上で，基地の整理・縮小・返還を積極的に促進すること」という4項目である。

　日米地位協定2条1項（a）によると，日本国内にあるアメリカ軍基地は，日本政府が，日本国内の地域を「施設・区域」として使用を許すことができるとされる。そして，同協定25条1項は「合同委員会は，特に，合衆国が相互協力及び安全保障条約の目的の遂行に当つて使用するため必要とされる日本国内の施設及び区域を決定する協議機関として，任務を行なう」と規定し，この条項に基づいて，個々の「施設・区域」が設定され，それは，防衛省告示により

通知される。前述の大浦湾の臨時制限区域の設定が，その具体例であり，平成26（2014）年7月2日の防衛省告示123号によって設定された。

　また，日本政府が使用している区域でも，臨時的に同協定2条4項（b）（以下「2-4（b）」と略）により，臨時的に貸与されることもあり，その貸与が，「臨時」を超えて長期間にわたることもあった。たとえば，静岡県御殿場市の東富士演習場は，2-4（b）に設定されたのちに「毎年270日」もアメリカ軍が使用している。さらにこの2-4（b）区域は，佐世保重工業の艦船修理施設（第3ドック）のような民間修理施設に適用されることがある。

　しかしながら，日本国民が日常的に使用している区域が日米合同委員会における協議だけで設定され，そのまま防衛省告示で通知されるのは，「法律による行政の原理」に違反するものである。

　辺野古新基地建設をめぐる沖縄県と日本政府との法的・政治的紛争は，このようななかで，"米軍基地問題をめぐる地方自治のあり方"を，正面から問うものである。

Further Reading

沖縄県知事公室基地対策課編『他国地位協定調査報告書（欧州編）』（2019年）

佐世保市『基地読本2019年度版』（佐世保市ウェブサイト）

ジョン・ミッチェル（阿部小涼訳）『追跡・沖縄の枯れ葉剤——埋もれた戦争犯罪を掘り起こす』（高文研，2014年）

宮本憲一・白藤博行編著『翁長知事の遺志を継ぐ——辺野古に基地はつくらせない』（自治体研究社，2018年）

琉球新報社編『日米地位協定の考え方〔増補版〕』（高文研，2004年）

琉球新報社編集局編著『この海／山／空はだれのもの⁉——米軍が駐留するということ』（高文研，2018年）

参 考 文 献

　地方自治法の条文ごとの詳しい情報を知りたい人には，以下の【注釈書】が便利である。また，ほかの教科書も読んでみたいという人には，以下の【主な教科書】がお薦めである。

【主な注釈書】

成田頼明ほか編『注釈地方自治法（加除式）』（第一法規）

松本英昭『新版　逐条地方自治法（第9次改訂版）』（学陽書房，2017年）

村上順・白藤博行・人見剛編『別冊法学セミナー　新基本法コンメンタール　地方自治法』（日本評論社，2011年）

【主な教科書】

上田道明編『いまから始める地方自治』（法律文化社，2018年）

宇賀克也『地方自治法概説［第8版］』（有斐閣，2019年）

大森彌・大杉覚『これからの地方自治の教科書』（第一法規，2019年）

岡田正則・榊原秀訓・大田直史・豊島明子『地方自治のしくみと法』（自治体研究社，2014年）

木佐茂男・田中孝男編『新訂　自治体法務入門』（公人の友社，2016年）

駒林良則・佐伯彰洋編著『地方自治法入門［増補版］』（成文堂，2018年）

白藤博行『地方自治法への招待』（自治体研究社，2017年）

田村達久『法務に強くなる！　レベルアップ　地方自治法解説』（第一法規，2019年）

渡名喜庸安ほか『アクチュアル地方自治法』（法律文化社，2010年）

中川義朗・村上英明・小原清信編『地方自治の法と政策』（法律文化社，2019年）

人見剛・須藤陽子編著『ホーンブック地方自治法［第3版］』（北樹出版，2015年）

室井力・原野翹編『新現代地方自治法入門』（法律文化社，2003年）

判 例 索 引

【最高裁判所】

【高等裁判所】

【地方裁判所】

［付記］
　本書の判例索引は，さしあたり主要な紙媒体を優先的に掲載したが，最高裁判所の裁判例検索や
LEX/DB インターネット検索など，電子媒体も有用である。ちなみに，本書においては，いずれの
公刊された紙媒体もない場合，「判例集未登載」としている。

事 項 索 引

執筆者紹介（執筆順，＊が編著者）

＊**徳田博人**（とくだひろと）
　　琉球大学人文社会学部教授　　　担当：第1章

　庄村勇人（しょうむらはやと）
　　名城大学法学部教授　　　　　　担当：第2章

　門脇美恵（かどわきみえ）
　　名古屋経済大学法学部教授　　　担当：第3章

＊**本多滝夫**（ほんだたきお）
　　龍谷大学法学部教授　　　　　　担当：第4章

　米丸恒治（よねまるつねはる）
　　専修大学大学院法務研究科教授　担当：第5章

＊**榊原秀訓**（さかきばらひでのり）
　　南山大学法学部教授　　　　　　担当：第6章

　趙元済（チョウウォンジェ）
　　駒澤大学法科大学院教授　　　　担当：第7章

＊**白藤博行**（しらふじひろゆき）
　　専修大学法学部教授　　　　　　担当：第8章

　稲葉一将（いなばかずまさ）
　　名古屋大学大学院法学研究科教授　担当：第9章

　大田直史（おおたなおふみ）
　　龍谷大学政策学部教授　　　　　担当：第10章

　大沢光（おおさわひかる）
　　青山学院大学法学部教授　　　　担当：第11章

　豊島明子（とよしまあきこ）
　　南山大学大学院法務研究科教授　担当：第12章

　藤枝律子（ふじえだりつこ）
　　三重短期大学法経科教授　　　　担当：第13章

　山田健吾（やまだけんご）
　　広島修道大学法学部教授　　　　担当：第14章

　萩原聡央（はぎはらあきひさ）
　　名古屋経済大学法学部教授　　　担当：第15章

　前田定孝（まえださだたか）
　　三重大学人文学部准教授　　　　担当：第16章

Horitsu Bunka Sha

地方自治法と住民
——判例と政策

2020年5月20日　初版第1刷発行

編著者	白藤博行・榊原秀訓
	徳田博人・本多滝夫
発行者	田 靡 純 子
発行所	株式会社 法律文化社

〒603-8053
京都市北区上賀茂岩ヶ垣内町71
電話 075(791)7131　FAX 075(721)8400
https://www.hou-bun.com/

印刷：亜細亜印刷㈱／製本：㈱藤沢製本
装幀：谷本天志

ISBN 978-4-589-04087-9
© 2020　H. Shirafuji, H. Sakakibara, H. Tokuda,
T. Honda Printed in Japan

乱丁など不良本がありましたら，ご連絡下さい。送料小社負担にて
お取り替えいたします。
本書についてのご意見・ご感想は，小社ウェブサイト，トップページの
「読者カード」にてお聞かせ下さい。

白藤博行・村上 博・米丸恒治
渡名喜庸安・後藤 智・恒川隆生著

アクチュアル地方自治法

A 5 判・286頁・3100円

展開著しい地方自治制度改革の動向をフォローし，アクチュアルな論点・争点を積極的に取り上げた地方自治法のテキスト。最新の学説・判例・行政実例をふまえ，憲法の価値基準を意識して解説。

市橋克哉・榊原秀訓・本多滝夫
稲葉一将・山田健吾・平田和一著

アクチュアル行政法〔第3版〕

A 5 判・386頁・3100円

基本的な原理と仕組みをおさえたうえで，制度の変化や担い手の多様化を視野にいれて，判例を中心に行政法の運用について解説。行政法を「社会科学の『理論・枠組み』の中にいれた」視角で分析した骨太の教科書。

上田道明編

いまから始める地方自治

A 5 判・224頁・2400円

面白く新しい試みがいま各地で始まり，実際にまちの景色が変わりつつある。知恵を出しあって進められている実践事例から考える，やさしく読みやすい地方自治論のテキスト。町内会のことから地方財政の話まで，幅広い視点で地域をとらえる。

中川義朗・村上英明・小原清信編

地方自治の法と政策

A 5 判・248頁・2700円

地方自治に関する法・制度の基本的な知識と理論，最新の政策や判例の動向をコンパクトに解説。理解を深めるための文献ガイドやコラムも各章末に配置した内容充実の入門テキスト。分権・自治の原理（本旨）に照らしつつ，課題解決の方途を探る。

深澤龍一郎・大田直史・小谷真理編

公共政策を学ぶための行政法入門

A 5 判・258頁・2500円

公共政策の策定・実現過程で行政法が果たす役割を丁寧に解説した入門教科書。入門編では，「法律による行政」や「行政裁量」など基礎的概念を解説。応用編ではごみ屋敷対策等，行政の現場で直面する応用課題を概説。条文の読み方，専門用語の解説や実務家の補論を掲載。

北村和生・佐伯彰洋・佐藤英世・高橋明男著

行政法の基本〔第7版〕
—重要判例からのアプローチ—

A 5 判・372頁・2700円

各種公務員試験受験者を念頭に重要判例から学説を整理した定番テキスト。最新法令・判例の追加を行うとともに，各章冒頭の導入部分や新聞記事，コラムなどを大幅に刷新し，行政法の現在の動向がわかるように工夫。

法律文化社

表示価格は本体（税別）価格です